外 交 部 "中 非 联 合 研 究 交 流 计 划"
"十 二 五" 国 家 重 点 图 书 出 版 规 划 项 目
国 家 出 版 基 金 资 助 项 目
南京大学非洲研究所江苏高校国际问题研究中心建设项目成果
江 苏 省 优 势 学 科 建 设 工 程 资 助 项 目

国家出版基金项目

非洲资源开发与中非能源合作安全研究丛书　　黄贤金　甄　峰 主编

非洲土地资源与粮食安全

黄贤金　李　焕　赵书河
叶丽芳　张默逸　郭谁琼　编著

南京大学出版社

图书在版编目(CIP)数据

非洲土地资源与粮食安全 / 黄贤金等编著.—南京:
南京大学出版社,2014.11
(非洲资源开发与中非能源合作安全研究丛书 / 黄
贤金,甄峰主编)
ISBN 978-7-305-14020-4

Ⅰ.①非… Ⅱ.①黄… Ⅲ.①土地资源-研究-非洲
②粮食问题-研究-非洲 Ⅳ.①F340.3 ②F340.61

中国版本图书馆 CIP 数据核字(2014)第 228579 号

出版发行 南京大学出版社
社 址 南京市汉口路 22 号 邮 编 210093
出 版 人 金鑫荣
丛 书 名 非洲资源开发与中非能源合作安全研究丛书
主 编 黄贤金 甄 峰
书 名 非洲土地资源与粮食安全
编 著 黄贤金 等
责任编辑 刘 琦 编辑热线 025-83596997
照 排 南京紫藤制版印务中心
印 刷 扬中市印刷有限公司
开 本 718×1000 1/16 印张 15.75 字数 308 千
版 次 2014 年 11 月第 1 版 2014 年 11 月第 1 次印刷
ISBN 978-7-305-14020-4
定 价 50.00 元

网址:http://www.njupco.com
官方微博:http://weibo.com/njupco
官方微信号:njupress
销售咨询热线:(025)83594756

总　序

国家主席习近平曾说过："中非是命运共同体。"但对于中国人而言,非洲,既远又近。远,是她的距离、她的神秘;近,是中非关系的密切、中非交流的日盛。可是,往往似乎越来越了解非洲,却实际上也越来越不了解非洲。我们更多地看到的是对非洲的介绍,但却缺乏对非洲更多的深入了解,更多的研究探究。

非洲,富饶而又多难。富饶,非洲拥有丰富的矿产资源以及其他自然资源;多难,非洲长期难以摆脱"资源诅咒",即便是在95%的土地被殖民的19世纪末至20世纪,由于矿产开发与当地经济发展的"两张皮",其资源开发也未能带来非洲的繁荣。

进入21世纪,非洲的发展引人注目,2000年英国《经济学家》(*The Economist*)周刊声称非洲是"绝望大陆",在2011年,它认为非洲是"希望之州"。而中国对非洲经济增长贡献率达20%以上。可见,非洲的经济改革以及其不断融入全球化经济体系,尤其是中非新型战略合作伙伴关系的深入发展给非洲带来了更多的希望和不断的繁荣。

无论非洲是"远"还是"近",是"停滞"还是"发展",南京大学非洲研究团队50年来一直重视对非洲问题的研究。

50年前的1964年4月,为了响应毛泽东主席于1961年4月27日提出的"我们对于非洲的情况,就我来说,不算清楚,应该搞个非洲研究所,研究非洲的历史、地理、社会经济情况"的要求,原国务院外事办公室批准成立南京大学非洲经济地理研究室(1993年12月改建为南京大学非洲研究所)。这为南京大学组织多学科、多领域专家开展非洲研究搭建了重要平台。

50年来,南京大学非洲研究,从20世纪六七十年代的非洲地理资料建设、文献翻译以及资料挖掘研究,发展到八九十年代的非洲经济社会发展战略、非洲农业地理、非洲石油地理等全面、深入的非洲研究,进入21世纪对于非洲经济发展、非洲农业、非洲土地制度、非洲能源利用、非洲粮食安全等问题的合作与开放研究,使得南京大学对非洲问题的认知也不断拓展、深入和发展。尤其是与外交部、农业部、国家开发银行等合作,使得南京大学非洲研究团队对中非合作议题有了更为深刻的认知。

　　如何通过更加积极的中非资源合作,使得非洲不断摆脱"资源诅咒"? 非洲土地、渔业、水资源如何得到持续利用? 如何通过更加积极的土地制度改革,促进非洲粮食安全? 非洲港口资源如何更加有效地服务于城市发展与区域贸易? 长期以来,南京大学非洲研究所十分重视非洲资源开发及中非能源合作的研究,并组织了地理科学、海洋科学、城市规划、政治学、管理学等多领域的专家开展合作研究,所完成的《非洲资源开发与中非能源合作安全研究丛书》正是这一研究成果的结晶。

　　国家主席习近平曾说过:"中非情比黄金贵。"本丛书研究的立足点在于希望对非洲资源的开发利用突破"殖民者的路径依赖",突破"资源诅咒"的陷阱,服务于更加积极的中非合作,真正为推进非洲的发展提供参考,让非洲更多地得益、更快地繁荣;本丛书研究成果也突破了对非洲矿产资源的单一关注,侧重于对非洲矿产、土地、渔业、水资源、港口、城市等自然资源、人文资源与经济社会发展问题的综合研究,为有利于非洲区域自然资源一体化和可持续利用管理的决策提供参考。

黄贤金

2014 年 4 月

摘　　要

　　万物土中生。土地提供的粮食,是人类生存与发展的基础。如何通过非洲土地资源的合理利用,持续地解决非洲贫困问题,切实增强非洲粮食安全? 为此,本书围绕非洲土地利用与粮食安全,从八个方面进行了较为深入的分析。

　　认知土地利用特征是非洲合理利用土地资源的基础。第一章"非洲土地利用及其分析"针对宗主国殖民导致的非洲土地利用分类不统一的问题,结合 FAOSTAT和中国土地利用分类标准,提出了包括农用地(耕地、园地、草地、林地)、水体及其他土地等类型的非洲土地利用分类体系;基于 FAO 土地统计数据,分析了非洲与其他大洲土地利用结构、人均土地占有面积等的差异,比较了非洲土地利用多样性、区位指数、用地产出等方面的国别差异,并绘制了农用地、水体、其他用地、非洲土地利用分级图等;分析了自 2000 年以来非洲土地利用的时空变化特征,比较了非洲不同变化区域的土地利用变化特征,并就非洲土地利用问题提出了相应的对策建议。

　　非洲粮食安全状况及科学评价是非洲土地利用决策的前提。第二章"非洲粮食安全及评价",分析了 20 世纪 90 年代非洲粮食生产、消费及其影响因素,描述了非洲粮食供求基本格局及其区域特征;为了更科学地评估非洲粮食安全状况,本书引入了基于 GIS 的 EPIC(environmental policy integrated climate)模型,评估了 20 世纪90 年代以来非洲地区粮食产量及其分布、营养不良人口的时空演变;针对非洲粮食安全存在的自给率低、生产水平低而不稳、主粮占比低这一问题,提出了相应的对策建议。

　　非洲耕地利用是非洲实现粮食安全的关键。第三章"非洲耕地利用与粮食安全"构建了非洲耕地利用效益评价指标体系,比较了 2000 年以来非洲及各大洲耕地利用的总体效益以及耕地经济效益、社会效益和生态效益;本书针对非洲不同区域耕地利用效益的差异,对比分析了 2000 年以来中非、东非、西非、南非及北非不同区域耕地利用效益的差异;分析了非洲耕地边际化尤其是耕地面积变化、耕地利用集约度变化、耕地利用纯效益变化等对于粮食安全的影响,并提出了完善耕地利用、提升粮食安全的对策建议。

　　非洲水土资源的合理配置是实现粮食安全的根本。第四章"非洲水土资源配置与粮食安全",分析了非洲以及中非、东非、西非、南非、北非水土资源配置特征,揭示了非洲地区水多地多、水多地少、水少地多、水少地少四种类型水土配置空间分布，重点阐述了非洲土壤、非洲水资源以及农业水资源利用条件对于非洲土地利用的影响；基于非洲水土资源配置的空间特征，引入迈阿密模型，测算了非洲土地资源承载力，得到了不同人均粮食消费标准(400kg、450kg、500kg)下非洲及各国可承载人口数，结果表明非洲现实粮食产量仅为其自然理论产量的5.66%，这与非洲农业种植结构、水土资源利用条件、农业投入水平等都存在密切关系。据此，本书提出了非洲水土资源优化配置的对策建议。

非洲干旱是影响非洲土地利用，从而引致粮食安全问题的重要因素。第五章"非洲干旱性气候与粮食安全"，分析了非洲干旱及其时空特征，并基于Modis数据，运用植被指数(NDVI)、地表温度(LST)、植被供水指数(VSWI)等指标，解释了南非地区2001—2010年干旱时空分布的成因；基于对南非地区干旱时空特征的分析，本书进而评估了该地区干旱对粮食安全的影响，并测算了南非Swartland地区小麦特定气象指数，预测了相应的产量，提出了非洲应对干旱的相关措施。

非洲正在进行的土地改革对其粮食安全的影响如何？第六章"非洲土地制度与粮食安全"，针对独立后非洲大多数国家都进行了不同方式的土地改革，阐述了非洲土地制度改革的背景，描述了非洲及中非、东非、西非、南非、北非不同区域土地改革的进展，分析了土地改革阶段长期占主导地位的传统土地产权与土地改革政策的冲突问题。但就粮食安全而言，非洲改革是否成功？为此，本书构建了土地制度改革粮食安全绩效评估的柯布-道格拉斯模型，实证研究结果表明土地分权化改革和产权明晰化改革，都对粮食安全具有积极的促进作用；同时，研究表明，同样的改革在不同的区域，对粮食安全的贡献差异大，如土地分权化改革对东非地区的粮食产量贡献率仅为5.9%，而在南非地区则高达22.9%。为此，提出了以提升粮食安全能力为目标的积极推进土地制度改革的对策建议。

中国非洲农业投资以及农业援非对非洲农业尤其是粮食安全作用如何？为此，第七章"中国非洲购地与农业援非"，基于对中国农业援非历程的简要分析，通过引入Pearson相关性检验模型，分析了农业技术示范中心援建、派遣专家力度、农业直接投资力度与非洲粮食安全保障度的关系，结果表明中国对非洲农业直接投资对提升非洲粮食安全保障度的相关性达到46%，中国非洲援建农业技术示范中心对提升非洲粮食安全保障度的相关性达到34%，可见中国农业援非对于增强非洲粮食安全能力具有积极意义。同时，本书分析了海外对中国非洲购地的非议，虽然中国在非洲购地量仅为全球在非洲海外购地量的4.29%，但媒体有关中国的批评报道却高达

32.5%,这和中国与西方的文化差异、宣传不够、商业信息不够公开等有很大关系,因此,需要加以改造,以为中国推进非洲粮食安全能力提升创造良好的舆论环境。

如何通过土地可持续利用提升非洲粮食安全能力? 第八章"非洲粮食安全的土地可持续利用对策",分析了非洲粮食安全的总体特征,尤其是人口、经济发展、农业种植结构、粮食生产能力、耕地资源拥有量等对非洲粮食安全的影响;从协调水土关系、推进土地制度创新、突出粮食生产主导等方面探讨了非洲土地资源可持续利用策略,并就完善土地可持续利用的基础条件提出了相应的对策建议。

非洲土地资源只要得到合理利用,就完全可能解决非洲粮食安全问题,而非洲土地资源的合理利用,不仅依赖于水土资源的合理配置,还需要有土地制度、农业技术、基础设施等的支撑,更重要的是,非洲需要有有利于土地可持续利用的社会环境。

Abstract

Everything comes from the land. Land could provide food, which is the foundation of human survival and development. How to solve the poverty problems and to strengthen the food security in Africa by the rational use of land resources? To answer the questions, the book thus focus on the land use and food security in Africa, which are further analyzed from eight aspects as below:

1. Understanding the characteristics of Land use is the basis of rational utilization of land resources in Africa. Chapter One "Land Use in Africa and Analysis" focus on the problems of unified land use classification caused by suzerain colonialism. The book combines FAOSTAT and the land use classification standard in China, and puts forward an African land use classification system including agricultural land (cultivated land, garden land, grass land and forest land), water and other types of land. Based on FAO land statistics data, it analyzes the differences of land use structure and land area per capita between Africa and other continents, and compares the differences of land use diversity, location index and land output between Africa and other countries. Furthermore, it draws the land use classification figures of farmland, water and other types of land, analyzes the temporal—spatial changes of land use in Africa since the year 2000, and compares the variation characteristics of land use changes in different regions of Africa. Finally, the book puts forward some suggestions about African land use.

2. African food security situation and evaluation is the precondition of African land use decisions. Chapter Two "Food Security and Evaluation in Africa" analyzes the food production and consumption and the influential factors in the 1990s in Africa, and describes the basic patterns and the regional features of supply and demand. In order to evaluate African food security situation in a more scientific way, it uses EPIC (environmental policy integrated climate) model from GIS, and assesses the temporal—spatial evolution of food production and distribution in Africa since the 1990s. Finally, it focuses on the problems about the low rate of self-sufficiency and the low production level, and puts forward some related suggestions.

3. The arable land use is the key to achieve food security in Africa. Chapter Three "Cultivated Land Use and Food Security in Africa" constructs an evaluation index system of cultivated land utilization benefit in Africa, and compare the over-

all, economic, social, and ecological benefits of arable land use between Africa and other continents. The book focuses on the regional differences of cultivated land use benefit among Central Africa, East Africa, West Africa, South Africa and North Africa since the year 2000. And it analyzes the marginalization of arable land in Africa, especially the changes of the area, land use intensity of cultivated land, and the influence of pure benefit on food security. Some suggestions about improving land use and food security are in the end.

4. Reasonable allocation of water and land resources is the fundamental to achieve food security. Chapter Four "Water and Land Recourse and Food Security" analyzes the allocation features of water and land resources in Central Africa, East Africa, West Africa, South Africa and North Africa. It emphasized the influence of the soil, water and agricultural water resources on land use in Africa. Based on spatial allocation features of land and water resources in Africa, it uses Miami model to calculate the carrying capacity of land resources, and to obtain the different standards of grain consumption per capita (400 kg, 450 kg, 500 kg) and carrying population in Africa. The results reveal that the grain yield only accounts for 5.66% of the theory production, which relate closely with the planting structure, the utilization condition of land and water resources, and the level of agriculture input. It thus proposes some suggestions about the optimal allocation of land and water resources in Africa.

5. Drought is the important factor which influences land use and food security in Africa. Chapter Five "Dry Climate and Food Security in Africa" analyzes the temporal—spatial features of the dry climate and food security in Africa. Based on Modis data, it explains the causes of drought temporal — spatial distribution in South Africa from 2001 to 2010 by vegetation index (NDVI), land surface temperature (LST) and vegetation water supply index. It further estimates the impact of drought on food security and measures the wheat specific meteorological index in Swartland in South Africa, predicts the production and proposes some measures to cope with the drought problems in Africa.

6. How the ongoing land reform influences the food security in Africa? Chapter Six "Land System and Food Security in Africa" focuses on the land reforms in most African countries after independence, and describes the backgrounds, the process and the problems of land system reform in Africa. To evaluate the impact of the reform on food security, the book uses Cobb-Douglas model and reveals that the land

decentralization reform and the reform of property right clarity positively improve the food security. And the results also indicate that there are great differences of land reform contribution to the food security in different regions. The suggestions about land system reform with the goal of improving food security are thus put forward in the end.

7. China's agricultural investment and aid in Africa increase the agricultural development (esp. the food security) in Africa. Therefore, based on the brief description of China's agricultural aid in Africa, Chapter Seven "China's Land Purchase and Agricultural Aid in Africa" reveals there are close relationship between the construction of agricultural technology demonstration center, sending experts, the direct agricultural investment and African food security, which shows the positive significance of China's aid in Africa. Meanwhile, the book analyzes some criticisms about China's land purchase in Africa. Although the amount of land purchase by China only accounts for 4.29%, the negative reports by media have reached 32.5%. The result largely relates to the cultural differences between China and the West, the limited publicity and the disclosure of business information. Therefore, it needs to create a good environment of public opinions in order to improve African food security by China.

8. What are the general features of food security in Africa? How to improve African food security by the sustainable land use? Chapter Eight analyzes the general features of African food security, especially the influence of population, economic development, agricultural planting structure, food production capacity and the cultivated land ownership on African food security. The book analyzes the sustainable use strategy of land recourses from the aspects of "coordinate the relationship of land and water resources", "improve land system innovation", "emphasize the dominance of food production". The suggestions of improving basic conditions of sustainable land use are in the end.

Reasonable use of land resources could completely solve the problems of food security in Africa. The reasonable use of land resources not only depends on the reasonable allocation of land and water resources, also need to be supported by land system, agricultural technology, infrastructures and social environment of sustainable land use.

目 录

CONTENTS

第一章

非洲土地利用及其分析

　　合理的土地利用格局是土地利用自然条件与经济社会基础共同作用的结果,因此,合理的土地利用也具有相对性,也是一个不断演进、优化的过程。为了更深入地了解非洲土地利用的问题,也为形成有利于粮食安全的土地利用格局提供参考,本章主要揭示近 10 年来非洲经济社会进入快车道这一发展时期的土地利用及覆被变化,分析所面临的土地利用主要问题,以及如何实现土地可持续利用管理。

第一节　土地利用分类及其选择

　　人类在对土地资源利用的过程中,根据其利用目的,通过将自然属性和社会属性相对一致的土地资源单元进行归类划并,确定每一种土地资源的自然与社会经济特点,为进一步管理土地资源提供理论基础。[①] 由于人类对土地利用目的的多样性,以及遥感等获取的土地利用信息的差异性,产生了不同的土地利用分类体系。这里将结合有关实际,提出相应的非洲土地利用分类体系。

一、FAOSTAT 土地利用分类

　　由于非洲地域广阔,加之历史上的殖民地特征,非洲土地利用研究尚缺乏统一、可比较的分类体系。因此,这里将结合对国内外有关土地利用分类体系的分析,现有遥感数据的特征,提出适合非洲的土地利用分类体系。

　　世界粮农组织(FAO)以关注粮食安全、农业可持续发展为目的,将土地利用分为三级:第一级为农业用地区、林地、内陆水域和其他用地区;第二级主要包括永久性农作物用地、可耕作土地、永久性牧草地、其他稀疏林地、建设用地及其他相关用地和裸地;第三级主要包括临时农作物用地、休耕地、菜园地、临时牧草地(具体见表1-1)。

[①] 梁学庆,等.土地资源学[M]. 北京:科学出版社,2006.

表 1-1　FAO 土地利用统计数据分类体系①

农业用地	包括耕地、永久性农用地与永久性牧草地		
	永久性农用地	永久性农用地主要用于种植多年生木本和草本农作物,其几年内不需要重新种植,如可可、咖啡等;用于种植生产花卉的树木及灌木,如玫瑰和茉莉;苗圃(不包括森林树木,其被划为"林地")。	
	耕地	临时性农用地	临时性农用地用于种植少于一年生长周期的农作物,这些作物收获之后需进行新一轮的播种和种植。
		休耕地	(临时性)休耕地是指不播种时间超过一个或者多个生长周期的耕地。最长休耕时间不超过五年。保持休耕的土地可根据其特征进行重新分类,如永久性牧草地(如被用于放牧)、森林或林地(如长满树),或其他土地(如变成荒地)。
		菜园地	
		临时性牧草地	临时性牧草地用于临时种植草料以放牧和作饲料,生长周期较短,一般小于五年。
	永久性牧草地	永久性牧草地长期用于种植草料,一般种植周期超过五年,包括人工种植与自然生长。	
林地	林地主要包括面积大于 0.5 公顷,树木高度大于 5 米,树木郁闭度大于 10% 的林业用地区或者树木能够达到这些阈值的林地。林地不包括农业用地和城市用地系统内的林地。由于人为或者自然原因可再造的林地虽然没有达到郁闭度 10%,树木高度 5 米,但预期能够满足条件的也包含在内,主要包括竹林、棕榈林、道路、防火林和其他开放性区域;国家公园、自然保护区和其他保护性区域内的林地,如用于特定的科学、历史、文化或宗教目的的林地,廊道面积大于 0.5 公顷、宽度大于 20 米的防护林;以林业生产和保护为目的的林地,如橡胶林、用于制造软木塞的橡木林等。但林地不包括处于农业生产系统中的树林,如水果种植和农林业系统,以及在城市公园和花园中的林地。		
内陆水域	内陆水域包括主要河流、湖泊及水库。		
其他土地	其他土地是指除农业用地和林地以外的土地,主要包括建设用地及其他相关性用地,荒地和其他林地等。		
	其他林地	其他林地为树木郁闭度在 5%~10% 之间且树木高度达到 5 米的林地;或者虽然树木郁闭度超过 10%,但是树木高度较矮,主要由小树、灌丛组成的林地。	
	建设用地及其他相关用地		
	荒地		

----

① FAO statistics,http://www.fao.org/statistics/en/,2013.

二、中国土地利用分类体系

中国土地利用分类是在土地利用调查与制图过程中产生的,从 1984 年开始进行了三次改进,现在普遍使用的是 2007 年颁布的《土地利用现状分类》。此国家标准确定的土地利用现状分类严格按照管理需要和分类学的要求,对土地利用现状类型进行归纳和划分,共分 12 个一级类、57 个二级类(具体见表 1－2)。其中一级类包括:耕地、园地、林地、草地、商服用地、工矿仓储用地、住宅用地、公共管理与公共服务用地、特殊用地、交通运输用地、水域及水利设施用地、其他土地。

表 1－2　土地利用现状分类[①]

一级类		二级类		含　义
编码	名称	编码	名称	
01	耕地			指种植农作物的土地,包括熟地,新开发、复垦、整理地、休闲地(含轮歇地、轮作地);以种植农作物(含蔬菜)为主,间有零星果树、桑树或其他树木的土地;平均每年能保证收获一季的已垦滩地和海涂。耕地中包括南方宽度<1.0 米、北方宽度<2.0 米固定的沟、渠、路和地坎(埂);临时种植药材、草皮、花卉、苗木等的耕地,以及其他临时改变用途的耕地。
		011	水田	指用于种植水稻、莲藕等水生农作物的耕地,包括实行水生、旱生农作物轮种的耕地。
		012	水浇地	指有水源保证和灌溉设施,在一般年景能正常灌溉,种植旱生农作物的耕地,包括种植蔬菜等的非工厂化的大棚用地。
		013	旱地	指无灌溉设施,主要靠天然降水种植旱生农作物的耕地,包括没有灌溉设施,仅靠引洪淤灌的耕地。
02	园地			指种植以采集果、叶、根、茎、汁等为主的集约经营的多年生木本和草本作物,覆盖度大于 50％或每亩株数大于合理株数 70％的土地,包括用于育苗的土地。
		021	果园	指种植果树的园地。
		022	茶园	指种植茶树的园地。
		023	其他园地	指种植桑树、橡胶、可可、咖啡、油棕、胡椒、药材等其他多年生作物的园地。
03	林地			指生长乔木、竹类、灌木的土地,及沿海生长红树林的土地,包括迹地,不包括居民点内部的绿化林木用地,铁路、公路征地范围内的林木,以及河流、沟渠的护堤林。
		031	有林地	指树木郁闭度≥0.2 的乔木林地,包括红树林地和竹林地。
		032	灌木林地	指灌木覆盖度≥40％的林地。
		033	其他林地	包括疏林地(指树木郁闭度≥0.1、<0.2 的林地)、未成林地、迹地、苗圃等林地。

---

① GB/T 21010－2007,土地利用现状分类[S].

3

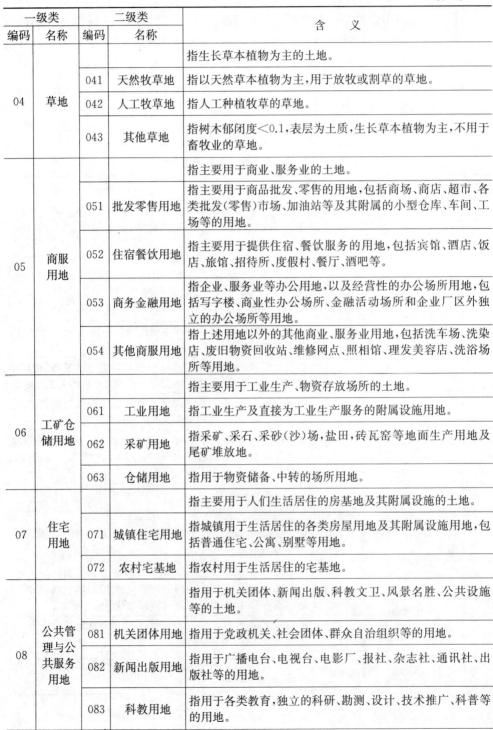

一级类		二级类		含 义
编码	名称	编码	名称	
04	草地			指生长草本植物为主的土地。
		041	天然牧草地	指以天然草本植物为主,用于放牧或割草的草地。
		042	人工牧草地	指人工种植牧草的草地。
		043	其他草地	指树木郁闭度<0.1,表层为土质,生长草本植物为主,不用于畜牧业的草地。
05	商服用地			指主要用于商业、服务业的土地。
		051	批发零售用地	指主要用于商品批发、零售的用地,包括商场、商店、超市、各类批发(零售)市场、加油站等及其附属的小型仓库、车间、工场等的用地。
		052	住宿餐饮用地	指主要用于提供住宿、餐饮服务的用地,包括宾馆、酒店、饭店、旅馆、招待所、度假村、餐厅、酒吧等。
		053	商务金融用地	指企业、服务业等办公用地,以及经营性的办公场所用地,包括写字楼、商业性办公场所、金融活动场所和企业厂区外独立的办公场所等用地。
		054	其他商服用地	指上述用地以外的其他商业、服务业用地,包括洗车场、洗染店、废旧物资回收站、维修网点、照相馆、理发美容店、洗浴场所等用地。
06	工矿仓储用地			指主要用于工业生产、物资存放场所的土地。
		061	工业用地	指工业生产及直接为工业生产服务的附属设施用地。
		062	采矿用地	指采矿、采石、采砂(沙)场,盐田,砖瓦窑等地面生产用地及尾矿堆放地。
		063	仓储用地	指用于物资储备、中转的场所用地。
07	住宅用地			指主要用于人们生活居住的房基地及其附属设施的土地。
		071	城镇住宅用地	指城镇用于生活居住的各类房屋用地及其附属设施用地,包括普通住宅、公寓、别墅等用地。
		072	农村宅基地	指农村用于生活居住的宅基地。
08	公共管理与公共服务用地			指用于机关团体、新闻出版、科教文卫、风景名胜、公共设施等的土地。
		081	机关团体用地	指用于党政机关、社会团体、群众自治组织等的用地。
		082	新闻出版用地	指用于广播电台、电视台、电影厂、报社、杂志社、通讯社、出版社等的用地。
		083	科教用地	指用于各类教育,独立的科研、勘测、设计、技术推广、科普等的用地。

一级类		二级类		含 义
编码	名称	编码	名称	
08	公共管理与公共服务用地	084	医卫慈善用地	指用于医疗保健、卫生防疫、急救康复、医检药检、福利救助等的用地。
		085	文体娱乐用地	指用于各类文化、体育、娱乐及公共广场等的用地。
		086	公共设施用地	指用于城乡基础设施的用地,包括给排水、供电、供热、供气、邮政、电信、消防、环卫、公用设施维修等的用地。
		087	公园与绿地	指城镇、村庄内部的公园、动物园、植物园、街心花园和用于休憩及美化环境的绿化用地。
		088	风景名胜设施用地	指风景名胜(包括名胜古迹、旅游景点、革命遗址等)景点及管理机构的建筑用地。景区内的其他用地按现状归入相应地类。
09	特殊用地			指用于军事设施、涉外、宗教、监教、殡葬等的土地。
		091	军事设施用地	指直接用于军事目的的设施用地。
		092	使领馆用地	指用于外国政府及国际组织驻华使领馆、办事处等的用地。
		093	监教场所用地	指用于监狱、看守所、劳改场、劳教所、戒毒所等的建筑用地。
		094	宗教用地	指专门用于宗教活动的庙宇、寺院、道观、教堂等宗教自用地。
		095	殡葬用地	指陵园、墓地、殡葬场所用地。
10	交通运输用地			指用于运输通行的地面线路、场站等的土地。包括民用机场、港口、码头、地面运输管道和各种道路用地。
		101	铁路用地	指用于铁道线路、轻轨、场站的用地,包括设计内的路堤、路堑、道沟、桥梁、林木等用地。
		102	公路用地	指用于国道、省道、县道和乡道的用地,包括设计内的路堤、路堑、道沟、桥梁、汽车停靠站、林木及直接为其服务的附属用地。
		103	街巷用地	指用于城镇、村庄内部公用道路(含立交桥)及行道树的用地,包括公共停车场,汽车客货运输站点及停车场等的用地。
		104	农村道路	指公路用地以外的南方宽度≥1.0米、北方宽度≥2.0米的村间、田间道路(含机耕道)。
		105	机场用地	指用于民用机场的用地。
		106	港口码头用地	指用于人工修建的客运、货运、捕捞及工作船舶停靠的场所及其附属建筑物的用地,不包括常水位以下部分。
		107	管道运输用地	指用于运输煤炭、石油、天然气等管道及其相应附属设施的地上部分用地。

一级类		二级类		含　义
编码	名称	编码	名称	
11	水域及水利设施用地			指陆地水域,海涂、沟渠、水工建筑物等用地,不包括滞洪区和已垦滩涂中的耕地、园地、林地、居民点、道路等用地。
		111	河流水面	指天然形成或人工开挖河流常水位岸线之间的水面,不包括被堤坝拦截后形成的水库水面。
		112	湖泊水面	指天然形成的积水区常水位岸线所围成的水面。
		113	水库水面	指人工拦截汇集而成的总库容≥10万立方米的水库正常蓄水位岸线所围成的水面。
		114	坑塘水面	指人工开挖或天然形成的蓄水量<10万立方米的坑塘正常水位岸线所围成的水面。
		115	沿海滩涂	指沿海大潮高潮位与低潮位之间的潮浸地带,包括海岛的沿海滩涂,不包括已利用的滩涂。
		116	内陆滩涂	指河流、湖泊常水位至洪水位间的滩地;时令湖、河洪水位以下的滩地;水库、坑塘的正常蓄水位与洪水位间的滩地;包括海岛的内陆滩地,不包括已利用的滩地。
		117	沟渠	指人工修建,南方宽度≥1.0米、北方宽度≥2.0米用于引、排、灌的渠道,包括渠槽、渠堤、取土坑、护堤林。
		118	水工建筑用地	指人工修建的闸、坝、堤路林、水电厂房、扬水站等常水位岸线以上的建筑物用地。
		119	冰川及永久积雪	指表层被冰雪常年覆盖的土地。
12	其他土地			指上述地类以外的其他类型的土地。
		121	空闲地	指城镇、村庄、工矿内部尚未利用的土地。
		122	设施农用地	指直接用于经营性养殖的畜禽舍、工厂化作物栽培或水产养殖的生产设施用地及其相应附属用地,农村宅基地以外的晾晒场等农业设施用地。
		123	田坎	主要指耕地中南方宽度≥1.0米、北方宽度≥2.0米的地坎。
		124	盐碱地	指表层盐碱聚集,生长天然耐盐植物的土地。
		125	沼泽地	指经常积水或渍水,一般生长沼生、湿生植物的土地。
		126	沙地	指表层为沙覆盖、基本无植被的土地,不包括滩涂中的沙地。
		127	裸地	指表层为土质,基本无植被覆盖的土地;或表层为岩石、石砾,其覆盖面积≥70%的土地。

三、非洲土地利用分类体系

为了系统地分析非洲土地利用特征,同时结合现有遥感获取的土地利用信息的采集与利用,本书将 FAOSTAT 土地利用分类标准与中国现行的土地利用现状分类体系交叉结合,形成与中国土地利用分类标准相衔接的土地利用分类体系(具体见表 1-3)。

表 1-3　土地利用系统整合分析

本书采用的术语		FAOSTAT 土地利用分类	土地利用现状分类
农用地	耕地	临时农作物用地(temporary crops)、休闲地(fallow land)、菜园地(land under market and kitchen gardens)	耕地
	园地	永久性农作物用地(permanent crops)	园地
	草地	临时牧草地(temporary meadows and pastures)、永久性牧草地(permanent meadows and pastures)	草地
	林地	林地(forest area)	林地
水体		内陆水域(inland water)	水域及水利设施用地
其他土地		其他土地(other land)	裸地、城镇村及工矿用地、交通运输用地等

第二节　非洲土地利用现状特征

土地利用现状的深入分析是揭示土地利用特征、制定土地利用方案的基础。为此,这里通过洲际比较以及非洲土地利用的国别比较等,较为深入地揭示非洲土地利用现状特征,并形成相应的非洲土地利用分区。

一、非洲土地利用特征及洲际比较

根据 FAO 2010 年的官方土地统计数据,非洲土地资源总量为 3.04×10^9 公顷,在世界大洲中居第二位(图 1-1,表 1-4)。其中农用土地面积为 1.84×10^9 公顷,占非洲总面积的 60.52%,居世界第二位;非农用土地面积为 1.13×10^9 公顷,占非洲总面积的 37.28%,居世界第一位;内陆水域面积为 6.70×10^7 公顷,占非洲总面积的 2.20%,居世界第四位(图 1-1,图 1-2)。在农用地中,占比例最大的是草地,约占农用地面积的一半,为 49.47%,其面积为 9.11 亿公顷,为各大洲所有草地面积的 27.18%,仅次于亚洲,位居第二;其次为林地,其面积为 6.74 亿公顷,占非洲农用地面积的36.61%,为各大洲所有林地面积的16.72%,小于欧洲和南北美洲,位居第四;再次为耕地,其面积为2.27亿公顷,占非洲农用地面积的12.35%,为各大洲所有耕地面积的16.39%,小于亚洲、欧洲和北美洲,位居第四;面积最小的是园地,面积为0.29亿公顷,占非洲农用地面积的1.57%,为各大洲所有园地面积的18.94%,仅小于亚洲,位居第二(图1-3)。

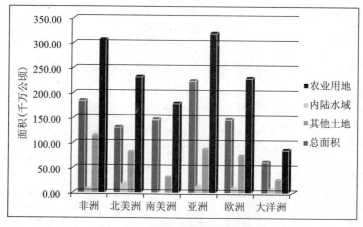

图1-1　世界各洲土地利用结构

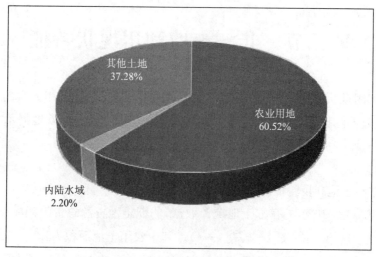

图1-2　非洲2010年土地利用结构

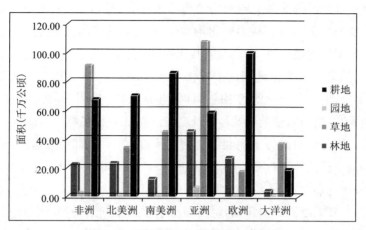

图 1-3 世界六大洲农用地结构特征

表 1-4 2010 年世界各洲土地利用结构

地类		世界	非洲	北美洲	南美洲	亚洲	欧洲	大洋洲
农用地	面积($\times 10^8$ ha)	89.27	18.42	13.13	14.68	22.26	14.74	6.04
	百分比(%)	66.27	60.52	57.22	82.47	69.64	64.10	70.52
耕地	面积($\times 10^8$ ha)	13.88	2.27	2.40	1.28	4.74	2.75	0.44
	百分比(%)	15.55	12.35	18.29	8.71	21.29	18.65	7.23
园地	面积($\times 10^8$ ha)	1.53	0.29	0.14	0.13	0.79	0.16	0.02
	百分比(%)	1.71	1.57	1.07	0.91	3.57	1.06	0.26
草地	面积($\times 10^8$ ha)	33.53	9.11	3.54	4.63	10.80	1.79	3.67
	百分比(%)	37.56	49.47	26.92	31.51	48.52	12.11	60.81
林地	面积($\times 10^8$ ha)	40.33	6.74	7.05	8.64	5.93	10.05	1.91
	百分比(%)	45.18	36.61	53.72	58.87	26.62	68.17	31.70
内陆水域	面积($\times 10^8$ ha)	4.56	0.67	1.62	0.24	1.03	0.93	0.07
	百分比(%)	3.38	2.20	7.05	1.35	3.22	4.03	0.87
其他土地	面积($\times 10^8$ ha)	40.88	11.35	8.20	2.88	8.68	7.33	2.45
	百分比(%)	30.35	37.28	35.73	16.18	27.14	31.87	28.61
总计	面积($\times 10^8$ ha)	134.71	30.44	22.95	17.80	31.96	23.00	8.56

注:农用地、内陆水域和其他土地的百分比是指相应地类与该洲总面积的比值;耕地、园地、草地、林地中的百分比是指相应地类与该洲农用地面积的比值。

　　为了更充分地了解非洲土地利用结构的多样化程度,采用多样化指数分析[①]土地利用的齐全与复杂程度。从多样化指数来看,非洲多样化程度为0.72,略小于土地利用多样化指数的最大值0.83,说明其土地利用复杂程度较高。从世界土地利用水平来看,虽然低于世界土地利用多样化水平0.74,但在六大洲中仅次于亚洲和北美洲,位居第三,说明非洲土地利用的多样性与复杂性在六大洲中处于较高位置,土地利用较为复杂,这与其他地貌及经济社会发展特征关系密切。

　　与多样化程度相对的为土地利用集中化程度,为了更直观地描述,这里借用集中化指数和洛伦茨曲线进行分析(详见表1-5)。如图1-4所示,从洛伦茨曲线可以看出,六大洲均远离对角线,说明土地利用类型差异较大。相比较而言,非洲曲线的弯曲度小于南美洲、欧洲和大洋洲,说明相对于这三个洲来说,非洲土地利用相对分散;其弯曲度大于亚洲和北美洲,说明相对于这两个洲来说,土地利用比较集中。这一结果与集中化指数一致。从图1-5可以很清楚地看出,非洲土地利用集中化程度低于南美洲、欧洲和大洋洲,而高于亚洲和北美洲。

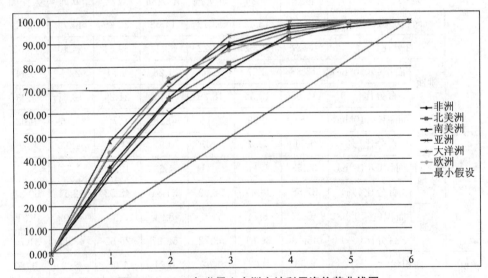

图1-4　2010年世界六大洲土地利用洛伦茨曲线图

①　土地数量结构多样化分析的目的是分析区域内各种土地的齐全程度或多样化状况,一般采用吉布斯-马丁(Gibbs-Mirtin)多样化指数:

$$GM = 1 - \sum f_i^2 / \left(\sum f_i \right)^2$$

式中,GM为多样化指数,f_i为第i种土地利用类型的面积。多样化指数越小,说明该区域的土地利用类型越少,即齐全程度越低。

参见:王红梅,王小雨,李宏.基于计量地理模型的黑龙江省土地利用状况分析[J].农业工程学报,2006,22(7):70-74.

表 1-5 2010 年世界各洲土地利用多样化指数与集中化指数

土地利用特征	全球	非洲	北美洲	南美洲	亚洲	欧洲	大洋洲
多样化指数	0.74	0.72	0.74	0.67	0.75	0.69	0.68
集中化指数	—	0.09	0.02	0.18	−0.02	0.14	0.16

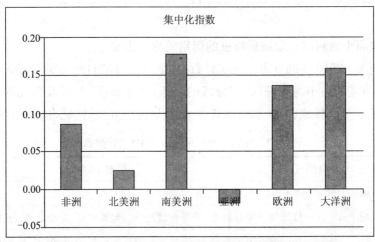

图 1-5 2010 年世界六大洲土地利用集中化指数分布图

　　从人均量上看(详见表 1-6),2010 年非洲人均土地面积为 2.98 公顷,高于全球人均土地面积1.95公顷,在六大洲中居第五位。人均农用土地面积 1.8 公顷,在六大洲中仅高于亚洲,列六大洲的第五,农用土地中人均耕地面积 0.22 公顷,人均园地面积 0.03 公顷,人均草地面积 0.89 公顷,人均林地面积 0.66 公顷。与其他洲相比,人均草地和园地面积略高,分别居于第三与第二的地位,人均耕地面积、人均林地面积均偏低,均位列六大洲第五。人均内陆水域面积为 0.07 公顷,在六大洲中位于第四位;其他土地面积为 1.11 公顷,在六大洲中位于第三位。从上述数据中不难发现,非洲的土地资源总量虽然丰富,但总体人均量不足。其他土地人均量偏高,这和非洲荒地偏多(如撒哈拉沙漠等)有关。

表 1-6 2010 年世界各洲人均土地利用面积　　　　　　　(单位:公顷)

区域	农用地	耕地	园地	草地	林地	内陆水域	其他土地	各地类总面积
全球	1.29	0.20	0.02	0.49	0.58	0.07	0.59	1.95
非洲	1.80	0.22	0.03	0.89	0.66	0.07	1.11	2.98
北美洲	2.42	0.44	0.03	0.65	1.30	0.30	1.51	4.23
南美洲	3.74	0.33	0.03	1.18	2.20	0.06	0.73	4.54

续　表

区域	农用地	耕地	园地	草地	林地	内陆水域	其他土地	各地类总面积
亚洲	0.53	0.11	0.02	0.26	0.14	0.02	0.21	0.77
欧洲	2.00	0.37	0.02	0.24	1.36	0.13	0.99	3.12
大洋洲	16.50	1.19	0.04	10.03	5.23	0.20	6.69	23.40

二、非洲土地利用类型数量特征的国别差异及比较

根据 FAO 2010 年的官方土地统计数据,结合 GIS 的自然分类(natural breaks)算法,按照方差和最小的原理,找出分级的断点,将非洲 57 个行政单元的 6 种地类(耕地、园地、草地、林地、内陆水域和其他土地)划分成五级(详见表 1-7、图 1-6)。

表 1-7　非洲土地利用分级(FAO 统计数据)

地类		级别	面积(千公顷)	主要国家
农用地	总计	一级	116870～206194	苏丹、刚果民主共和国
		二级	61057～116870	尼日利亚、安哥拉、赞比亚、坦桑尼亚、莫桑比克、南非
		三级	35119～61057	阿尔及利亚、毛里塔尼亚、马里、尼日尔、乍得、埃塞俄比亚、索马里、纳米比亚、博茨瓦纳、马达加斯加
		四级	11044～35119	摩洛哥、利比亚、塞内加尔、几内亚、布基纳法索、加纳、喀麦隆、中非共和国、加蓬、刚果、乌干达、肯尼亚、津巴布韦
		五级	0～11044	西撒哈拉、佛得角、突尼斯、埃及、厄立特里亚、吉布提、卢旺达、布隆迪、马拉维、斯威士兰、莱索托、冈比亚、几内亚比绍、塞拉利昂、利比里亚、科特迪瓦、多哥、贝宁、赤道几内亚、圣多美及普林西比、圣赫勒拿岛、科摩罗、留尼汪、毛里求斯、塞舌尔
	耕地	一级	18858～36000	尼日利亚
		二级	7829～18858	尼日尔、苏丹、埃塞俄比亚、坦桑尼亚、南非
		三级	4700～7829	摩洛哥、阿尔及利亚、马里、布基纳法索、喀麦隆、刚果民主共和国、乌干达、肯尼亚、莫桑比克
		四级	1800～4700	塞内加尔、几内亚、加纳、多哥、贝宁、突尼斯、埃及、乍得、安哥拉、赞比亚、马拉维、津巴布韦、马达加斯加
		五级	0～1800	西撒哈拉、佛得角、毛里塔尼亚、厄立特里亚、吉布提、索马里、卢旺达、布隆迪、斯威士兰、莱索托、纳米比亚、博茨瓦纳、冈比亚、几内亚比绍、塞拉利昂、利比里亚、科特迪瓦、赤道几内亚、加蓬、刚果、中非共和国、圣多美及普林西比、圣赫勒拿岛、科摩罗、留尼汪、毛里求斯、塞舌尔

续　表

地类		级别	面积（千公顷）	主 要 国 家
农用地	园地	一级	1700～3200	突尼斯、加纳、尼日利亚、乌干达
		二级	1037～1700	摩洛哥、喀麦隆、坦桑尼亚
		三级	430～1037	阿尔及利亚、埃及、几内亚、刚果民主共和国、埃塞俄比亚、肯尼亚、马达加斯加
		四级	135～430	利比亚、几内亚比绍、利比里亚、多哥、贝宁、加蓬、利比亚、苏丹、安哥拉、莫桑比克、南非、卢旺达、布隆迪
		五级	0～135	西撒哈拉、佛得角、毛里塔尼亚、马里、布基纳法索、尼日尔、乍得、中非共和国、刚果、赤道几内亚、塞内加尔、厄立特里亚、吉布提、索马里、斯威士兰、莱索托、纳米比亚、博茨瓦纳、津巴布韦、赞比亚、马拉维、冈比亚、塞拉利昂、科特迪瓦、圣多美及普林西比、圣赫勒拿岛、科摩罗、留尼汪、毛里求斯、塞舌尔
	草地	一级	54000～117227	苏丹、南非
		二级	28782～54000	阿尔及利亚、毛里塔尼亚、马里、尼日利亚、乍得、索马里、安哥拉、纳米比亚、莫桑比克、马达加斯加
		三级	13500～28782	摩洛哥、尼日尔、埃塞俄比亚、肯尼亚、坦桑尼亚、刚果民主共和国、赞比亚、博茨瓦纳
		四级	3200～13500	西撒哈拉、塞内加尔、几内亚、布基纳法索、加纳、突尼斯、利比亚、厄立特里亚、乌干达、津巴布韦、加蓬、刚果
		五级	0～3200	冈比亚、几内亚比绍、塞拉利昂、利比里亚、科特迪瓦、多哥、贝宁、赤道几内亚、喀麦隆、中非共和国、吉布提、卢旺达、布隆迪、马拉维、佛得角、斯威士兰、莱索托、圣多美及普林西比、圣赫勒拿岛、科摩罗、留尼汪、毛里求斯、塞舌尔
	林地	一级	69949～154135	刚果民主共和国
		二级	39022～69949	苏丹、安哥拉、赞比亚
		三级	15624～39022	喀麦隆、加蓬、刚果、中非共和国、坦桑尼亚、莫桑比克
		四级	5131～15624	塞内加尔、几内亚、马里、布基纳法索、尼日利亚、乍得、埃塞俄比亚、索马里、津巴布韦、博茨瓦纳、纳米比亚、南非、马达加斯加岛
		五级	0～5131	西撒哈拉、摩洛哥、阿尔及利亚、突尼斯、利比亚、埃及、毛里塔尼亚、冈比亚、佛得角、尼日尔、几内亚比绍、塞拉利昂、利比里亚、科特迪瓦、加纳、多哥、贝宁、赤道几内亚、厄立特里亚、吉布提、乌干达、肯尼亚、卢旺达、布隆迪、马拉维、斯威士兰、莱索托、圣多美及普林西比、圣赫勒拿岛、科摩罗、留尼汪、毛里求斯、塞舌尔

地类	级别	面积(千公顷)	主 要 国 家
内陆水域	一级	7781～12981	苏丹、埃塞俄比亚
	二级	2480～7781	刚果民主共和国、乌干达、坦桑尼亚
	三级	1300～2480	马里、乍得、利比里亚、博茨瓦纳、厄立特里亚、马拉维
	四级	419～1300	突尼斯、埃及、几内亚比绍、加纳、尼日利亚、加蓬、赞比亚、莫桑比克、南非、马达加斯加、肯尼亚、索马里
	五级	0～419	西撒哈拉、摩洛哥、阿尔及利亚、利比亚、毛里塔尼亚、塞内加尔、冈比亚、几内亚、塞拉利昂、科特迪瓦、布基纳法索、多哥、贝宁、尼日尔、赤道几内亚、喀麦隆、中非共和国、刚果、吉布提、安哥拉、纳米比亚、津巴布韦、卢旺达、布隆迪、斯威士兰、莱索托、圣多美和普林西比、圣赫勒拿岛、科摩罗、留尼汪、毛里求斯、塞舌尔
其他土地	一级	95804～195309	阿尔及利亚、利比亚
	二级	52719～95804	毛里塔尼亚、马里、尼日尔、乍得、埃及
	三级	25997～52719	苏丹、埃塞俄比亚、中非共和国、刚果民主共和国、纳米比亚
	四级	7800～25997	摩洛哥、西撒哈拉、布基纳法索、喀麦隆、索马里、肯尼亚、坦桑尼亚、博茨瓦纳、南非
	五级	0～7800	塞内加尔、冈比亚、几内亚比绍、塞拉利昂、利比里亚、科特迪瓦、加纳、多哥、贝宁、尼日利亚、突尼斯、赤道几内亚、加蓬、刚果、安哥拉、赞比亚、马拉维、莫桑比克、津巴布韦、斯威士兰、莱索托、马达加斯加、布隆迪、卢旺达、乌干达、厄立特里亚、吉布提、圣多美和普林西比、圣赫勒拿岛、科摩罗、留尼汪、毛里求斯、塞舌尔

以 11044 千公顷、35119 千公顷、61057 千公顷、116870 千公顷为基本断点,将非洲各地区的农用地分为五级,最高级一级的农用地面积为 116870～206194 千公顷,主要位于东非的苏丹和中非的刚果民主共和国,共两个国家。二级为尼日利亚及南部和东部非洲的安哥拉、赞比亚、坦桑尼亚、莫桑比克与南非,共六个国家。三级主要包括北非的阿尔及利亚,西非处于农牧交错带的毛里塔尼亚、马里、尼日尔、乍得,东非的埃塞俄比亚、索马里和马达加斯加,南非纳米布沙漠的纳米比亚和博茨瓦纳,共 10 个国家。四级包括 13 个国家,包括摩洛哥、利比亚,西非的塞内加尔、几内亚、布基纳法索、加纳,中非的喀麦隆、中非共和国、加蓬、刚果,东非的乌干达、肯尼亚和南非的津巴布韦。其余的国家农用地面积小于 11044 公顷,被划为第五类。

耕地作为最重要的农业用地,根据其断点分为五级。第一级,耕地面积大于 18858 千公顷,国家个数为 1 个,即尼日利亚。第二级耕地面积为 7829～18858 千公

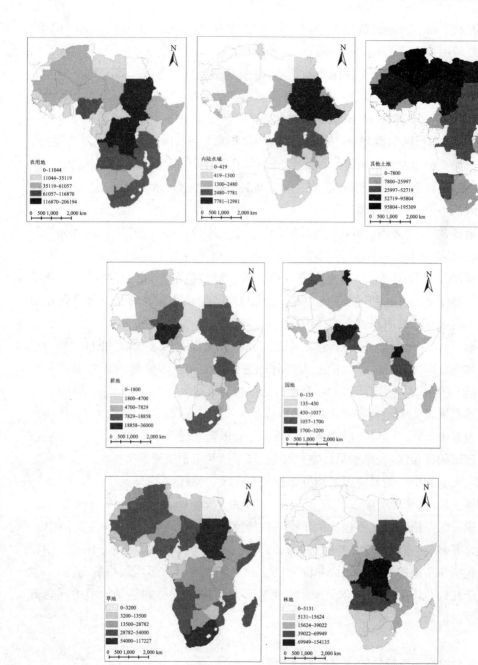

图 1‑6　非洲土地利用分级图

顷,国家个数为 5 个,分别是尼日尔、苏丹、埃塞俄比亚、坦桑尼亚和南非。第三级耕
地面积为 4700～7829 千公顷,国家包括摩洛哥、刚果民主共和国等在内的 9 个国家。
第四级耕地面积为 1800～4700 千公顷,包括塞内加尔、几内亚、加纳、多哥、贝宁、突尼斯、埃及、乍得、安哥拉、赞比亚、马拉维、津巴布韦、马达加斯加,共计 13 个国家。第五级耕地面积小于 1800 千公顷。

园地主要是种植多年生农作物的土地,根据其断点分为五级。第一级面积大于 1700 千公顷,主要包括突尼斯、加纳、尼日利亚、乌干达 4 个国家。第二级面积为 1037～1700 千公顷,包括摩洛哥、喀麦隆、坦桑尼亚 3 个国家。第三级面积为 430～1037 千公顷,包括阿尔及利亚、埃及、几内亚、刚果民主共和国、埃塞俄比亚、肯尼亚、马达加斯加 7 个国家。第四级面积为 135～430 千公顷,包括利比亚、几内亚比绍、利比里亚、多哥、贝宁、加蓬、利比亚、苏丹、安哥拉、莫桑比克、南非、卢旺达、布隆迪。第五级面积小于 135 千公顷。

草地以 3200 千公顷、13500 千公顷、28782 千公顷、54000 千公顷为断点,分为五级。第一级面积大于 54000 千公顷,包括苏丹、南非 2 个国家。第二级面积为 28782～54000 千公顷,包括 10 个国家。第三级主要包括东非,北非的尼日尔、摩洛哥和中非的刚果民主共和国及南非的博茨瓦纳。第四与第五级主要为分布在几内亚湾周围的国家和总面积较小的岛国

林地以 5131 千公顷、15624 千公顷、39022 千公顷、69949 千公顷为断点,分为五级。从林地分布图上可以看出前三级的林地主要集中在热带雨林地区的中非和东非;而位于北非和西非,南非的大部分地区为四级和五级。

内陆水域以 419 千公顷、1300 千公顷、2480 千公顷、7781 千公顷为断点,将非洲国家分为五个级别。一级为尼罗河下游的苏丹和埃塞俄比亚 2 个国家。二级主要在刚果河流域的分布区,包括刚果民主共和国、乌干达和坦桑尼亚 3 个国家。索马里半岛,南非、北非和中非的其他国家均分布在三至五级。

其他土地 7800 千公顷、25997 千公顷、52719 千公顷、95804 千公顷为断点,分为五级。第一级与第二级主要包含位于撒哈拉沙漠的北非和西非的国家,共 7 个国家。第三级为苏丹、埃塞俄比亚、中非共和国、刚果民主共和国、纳米比亚 5 个国家。第四级主要包括位于南部非洲和东部非洲的国家。第五级除了总面积较小的岛国外,主要是位于几内亚湾附近的西非国家和非洲南部处在热带雨林和热带沙漠中间热带稀疏草原的国家。

三、土地利用多样性的国别差异及比较

这里将前述非洲土地利用多样性分析结果,按照 GIS 的自然分等方法分成 5 个等级(高、较高、中、较低、低),如表 1-8、图 1-7 所示。

表 1-8　非洲土地利用结构多样化程度表

类别	范围	区域分布
高	0.72～0.81	乌干达、布隆迪、坦桑尼亚、马拉维、布基纳法索、加纳、利比里亚、突尼斯、科特迪瓦
较高	0.62～0.72	科摩罗、留尼汪、毛里求斯、卢旺达、圣多美及普林西比、冈比亚、几内亚比绍、塞内加尔、几内亚、摩洛哥、塞拉勒昂、多哥、贝宁、尼日利亚、喀麦隆、苏丹、埃塞俄比亚、肯尼亚、津巴布韦、博茨瓦纳
中	0.40～0.62	莱索托、斯威士兰、赤道几内亚、圣赫勒拿岛、佛得角、毛里塔尼亚、马里、尼日尔、乍得、中非共和国、刚果、刚果民主共和国、安哥拉、赞比亚、纳米比亚、南非、莫桑比克、马达加斯加、索马里、厄立特里亚
较低	0.10～0.40	西撒哈拉、阿尔及利亚、利比亚、加蓬
低	0.00～0.10	埃及

如前所述,非洲整体的土地利用多样性程度较高,土地利用类型数量结构多样化特征明显。就非洲内部各国家而言,土地利用多样性程度差别也较大。其中,地中海附近的非洲北部国家多样性指数相对偏低,处于低或者较低的等级;处在几内亚湾附近的西非国家,多样性程度相对较高,处在高或者较高的等级;另外在尼罗河中下游和维多利亚湖附近的北非和东非国家,南部非洲的博茨瓦纳和津巴布韦的多样化程度也处在较高的等级。对于处于撒哈拉沙漠区域、热带稀疏草原、热带雨林地带的中非和北非国家,索马里半岛和南部非洲的大部分国家的土地利用多样化指数处于中等水平。由此可以看出,非洲内部国家之间的土地利用多样化水平和国家所处的地理位置与农业气候区位有很大的关系。

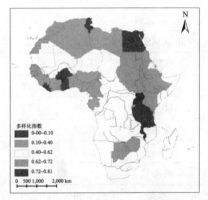

图 1-7　非洲土地利用多样化程度分布图

四、土地利用区位指数的国别差异及比较

土地利用的区位指数反映了某一国家或地区各种土地相对于高层次区域空间的相对聚集程度。[①] 为了更进一步了解非洲土地利用国别的区位指数差异,这里引入了区位指数分析方法。

区位指数是综合性指标,其计算公式为

---

① 刘桃菊,蔡海生,邵建英,等.鄱阳湖区的土地利用结构定量分析[J].江西农业大学学报,2003,25(6):934-938.

$$Q_i = (f_i / \sum f_i)/(F_i / \sum F_i)$$

式中，Q_i 为区位指数，f_i 为区域内第 i 种土地的面积，F_i 为高层区域内第 i 种土地的面积，$\sum f_i$ 为该区域内各种土地类型的面积之和，$\sum F_i$ 为高层次区域内的各种土地利用类型的面积之和。若 $Q_i > 1$，则该种土地具有区位意义；若 $Q_i < 1$，则不具有区位意义。

经过计算，非洲土地利用区位指数的国别差异如表 1-9 所示。

表 1-9　非洲各国土地利用区位指数

国名	农用地	耕地	园地	林地	草地	内陆水域	其他土地
阿尔及利亚	0.30	0.42	0.40	0.03	0.46	0.00	2.20
安哥拉	1.55	0.44	0.24	2.12	1.44	0.00	0.17
贝宁	1.14	2.99	2.74	1.79	0.16	0.79	0.78
博茨瓦纳	1.06	0.06	0.00	0.88	1.47	1.17	0.90
布基纳法索	1.07	2.95	0.25	0.93	0.73	0.10	0.94
布隆迪	1.45	4.54	15.37	0.28	1.10	3.57	0.12
喀麦隆	1.03	1.76	3.09	1.89	0.14	0.26	1.00
佛得角	0.66	1.57	0.78	0.95	0.21	0.00	1.62
中非共和国	0.73	0.39	0.13	1.64	0.17	0.88	1.49
乍得	0.79	0.47	0.03	0.41	1.17	0.88	1.36
科摩罗	1.40	5.94	32.72	0.07	0.27	0.00	0.41
刚果	1.59	0.20	0.18	2.96	0.97	0.07	0.09
科特迪瓦共和国	1.58	1.21	14.33	1.46	1.36	0.63	0.07
刚果民主共和国	1.27	0.39	0.34	2.97	0.26	1.51	0.54
吉布提	1.22	0.01	0.00	0.01	2.44	0.04	0.71
埃及	0.06	0.39	0.84	0.00	0.00	0.27	2.57
赤道几内亚	1.14	0.63	2.62	2.62	0.12	0.00	0.84
厄立特里亚	1.28	0.79	0.02	0.59	1.96	6.41	0.22
埃塞俄比亚	0.71	1.53	0.99	0.50	0.65	4.29	1.28
加蓬	1.59	0.16	0.63	3.53	0.55	1.61	0.00
冈比亚	1.49	5.00	0.43	1.79	0.44	4.42	0.00
加纳	1.44	2.66	12.32	0.93	1.16	2.09	0.23
几内亚	1.40	1.56	2.95	1.20	1.45	0.03	0.41
几内亚比绍	1.36	0.91	5.89	2.05	0.81	8.17	0.00
肯尼亚	0.88	1.28	1.18	0.27	1.22	0.88	1.20

续　表

国名	农用地	耕地	园地	林地	草地	内陆水域	其他土地
莱索托	1.29	1.43	0.14	0.07	2.20	0.00	0.59
利比里亚	1.03	0.54	1.70	1.75	0.60	6.14	0.64
利比亚	0.15	0.13	0.20	0.01	0.26	0.00	2.44
马达加斯加岛	1.52	0.80	1.07	0.97	2.12	0.43	0.19
马拉维	1.23	4.10	1.15	1.23	0.52	9.28	0.14
马里	0.71	0.64	0.10	0.45	0.94	0.73	1.48
毛里塔尼亚	0.64	0.06	0.01	0.01	1.27	0.00	1.64
毛里求斯	1.02	5.29	2.06	0.77	0.11	0.22	1.01
马跃特岛	0.68	3.13	9.52	0.41	0.00	0.00	1.57
摩洛哥	1.30	2.36	2.72	0.52	1.57	0.03	0.57
莫桑比克	1.63	0.78	0.23	1.96	1.63	0.66	0.00
纳米比亚	0.92	0.13	0.01	0.40	1.54	0.06	1.18
尼日尔	0.59	1.59	0.05	0.04	0.76	0.01	1.73
尼日利亚	1.52	5.26	3.64	0.44	1.34	0.64	0.17
留尼汪	0.88	1.67	1.17	1.58	0.15	0.18	1.25
卢旺达	1.48	6.25	9.97	0.75	0.57	2.88	0.11
圣赫勒拿	0.59	1.38	0.00	0.23	0.68	0.00	1.72
圣多美和普林西比	1.30	1.19	42.65	1.27	0.03	0.00	0.57
塞内加尔	1.51	2.64	0.29	1.94	0.95	0.97	0.17
塞舌尔	1.57	0.29	4.56	3.99	0.00	0.00	0.13
塞拉利昂	1.42	2.07	1.98	1.72	1.02	0.08	0.37
索马里	1.32	0.23	0.05	0.48	2.25	0.74	0.50
南非	1.44	1.38	0.37	0.34	2.30	0.22	0.33
苏丹	1.36	1.02	0.07	1.26	1.56	2.35	0.34
斯威士兰	1.64	1.31	0.87	1.41	1.91	0.40	0.00
多哥	1.16	5.91	3.88	0.23	0.59	1.92	0.69
突尼斯	1.12	2.33	15.16	0.28	0.99	2.29	0.74
乌干达	1.17	3.77	9.56	0.56	0.71	7.85	0.33
坦桑尼亚	1.23	1.65	1.88	1.59	0.84	2.95	0.51
西撒哈拉	0.35	0.00	0.00	0.12	0.63	0.00	2.11
赞比亚	1.61	0.66	0.05	2.97	0.89	0.56	0.04
津巴布韦	1.35	1.42	0.32	1.80	1.03	0.45	0.46

由上表可知,就耕地而言,非洲共有33个国家的区位指数超过1,这些国家主要集中在四个区域:北部非洲靠近地中海的摩洛哥和突尼斯,临靠大西洋的佛得角、塞拉利昂、冈比亚、几内亚、塞内加尔,靠近几内亚湾的科特迪瓦、布基纳法索、加纳、多哥、贝宁、尼日尔、尼日利亚、喀麦隆等,尼罗河下游至维多利亚湖四周,及南部非洲的南非、莱索托、斯威士兰等国。这些国家中区位指数最高者可达6.25,具有明显的区位优势。

在非洲各国中,共有26个国家的园地区位指数大于1,这些国家的分布区和耕地的分布区基本类似,主要积聚在河网密布或者湖泊周围的区域。具体包括北非的摩洛哥和突尼斯;几内亚湾周围的几内亚比绍、几内亚、塞拉利昂、利比里亚、科特迪瓦、加纳、多哥、贝宁、尼日利亚、喀麦隆、赤道几内亚、圣多美及普林西比;维多利亚湖周围的乌干达、肯尼亚、卢旺达、布隆迪、坦桑尼亚、马拉维;印度洋内的岛国科摩罗、马达加斯加、留尼汪、毛里求斯和塞舌尔。此外,这些国家的区位指数差异较大,小则1.07,刚刚超过1,大则高达42.65。

非洲共有25个国家的林地区位指数大于1,这些国家集中分布在两个区域。一个是大西洋沿岸的区域,主要包括塞内加尔、冈比亚、几内亚比绍、几内亚、塞拉利昂、利比里亚、科特迪瓦及几内亚湾处的贝宁,另一区域主要分布在热带雨林地带,主要包括喀麦隆、中非共和国、赤道几内亚、圣多美及普林西比、加蓬、刚果、刚果民主共和国,安哥拉、赞比亚、津巴布韦、乌拉圭、莫桑比克、坦桑尼亚,苏丹。这些国家的区位指数范围为1~4,相对差异较小。

非洲共有23个国家的草地区位指数大于1,具有区位意义。这些国家包括摩洛哥、毛里塔尼亚、几内亚、塞拉利昂、科特迪瓦、加纳、尼日利亚、乍得、苏丹、厄立特里亚、吉布提、索马里、肯尼亚、布隆迪,非洲南部的安哥拉、纳米比亚、博茨瓦纳、津巴布韦、莱索托、斯威士兰、莫桑比克、南非及马达加斯加,这些国家的区位指数只是略大于1,为1~2.45。

非洲共有17个国家的内陆水域区位指数大于1,包括非洲北部地中海附近的突尼斯,大西洋沿岸的冈比亚、几内亚比绍,几内亚湾附近的利比里亚、加纳、多哥、加蓬,刚果河流域的刚果民主共和国、卢旺达、布隆迪、乌干达、坦桑尼亚、马拉维,尼罗河流域的苏丹、厄立特里亚、埃塞俄比亚,南部非洲的博茨瓦纳。这些国家的水域区位指数为1~9.82,差别较大。

非洲共有18个国家的其他土地地区区位指数大于1,主要集中在非洲北部、索马里半岛、非洲南部的热带干旱与半干旱地区,包括西撒哈拉、毛里塔尼亚、马里、尼日尔、乍得、阿尔及利亚、利比亚、埃及、喀麦隆、中非共和国、佛得角、埃塞俄比亚、肯尼亚、纳米比亚。这些国家的其他土地区位指数为1~9.82。

各类型土地利用区位指数如图1-8所示。

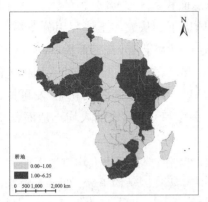

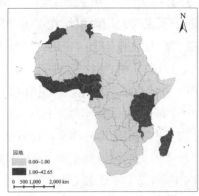

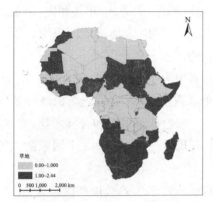

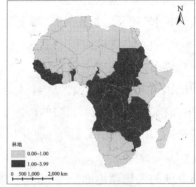

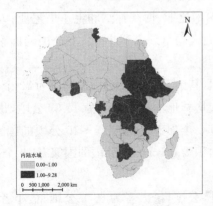

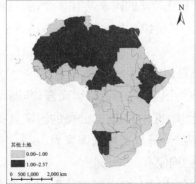

图1-8　非洲各类型土地利用区位指数

五、土地利用产出的国别差异及比较

非洲总体的人均土地总面积为 2.98 公顷,虽然高于全球的人均土地总面积,在全球七大洲中位居第五,但其内部各国人均土地面积差异较大,人均土地面积最大为 50.09 公顷,最小为 0.16 公顷,人均土地总面积大于 2.98 公顷的国家只有 20 个,其他的 36 个国家的人均面积均在 2.98 公顷以下。从人均土地利用分布图上看,在非洲所有国家中,只有 8 个国家的人均土地面积大于 10,包括西撒哈拉、纳米比亚、毛里塔尼亚、博茨瓦纳、利比亚、加蓬、中非共和国、乍得;9 个国家的人均土地面积为 5~10 公顷,包括圣赫勒拿、刚果、尼日尔、马里、索马里、阿尔及利亚、安哥拉、苏丹、赞比亚;24 个国家的人均土地面积为 1~5 公顷;14 个国家的人均土地面积小于 1。各类型人均土地利用结构如图 1-9 所示。

非洲总体的人均耕地面积为 0.22 公顷,非洲内部各国中人均耕地面积大于 0.22 的国家有 24 个,而小于 0.22 的国家有 32 个。从具体结构上看,非洲人均耕地面积均小于 1 公顷,人均耕地面积大于 0.5 公顷的只有 2 个,为圣赫勒拿和尼日尔;人均耕地面积为 0.3~0.5 公顷的也只有 10 个,包括苏丹、多哥、中非共和国、乍得、马里、布基纳法索、纳米比亚、津巴布韦、喀麦隆和塞内加尔;人均耕地面积为 0.1~0.3 公顷的有 35 个;而人均耕地面积小于 0.1 公顷的国家有 8 个。

非洲总体的人均园地面积为 0.03 公顷,其中大于 0.03 公顷的国家有 19 个,小于 0.03 公顷的国家则多达 27 个。从具体分布来看,非洲人均园地面积最大者为 0.24 公顷,其中面积为 0.1~0.24 公顷的国家有 7 个,包括圣多美和普林西比、突尼斯、科特迪瓦共和国、几内亚比绍、加纳、加蓬和赤道几内亚;剩余的 49 个国家的人均园地面积均小于 0.1 公顷。

非洲总体的人均草地面积为 0.89 公顷,面积大于 0.89 公顷的国家有 23 个,面积小于 0.89 公顷的国家 33 个。具体而言,非洲人均草地面积为 0.00~16.64 公顷,其中大于 10.00 公顷的国家共有 3 个,包括纳米比亚、博茨瓦纳和毛里塔尼亚;人均草地面积为 1.0~10.0 公顷的国家有 18 个;而人均草地面积小于 1.0 公顷的国家则有 36 个。

非洲总体的人均林地面积为 0.66 公顷,其中大于 0.66 公顷的国家为 22 个,小于 0.66 公顷的国家 35 个。具体而言,非洲人均林地面积最大者为 14.62 公顷,最小者为 0.00 公顷,其中大于 10 公顷的国家只有一个加蓬;面积为 5~10 公顷的国家有 3 个;面积为 0.66~5 公顷的国家为 18 个;面积为 0.1~0.66 公顷的国家有 19 个,小于 0.1 公顷的国家有 16 个。

非洲总体的人均内陆水域面积为 0.07 公顷,最大者为 0.75 公顷,最小者为 0。其中面积为 0.1~0.75 公顷的国家有 14 个,面积为 0.07~0.1 公顷的国家有 3 个,小于 0.07 公顷的国家有 43 个,人均内陆水域面积极低。

非洲总体的人均其他土地面积为 1.11 公顷,就非洲内部而言,人均其他土地面积最大者为西撒哈拉 39.34 公顷。从人均土地利用分布图上来看,非洲国家其他土地人均面积大于 10 公顷的只有 4 个国家,包括西撒哈拉、利比亚、毛里塔尼亚和纳米

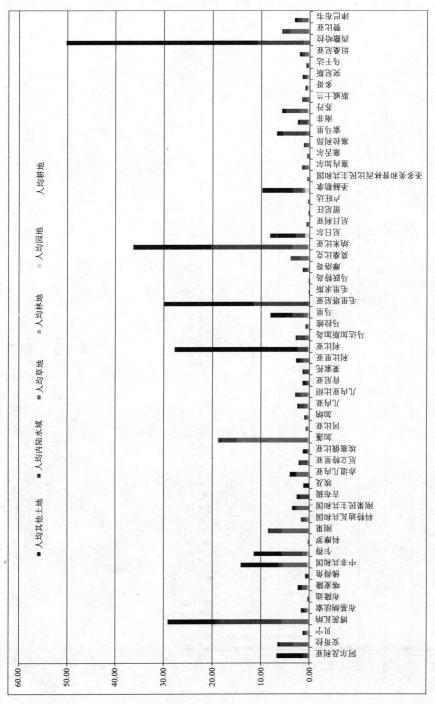

图 1-9 非洲人均土地利用结构图

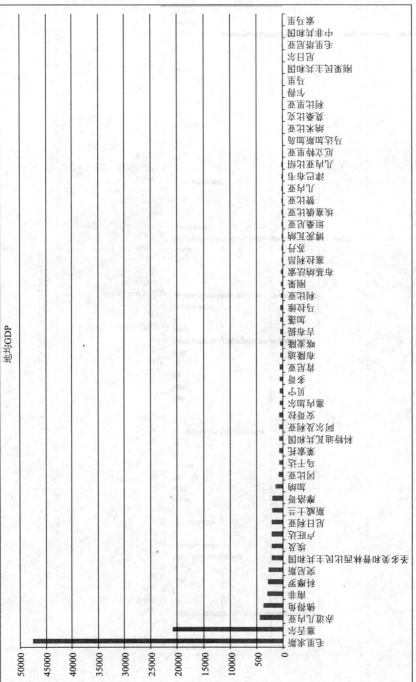

图 1 - 10 非洲土地单位 GDP 产出结构图

说明：马耿特岛、留尼汪、圣赫勒拿、西撒哈拉没有 GDP 数据，没有包含在内。由于毛里求斯与塞舌尔的地均 GDP 产出远远大于其他国家，为了更好地分考察地区单位土地生产力的数量差异，没有将其包含在该图中。

比亚；面积为 1~10 公顷的国家有 10 个，包括博茨瓦纳、中非共和国、圣赫勒拿、乍得、阿尔及利亚、尼日尔、马里、索马里、赤道几内亚和埃及；低于 1 公顷的国家有 43 个。

　　为了考察土地利用的经济效益，选取地均 GDP 指标来分析单位土地的生产力水平，衡量土地综合效益水平，如图 1-10 所示。通过非洲各国地均 GDP 图可以看出非洲各国的地均生产力差异较大，为了更好地分析其空间差异，利用 GIS 自然分等分析功能，按照标准差和最小的原则，确定 300.11、780.71、2156.25、4415.69 为显著断点，将其划分为 5 类，高产出区（10000~25000）、较高产出区（2500~4500）、中等产出区（1000~2500）、较低产出区（300~1000）、低产出区（0~300）。

　　如图 1-11 所示，从各国地均 GDP 产出图可以看出，非洲大部分国家的地均 GDP 产出处于低或者较低水平，共 39 个，超过非洲国家总数的 2/3。其中处于低地均 GDP 产出区的国家共有 20 个，约为非洲国家总数的 1/3，包括苏丹、博茨瓦纳、坦桑尼亚、埃塞俄比亚、赞比亚、几内亚、津巴布韦、几内亚比绍、厄立特里亚、马达加斯加岛、纳米比亚、莫桑比克、利比里亚、乍得、马里、刚果民主共和国、尼日尔、毛里塔尼亚、中非共和国、索马里。处于较低地均 GDP 产出区的国家有 19 个，包括冈比亚、乌干达、莱索托、科特迪瓦共和国、阿尔及利亚、安哥拉、塞内加尔、贝宁、多

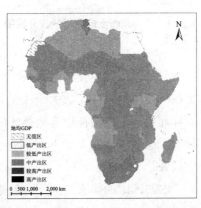

图 1-11　非洲土地单位 GDP 产出结构布局图

哥、肯尼亚、布隆迪、喀麦隆、吉布提、加蓬、马拉维、利比亚、刚果、布基纳法索、塞拉利昂。处于中等产出区的国家共有 7 个，包括圣多美和普林西比、埃及、卢旺达、尼日利亚、斯威士兰、摩洛哥、加纳。处于较高地均 GDP 产出的国家共有 5 个，包括赤道几内亚、佛得角、南非、科摩罗、突尼斯。而处于高地均产出区的国家只有 2 个，为印度洋中的岛国毛里求斯与塞舌尔。

六、非洲土地利用分区

　　非洲作为人口第二大洲，其土地利用的合理与否不仅关乎自身的粮食安全问题，还对全球的气候变化、生态环境产生重要影响。结合非洲土地的自然特征和土地开发利用的特点，对非洲整体土地利用格局进行分区，意在了解非洲整体的土地利用空间布局、各区土地利用的主要特征，为指导区域土地利用开发的宏观决策，实现非洲整体的土地利用布局优化，提高非洲整体的土地利用效益，促进土地利用与生态和谐提供理论支撑。

图 1‑12　非洲土地利用结构分区图

通过将非洲各类的土地利用类型的优势度分析结果与非洲各国的土地利用结构进行叠加分析,将非洲土地利用分为 4 大区,农耕区、牧草区、林业区和其他土地区(见图1‑12)。具体方法是若地类 A 在一个国家的土地利用结构比例中最大,且地类 A 在整个非洲具有该地类的区位意义,也就是区位指标大于1,则被判定为相应的用途区。若不满足该条件,则选出具有显著区位意义的地类,并选取这些地类中所占比例较大的地类,归入相应的区域。农耕区中的国家耕地或者园地的区位指数大于1,且耕地或者园地的比例在地类区位指数大于 1 的地类中最大;牧草区中的国家,草地区位指数大于1,且草地所占比例在所有地类区位指数大于 1 的地类中最大;林业区中的国家,林地区位指数大于1,且林地所占比例在所有地类区位指数大于 1 的地类中最大;其他土地区中的国家,其他土地区位指数大于1,且其他土地所占比例在所有地类区位指数大于 1 的地类中最大。

农耕区中的国家共 10 个,包括突尼斯、布基纳法索、多哥、乌干达、圣多美及普林西比、卢旺达、布隆迪、马拉维、科摩罗与毛里求斯,这些国家比较分散,主要分布在河流或者湖泊密集区。

牧草区中的国家共 16 个,包括处在地中海气候带的摩洛哥,热带稀疏草原和热带半沙漠气候区的几内亚、科特迪瓦、加纳、尼日利亚、苏丹、厄立特里亚、吉布提、索马里、纳米比亚、博茨瓦纳、南非、莱索托、斯威士兰、莫桑比克、马达加斯加。

林业用地区的国家共 16 个,包括塞内加尔、冈比亚、几内亚比绍、塞拉利昂、利比里亚、贝宁、喀麦隆、赤道几内亚、加蓬、刚果、刚果民主共和国、坦桑尼亚、安哥拉、赞比亚、津巴布韦、塞舌尔,这些国家主要分布在热带雨林气候区和热带稀疏草原气候区。

其他土地区的国家共 15 个,集中在北非和东非,包括阿尔及利亚、利比亚、埃及、西撒哈拉、毛里塔尼亚、马里、尼日尔、乍得、佛得角、埃塞俄比亚、中非共和国、肯尼亚、马约特岛、留尼汪、圣赫勒拿岛,这些国家主要分布在热带沙漠气候区、热带干旱半干旱气候带。

第三节 非洲土地利用时空变化及分析

土地利用及其变化具有显著的时空特征,为此,这里利用 2000—2009 年时间尺度上的非洲土地利用变化信息,进行非洲土地利用时空变化特征分析,以较为系统地揭示非洲土地利用变化特征。

一、数据基础

为了更准确地分析非洲土地利用变化特征,采用两种土地利用与土地覆被分类数据:一为欧洲联合研究中心空间研究所利用 1999 年 11 月至 2000 年 12 月 SPOT/VEGETATION 日序列地表反射率和 NDVI 生成的 GLC2000 全球地表覆盖数据的非洲部分,空间分辨率为 1 km,该数据是按照 FAO 地表覆盖分类体系,采用自底向上的分类方法将土地覆盖分成 27 类;二为欧洲航天局联合其他国际机构组织共同建立的全球 300 m 分辨率的地表覆盖分类数据 GLOBCOVER2009,生成 GLOBCOVER2009 所使用的是 2009 年 1 月至 12 月共 12 个月的 300 m 分辨率的 MERIS 系列资料,对每 2 个月的资料进行一次合成共生成 6 次用于分类的数据,按照 LCCS 分类体系,采用计算机自动分类和区域调整分类方法将土地覆盖分成 22 类。为了方便接下来的对比分析,利用面积占优法将 GLOBCOVER2009 重采样为 1 km×1 km 的栅格。虽然这两种数据都以 LCCS 分类体系为分类标准,具有兼容性,但不完全一致。为了使分类系统达到完全的一致,采用面积占优法对 GLC2000 与 GLOBCOVER2009 分类统一化处理。具体是将 GLOBCOVER2009 的每一类单独表示,然后将 GLC2000 中的每一类与之叠加分析,如果面积超过 50% 的吻合,则将其标记为 GLOBCOVER2009 中的类别,依次循环,当 GLC2000 中的地类与 GLOBCOVER2009 中的两类都超过 50% 时,将吻合度相对较高的地类判为与 GLOBCOVER2009 相同的地类。最后结合中国 2007 年颁布的《土地利用分类》标准,将 GLC2000、GLOBCOVER2009 的数据统一分为农用地、林地、草地、水域、建设用地及其他土地六大地类,具体的转换关系如表 1-10 所示。

表 1-10 土地利用分类与 GLC2000、GLOBCOVER2009 土地利用类型的转换

本研究土地分类	GLC2000	GLOBCOVER2009
农用地	7,18,19,20,21	11,14,20,30
林地	1,2,3,4,5,6,8,9,10,11,12	40,50,60,70,90,100,110,120,130,160,170

本研究土地分类	GLC2000	GLOBCOVER2009
草地	13,14,15,16,17	140,150,180
水域	26	210,220
建设用地	27	190
其他土地	22,23,24,25	200

二、2000—2009 年间非洲土地利用变化的总体特征

依据上述遥感信息资料的分析,2000—2009 年间非洲土地利用变化的总体特征如下:

(1) 10 年间土地利用结构有一定幅度调整,尤其是农用地增加了 2.73%,草地减少了 5.32%,其他类型用地相对稳定。从 2000 年和 2009 年非洲土地利用图(图 1-13)可以看出,2000 年和 2009 年非洲土地利用主要类型均为林地和其他土地,草地、农用地次之,水域、建设用地面积最小。其中 2000 年农用地占全洲总面积的 13.62%,林地占 32.39%,其他土地占 33.41%,草地占 19.58%,水域占 0.90%,建设用地占 0.10%;而 2009 年农用地占全洲总面积的 16.35%,林地占 34.51%,其他土地占 33.98%,草地占 14.26%,水域占 0.92%,建设用地占 0.10%。可见,2000 年和 2009 年土地利用结构变化较大。

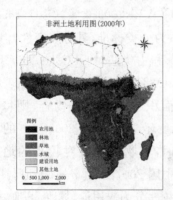

图 1-13　非洲土地利用图

(2) 土地利用类型的主要分布区总体一致。农用地主要分布在赤道至北纬 20°之间的几内亚高原、曼丁哥高原、乍得盆地、尼罗河上游盆地,以及维多利亚湖四周、阿特拉斯山以北的区域、尼罗河入海口和马达加斯加岛的东南部;林地主要分布在几内亚湾、刚果盆地和马达加斯加岛的西北部部分区域;草地主要分布在北纬 20°与北纬 10°之间撒哈拉沙漠以南的热带草原分布区、非洲的西南角及马达加斯加岛的西南部;其他土地主要分布在撒哈拉沙漠及南回归线附近非洲西部的纳米布沙漠。

三、非洲各地类时空变化特征

区域土地利用变化可通过数量变化、结构变化和空间布局变化来描述。本文利用土地利用变化动态度和土地利用转移矩阵,分析土地利用变化的数量和结构变化。利用 GIS 技术将量化结果空间化表达,可更直观地分析土地利用空间布局变化,掌握土地利用变化总体趋势及其结构变化特征。通过对 2000 年和 2009 年土地利用现状图进行统计分析、叠合分析、选取分析等 GIS 空间分析获得土地利用转换矩阵和土地利用变化图,对土地利用变化图按照 100 km×100 km 的网格进行分区统计,获取每一种土地利用类型变化的空间分布图(图 1-14)。

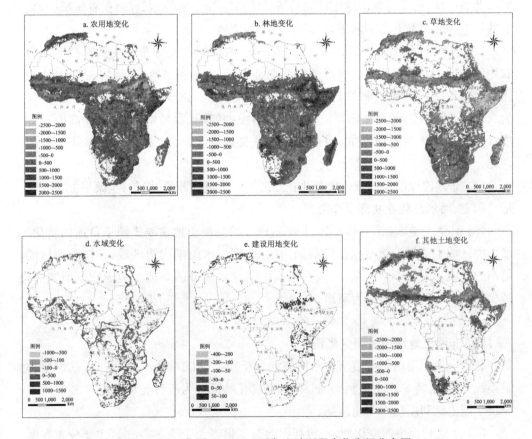

图 1-14 非洲 2000—2009 年土地利用变化空间分布图

结合土地利用转化矩阵和土地利用类型变化图,可以看出:

(1)非洲农用地面积共增加 $79.20×10^4$ km²,其中耕地减少量为 $167.30×10^4$ km²,耕地增加量为 $246.50×10^4$ km²。总体表现为位于非洲中部曼丁哥高原、几内亚高原、埃塞俄比亚高原、尼罗河上游盆地,东部的维多利亚湖周边区域等传统农作区农用地面积大量减少,减少的农用地主要转化为林地、草地和其他土地,这是由于农用地弃耕后土地荒废,被自然植被覆盖或土地荒漠化所致。新增农用地主要来源于林地、草地等其他土地类型土地的开垦利用。开垦区主要位于非洲最北端靠近地中海的区域、非洲西部几内亚高原和曼丁哥高原、非洲中部传统农作区与沙漠中间的草原地带、刚果盆地热带雨林区、非洲东部贝纳迪草原区、非洲东部和南部近海的林地或者草地自然植被区等。

(2)非洲林地增加了 64.19×10^4 km²,增加量占全洲总面积的 2.12%,其增加量主要来源于耕地和草地的转化,增加的区域主要位于北非尼罗河上游盆地的苏丹中部、埃塞俄比亚高原、几内亚高原的东南部、马达加斯加岛中部。而位于阿特拉斯山脉以北的区域、德拉肯斯山脉山区和马塔贝莱高原等地区的林地,面积有所减少,减少的林地 82.9% 被开垦为农田,15.61% 退化为草地。

(3)非洲草地减少 161.21×10^4 km²,减少的草地主要分布在在撒哈拉沙漠与农用地之间的草原地带、贝纳迪平原与东非大裂谷的草原地带、阿特拉斯山脉与撒哈拉沙漠之间草地区和马达加斯加岛的中部地区,减少的草地 33.61% 被开垦为农田,40.68% 转化为林地等。而撒哈拉沙漠的四周、索马里半岛、比耶高原和马塔贝莱高原的草地面积增加,增加的草地主要来源于林地、农用地和其他土地的转化。

(4)非洲建设增加区域主要分布在经济发展迅速的苏丹、埃及、坦桑尼亚、南非、尼日利亚、阿尔及利亚北部及摩洛哥。

(5)其他土地增加 17.41×10^4 km²。增加的其他土地主要来源于草地的转化,增加的区域主要位于撒哈拉沙漠的周边区域、图尔卡纳湖周边区域、卡拉哈迪沙漠的东边区域。而位于索马里半岛、乔斯高原的北区区域的其他土地面积有所减少,减少的其他土地主要转化为草地。

四、非洲土地利用时间变化特征

利用土地利用动态度模型和 GIS 空间分析功能,以 100 km×100 km 的网格为最小统计单元,将非洲土地利用的时间动态变化特征分为三种类型(图 1-15),用于分析非洲土地利用动态变化特征。

(1)土地利用快速变化型,土地利用动态变化度为 15%~78%。主要分布在摩洛哥、阿尔及利亚的北部、非洲东部和南部的区域、马达加斯加岛中部,发生变化的土地面积为 298.70×10^4 km²,占非洲总面积的 9.86%;变化发生所在区域总面积为 1231.91×10^4 km²,占非洲土地总面积的 23.10%。这些地区经济和人口增长都比较迅速,如埃塞俄比亚虽然是非洲最贫困的国家,但是 2000—2007 年其经济年均增长率保持在 5.5%,2000—2009 年人口年均增长率为 2.4%。快速的经济增长和人口增

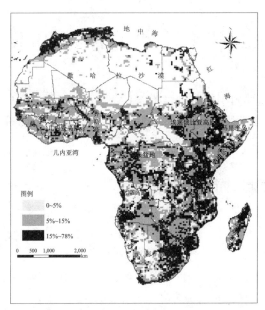

图 1-15　非洲土地利用变化动态度

加需要将大量的自然植被如林地或草地转化为人为地类,如人工建筑用地或者农用地等。

(2)土地利用慢速变化型,土地利用动态变化度为 5%~15%。其分布可大致划分为三大区域,中部横穿整个非洲大陆农林草变化区、刚果盆地林草变化区或者林农变化区和赞比西河流域林草变化区,发生变化的土地面积为 308.09×10⁴ km²,占非洲总面积的 10.17%;变化发生所在区域总面积为 1097.28×10⁴ km²,占非洲土地总面积的 36.23%。这一区域经济发展速度相对比较缓慢,但人口增长率却比较高,如面积比重较大的刚果民主共和国与尼日利亚,2000—2007 年其经济年均增长率均在 3% 以上,2000—2009 年人口年均增长率在 2% 以上。

(3)土地利用变化极慢型或者无变化型,土地利用动态变化度小于 5%。主要分布在北部撒哈拉沙漠、南部的卡拉哈迪沙漠和中部的热带雨林地带,发生变化的土地面积为 38.43×10⁴ km²,占非洲总面积的 1.27%;变化发生所在区域总面积为 1231.91×10⁴ km²,占非洲土地总面积的 40.67%。这一区域主要在沙漠分布区及其四周,主要由于沙漠区域比较荒芜,人烟稀少,变化也主要以草地或者农用地的荒漠化为主。中部热带雨林区的土地利用变化主要以热带雨林开垦为农用地为主。

第四节 非洲土地利用的主要问题及对策

基于上述非洲土地利用现状的分析与评价,本节主要是结合非洲粮食安全以及经济社会发展,阐述非洲土地利用面临的主要问题,并从土地可持续利用角度提出相应的对策建议。

一、非洲土地资源利用的主要问题

(一)土地利用复杂多样,农用地尤其是耕地所占比例偏少,非农用地偏高

非洲的土地利用多样性指数为 0.72,略小于土地利用多样化指数的最大值0.83,土地利用类型齐全。在所有的土地利用类型中,非洲农用地为 60.52%,低于世界水平的 66.27%。在世界六大洲中,排名第五位。就农用地类型而言,林地所占比例较高,耕地仅占 12.35%,低于世界水平 15.55%,为全球六大洲耕地总面积的 16.39%。与之相反,非洲的非农用地比例偏高,所占比例为 37.28%,远高于世界水平的 30.35%,其总量和所占比例在六大洲中均位于第一位。这与非洲殖民地特征导致的国家之间公共基础设施共享性不够,以及非农用地布局不够集聚等存在密切关系。

(二)农用地数量多,但人均占有量较少

非洲农业用地绝对量多,人均占有量则少。根据 2010 年世界粮农组织统计数据,非洲农用地面积为 1.84×10^9 公顷,占非洲总面积的 60.52%,居世界第二位,但人均农用土地面积为 1.8 公顷,在六大洲中仅高于亚洲,列六大洲的倒数第二。其中,耕地面积为 2.27 亿公顷,人均耕地面积为 0.22 公顷,稍高于世界人均水平 0.2 公顷,位居世界倒数第二;草地面积为 9.11 亿公顷,但人均草地面积为 0.89 公顷;林地面积为 6.74 亿公顷,人均森林面积为 0.66 公顷,列六大洲的倒数第二;园地面积为 0.29 亿公顷,为六大洲所有园地面积的 18.94%,仅小于亚洲,位居第二,人均园地面积为 0.03 公顷,居第二的地位。在农用地中,除人均园地面积在六大洲中位居第二,其他均处在倒数第二、第三的位置。

(三)非洲土地资源开发利用的不合理性

从 2000—2009 年非洲土地利用变化过程可知,非洲的耕地增长主要是通过毁林开荒、开垦草地这种不合理的开发方式得到的。而森林和牧草地的大面积减少,打破了自然环境的生态平衡,水土流失问题较为严重,一定程度上加剧了非洲荒漠化问题。加之非洲弃耕抛荒现象严重和对耕地的不合理利用,无形中加剧了非洲荒漠化的进程,造成耕地面积的减少,进而又变本加厉地通过毁林、毁草开荒来增加耕地面积。这就使得非洲的土地利用进入恶性循环。而这种不合理的土地利用方式,不

仅为非洲生态环境问题添加了负担,也严重影响了了非洲农业的可持续发展。

（四）非洲土地利用综合效益较低,且区域差异明显

从非洲的土地利用的经济效益分析可以看出,非洲大部分国家的地均 GDP 产出很低,就 2010 年而言,约有 2/3 国家的地均产出低于 800 美元/每公顷。其中地均 GDP 产出低于 800 美元的国家共 39 个,超过非洲国家总数的 2/3,其中低于 300 美元的国家有 20 个,约为非洲国家总数的 1/3,每公顷土地 GDP 产出在 300～800 美元的国家有 19 个,也约为非洲国家总数的 1/3。而处于中等偏上的仅占 1/3,其中中等 GDP 产出区的国家有 7 个,较高地均 GDP 产出的国家有 5 个,高地均产出区的国家只有 2 个,但这 2 个国家的地均 GDP 产出超过 10000 美元/公顷。除了总体平均水平产出不高外,非洲内部国家之间的土地利用产出效益差异较大,有些国家的地均 GDP 产出高达 47593.14 美元/公顷,有的国家的地均 GDP 产出则少于 100 美元/公顷,甚至低至 27.40 美元/公顷。

（五）非洲土地利用的农业基础设施薄弱

2010 年非洲可灌溉的农业用地面积为 0.139 亿公顷,居世界六大洲第四位,人均 0.01 公顷,在六大洲中居于倒数第一(见图 1－16)。从土地利用结构分析,可灌溉土地仅占非洲总面积的 0.45％,占非洲农业用地面积的 0.75％。非洲农业水利基础设施较差,这是影响非洲土地农业产出的重要因素之一。

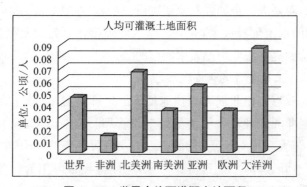

图 1－16 世界人均可灌溉土地面积

（六）非洲国家饥荒指数偏高,土地开发压力巨大

非洲国家处于饥荒状态的人口偏多,需要开发较多的土地解决自身的饥荒问题。总的来看,在 2010—2012 年度,有些国家饥饿指数超过 50％,高达 73％,如布隆迪;其中饥饿指数大于 50％的国家有 2 个;饥饿指数在 40％～50％的有 2 个;饥饿指数在 30％～40％的有 10 个;饥饿指数在 20％～30％的有 8 个;饥饿指数在 5％～10％的国家有 3 个;饥饿指数低于 5％的国家只有 6 个。从饥荒人口总数增减程度来看,2010—2012 年饥荒人口总数比 2005—2007 年增加的国家多达 17 个,说明非

洲国家的饥荒问题持续存在。为了解决非洲的饥荒问题,在提高现已开发土地生产力的基础上,需要增加非洲后备土地资源的开发用于粮食生产。

二、非洲土地可持续利用的主要对策

针对上述非洲土地利用中存在的主要问题,提出几点优化对策与建议。

（一）合理开发土地资源,加强土地管理

当前,非洲一方面通过毁林造田或开垦草原地,增加耕地面积,进行农业生产;但另一方面由于肥力退化、灌溉设施不够完善等,业已开发成耕地的土地资源并没有得到较为合理、充分的利用,致使土地资源贫瘠,或者遭到沙化侵蚀,进而加剧了土地退化的速度。因此,要做到合理开发利用非洲土地资源,在适度扩大可耕作土地面积的同时,必须更加重视保护业已开发或未开发的土地资源,抑制土地退化或沙化。尤其是对现有耕地开垦区,应进行相应的防护林带建设与配套相应的水利灌溉设施、改善交通条件等,改善土地利用的条件,从而促进现有开发土地的利用,提高土地利用效率与产出,减少土地抛荒,从而达到保护土地资源的目的。

（二）加强农业基础设施建设,提高土地产出效率

非洲虽然拥有较为丰富的淡水资源,但由于缺少相应的水利灌溉基础设施,从而使得大面积的农业用地无法得到适时的灌溉,降低了农业生产效率和抵抗自然灾害的能力。为此,需要进一步加强农业基础设施的建设,特别是水利设施建设,改善有利于农业发展的水土配置关系,建立科学的农业灌溉系统,以保证农业生产有充足的水源,从而达到提高农业生产效率的目的。

（三）加强后备土地资源的调查与管理

为了缓解非洲饥荒,在非洲人口快速增加的实际情况下,除了提高农业生产效率外,还需要加强非洲农业后备资源的调查与管理。长期以来,非洲大多数国家对土地资源的开发与管理相对较乱,任由农民自主开发与管理,不但造成了非洲自然环境的生态平衡遭到破坏,土地荒漠化加剧,也使得很多可用的后备土地资源不能很好地开发利用。因此,需要对非洲的后备资源进行系统的调查,根据土地的质量、可开发的难易程度,确定后备资源开发方案,提高土地利用的综合效益。

第二章

非洲粮食安全及评价

虽然当今时代具有在人类历史上比任何时期都要高的文明,但仍有相当数量的人生活在一个营养不良与饥饿的环境下。粮食安全问题是各个国家持续关注的问题,尤其 2007 年以来,国际市场上粮食价格持续上涨使得一些依赖国际市场进口粮食的国家受到了沉重的打击,非洲国家尤其突出。[①] 非洲是世界上饥荒流行最广泛的地区,而且饥饿人口绝对数量在不断地增加。根据 FAO 统计,从 2010 年到 2012 年,约 22.9% 的非洲人口处于营养不良状态,约是世界平均水平(12.5%)的两倍,同时在非洲有 28.9% 的人无法获得足够的食物。[②] 饥饿和营养不良增加了发病率和死亡率,限制神经系统的发育,降低劳动生产率,进而阻碍了许多非洲国家的经济增长。这里主要基于对非洲粮食生产与消费的分析,进一步较为系统地评价非洲粮食安全状况,以为更深入、全面地认知非洲粮食安全问题。

第一节 非洲粮食生产与消费

从 20 世纪 70 年代以来,后殖民化的非洲就被贴上了"饥荒土地"的标签。但从粮食生产的自然条件来讲,非洲大陆,尤其是撒哈拉以南的非洲拥有极为优越的光热条件,可耕地资源潜力巨大,并且蕴藏着世界 2/5 的水力资源,拥有很多水量丰沛的河流。得天独厚的生产条件却没有保证当地居民最基本的温饱所需要的粮食,可见非洲大陆在具有巨大粮食生产潜力的同时,面临落后的粮食生产状况问题。为此,本节主要是分析非洲粮食生产与消费的现状,以及影响粮食生产的主要因素,以进一步认知非洲粮食生产与消费问题。

---

① FAO, 2013A. Food security statistics, FAO Statistics Division. Food and Agriculture Organization of the United Nations, Rome, Italy.

② FAO, 2013B. Food security indicators, FAO Statistics Division. Food and Agriculture Organization of the United Nations, Rome, Italy.

一、非洲粮食生产现状及影响因素

(一)粮食生产的沿革及总体特征

非洲"食不果腹"问题十分突出。1960 年,非洲谷物不足、严重不足和极端不足的国家为 28 个,谷物自给的国家为 25 个。据 FAO 数据,1981 年非洲 55 个国家和地区共有 45 个国家谷物自给率在 95% 以下,全非自给率为 60% 左右,仅乍得、埃塞俄比亚、尼日尔、卢旺达、苏丹、乌干达、布基纳法索、南非、纳米比亚和津巴布韦 10 个国家粮食基本自给和自给有余。

可见非洲粮食问题由来已久,缺粮状况在非洲大陆相当普遍和严重。从 20 世纪80 年代开始,非洲成为世界上人均粮食产量不断下降,赤贫人口持续上升的唯一地区。在正常年份,仅少数几个非洲国家能够保证粮食自给,且在灾荒年需要粮食援助。20 世纪 80—90 年代,在经历大饥荒和经济衰退之后,非洲粮食生产发展几乎停滞不前,粮食产量占世界产量的百分比降到 5% 以下,平均自给率仅达 50%。2000年以后,耕地面积的增长促使非洲粮食产量以 4.4% 的年增长率增加,到 2012 年达到16384 万吨,占世界百分比为 7.34%(见表 2-1)。而耕地面积的增长速率慢于非洲人口的增长速率,近年来遣返的大批难民更是加重了非洲粮食安全的压力。

表 2-1　1980—2010 年非洲及世界粮食产量

年份	1980	1985	1990	1995	2000	2005	2010	2012
非洲(万吨)	7348	7635	8396	10003	10084	12388	15479	16384
世界(万吨)	142924	164651	177862	171190	184616	201745	220434	223216
非洲占百分比	5.14%	4.64%	4.72%	5.84%	5.46%	6.14%	7.02%	7.34%

(二)非洲主要粮食生产现状分析

非洲主要生产粮食有水稻、小米、玉米、小麦、高粱、木薯等,这里主要分别分析1993—2009 年非洲主要粮食作物生产状况。[①]

1. 水稻生产

非洲处于干旱地区,水资源比较缺乏,灌溉条件相对较差,因此影响了水稻的种植与丰收。从图 2-1 可以看出,1993 年到 2009 年非洲水稻产量持续小幅增长,其中 1993 年到 2001 年增长速度较为平稳,产量基本保持不变;2002 年以后,水稻产量增幅有所上升,这主要由于该阶段非洲地区降雨相对以前增多,而且非洲居民的粮食消费结构开始发生变化,水稻开始受到欢迎所造成的。

2. 小米生产

非洲小米产量从 1993 年到 2002 年处于平稳增长期,没有特别大的波动,一直保

---

① 数据来源于 FAOSTAT,之所以选取 2009 年,是为了保证 6 种作物数据年份的统一。

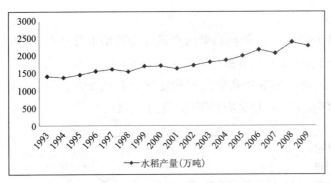

图 2 - 1　1993—2009 年非洲水稻产量变化

持在 1300 万吨左右。自 2003 年以后,小米的产量开始波动,但总体呈上升趋势。另外值得注意的是 2009 年小米产量出现了急剧下降(见图 2 - 2),原先种植小米的土地因为虫害灾害的爆发,种植面积下降。

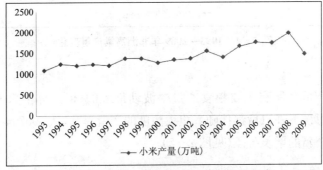

图 2 - 2　1993—2009 年非洲小米产量变化

3. 玉米生产

玉米是非洲主要粮食作物之一,玉米除了可以作为人类的食物也可以作为家畜的饲料。1995 年玉米的产量有所下降,但随后又迅速恢复正常并保持稳定。从 2007 年开始,玉米的产量开始增长,而且增长的速率比较快(见图 2 - 3)。

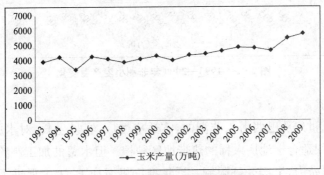

图 2 - 3　1993—2009 年非洲玉米产量变化

4. 高粱生产

从 1993 年到 2009 年,非洲高粱的产量处于波动上升状态。1993 年到 1996 年高粱的产量经过连续上升后开始进入波动期,1997 年到 2004 年之间,高粱的产量在 1700 万吨左右波动。2005 年高粱的产量陡然上升到 2500 万吨左右并一直保持到 2008 年,2009 年高粱的产量又有所下降(见图 2-4)。

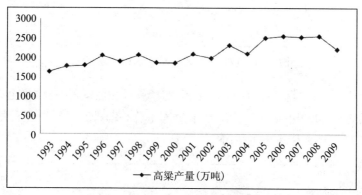

图 2-4　1993—2009 年非洲高粱产量变化

5. 小麦生产

非洲小麦产量是所有主要粮食产量中波动最大的,但总体上来看处于上升趋势。小麦产量每次下降以后都伴随着更大幅度的产量提升,从 2007 年开始小麦的产量又进入了一个新的增长阶段(见图 2-5)。

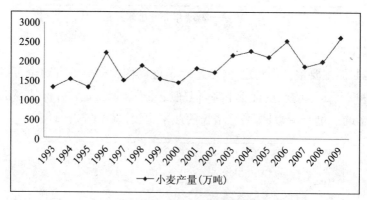

图 2-5　1993—2009 年非洲小麦产量变化

6. 木薯生产

木薯是 16 世纪从巴西引入非洲的,它适应性广、容易生长,对水肥条件要求不高,花工也少,很适合于地广人稀的热带地区种植。但木薯的加工制粉比较麻烦,过去靠土法,费时费力,生产受到限制。近年推广机械加工,大大促进了它的增产,其增幅大于谷物,更大于薯蓣,对解决粮食问题发挥了一定的作用。从 1993 年到 2009 年,木薯产量一直保持上升趋势,从大约 6000 万吨上升到 10000 万吨左右(见图 2-6)。

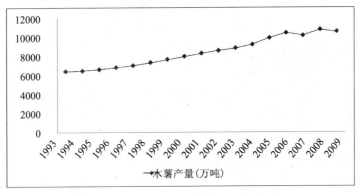

图 2-6　1993—2009 年非洲木薯产量变化

(三)非洲粮食生产阶段性分析

从上述各类主要作物产量的变化可以看出,自 20 世纪 90 年代以来非洲主要作物产量变化具有以下阶段性特征。

1. 平缓增长阶段(1993—2006 年)

此阶段非洲粮食生产量从 1.05 亿吨上升到 1.4 亿吨,大体上呈现一种平缓增长趋势。非洲国家独立以前,被迫按殖民者的需要种植咖啡、油棕等出口经济作物。独立后许多国家为取得发展民族经济所需要的外汇收入,继续发展以出口为目的的经济作物。同时美国在世界市场上倾销剩余粮食,一度造成国际粮价很低,使得非洲许多国家认为种植粮食收益较低,不如以出口经济作物所得收入进口粮食。因此,多数国家继续把最好的土地、大部分水利设施、资金、劳动力等投入到经济作物上,粮食种植则经营粗放,甚至刀耕火种,产量很低。20 世纪七八十年代,由于非洲遭受大旱以及世界市场粮食由过剩转为短缺,粮价猛涨,非洲国家才日益认识到发展粮食生产的重要性,进而调整政策促进粮食生产。另一方面,国际社会从 20 世纪 70 年代开始重视对非洲的农业援助,通过综合农村发展项目等支持小农户的农业生产。这些措施在一定程度上促进了 20 世纪 90 年代以后粮食产量的增长,但并没有实现较大幅度的增长。①

2. 波动增长阶段(2006—2011 年)

此阶段粮食产量从 2006 年的 14229 万吨上升到 2011 年的 14827 万吨,增长了

①　杜志鹏,赵媛.非洲粮食问题的时空演化研究[J].世界地理研究,2012,21(2):47-55.

598 万吨。但期间也有下降,如 2006—2007 年,下降了 1042 万吨,2010—2011 年,下降了 664 万吨,为一种波动增长。首先,进入 21 世纪,非洲农业发展迎来了很多机遇。总体上日趋稳定的政治局势为非洲农业发展提供了良好的内部环境,多数国家推行经济体制改革,为农业的发展营造了较为稳定的经济环境。另外,非洲一体化进程初露端倪,2001 年非洲联盟成立,在更高层面上指导整个非洲的农业发展特别是粮食生产。这些都为粮食增产创造了有利条件。然而增长是不稳定的,造成波动的原因主要有:一是全球气候异常,非洲至少遭遇了两次较大的旱灾,使其在 2006—2007 年粮食产量出现下降;二是虽然非洲整体局势稳定,但局部地区依然社会动荡,军事政变时有发生,在一定程度上也加重了波动性。

（四）影响粮食生产的主要因素分析

非洲粮食安全问题是多种因素综合作用造成的,除自然条件、劳动力投入、土地投入、化肥机械投入等硬件因素外,还受到政府政策导向、土地产权制度等的影响。

1. 重视工业,轻视农业;重视经济作物,轻视粮食作物

非洲国家独立之前被迫按照殖民主义者的需要去种植咖啡、油棕、剑麻、可可等商品性极强的出口作物,传统的农业生产结构遭到破坏,面向出口的经济作物得到畸形片面的发展,粮食种植面积大大压缩,使粮食生产增长日趋缓慢,粮食自给率逐渐下降。独立之后的非洲,为快速发展经济,政策上重视工业忽视农业,轻视粮食作物生产,重视出口经济作物生产,是造成粮食生产发展缓慢的重要原因之一。多数国家把最好的土地、大部分水利设施、资金、劳动力、肥料和农药等都投入经济作物生产;相反,生产粮食的土地则经营粗放,产量很低,掠夺式耕种方式降低了土地的生产能力。

2. 激增的人口和畸形的城市化,加剧了粮食的供求矛盾

缓慢的粮食增长远不能满足快速增长人口的需要,这是非洲粮食危机最根本的原因之一。2007 年非洲人口达到 9.44 亿,比 2004 年增加了 0.59 亿,若以 2006 年世界人均粮食消费量为 314 公斤计算,则需 1852.6 万吨粮食来满足新增的人口需求。但据 FAO 统计表明,与 2004 年相比,2007 年非洲粮食产量增加了 452.55 万吨,增幅小,就新增人口而言,就存在 1000 多万吨的粮食缺口。[1]

3. 厄尔尼诺现象不断加强,非洲许多国家气候反常

非洲大约 4～7 年出现一次旱灾,对粮食生产影响很大,往往导致南部非洲农作物减产 20%～50%。如,2007 年西非地区暴雨成灾,粮食产量严重大降,许多农民颗

---

① Mbow C, Van Noordwijk M, Luedeling E, et al. Agroforestry solutions to address food security and climate change challenges in Africa[J]. Current Opinion in Environmental Sustainability,2004，6:61 - 67.

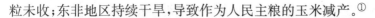

粒未收;东非地区持续干旱,导致作为人民主粮的玉米减产。[①]

4. 农业科技总体水平低下,农业投入品长期处于短缺状态

技术落后贯穿于农业生产链的各个环节,从良种培育技术、土壤改良技术、植物保护技术、灌溉排涝技术、收获技术、储藏技术、加工技术直到产品分销技术,非洲都几乎处于空白状态。非洲大部分维持生计的小农生产方式仍处于"刀耕火种"阶段,烧荒轮种是绝大多数农民采取的主要生产方式。同时,农业投入品供给一直处于严重短缺的状态,农民种地缺少良种、缺少化肥、缺少农药、缺少农机,很大程度上制约了农业的可持续高效发展。

5. 土地制度的制约

在现阶段影响非洲粮食生产的所有因素中,土地制度最为核心。有保障的土地产权是农业绩效好的必要条件,缺乏保障的土地产权是农业绩效差的主要根源。从缺乏保障的土地产权向着有保障的土地产权变迁,可以促进农业经济的明显增长。非洲大部分土地问题均是殖民时期的遗留问题,主要反映在现行土地制度与传统土地制度的冲突以及土地的分配不均上。大部分独立后的非洲国家都进行了不同程度的土地制度改革,新出台的土地政策时常与非洲长期以来占主导地位的传统土地产权产生矛盾,造成非洲诸多国家出现双重土地管理系统,城市及郊区范围土地产权不明晰、不稳定,暴力事件时有出现,严重制约了农户投资。土地的分配不均也是非洲农业生产面临的一大问题,在南部非洲表现尤为明显。少量的白人占有大量生产力高的土地,而大部分黑人仅能获得少量贫瘠的土地。例如,南非黑人仅拥有全国 13 ％的土地;其余 87％的土地则为白人私有或国家所有;20 世纪 90 年代的津巴布韦,1％的白人占据该国 70％的土地,90％以上的玉米均是在最贫瘠的土地上由黑人农民提供。白人不但在土地拥有的数量上远远超过黑人,且占有的土地质量最为肥沃,白人农场向来种植外销导向的经济作物,不利于粮食的发展和生产。[②]

在土地重新分配项目实施过程中,地块的分割大小直接影响到粮食生产的效率,在西部非洲表现较为明显。例如利比里亚,占据人口 70％的小农家庭经营着全国 80％以上的耕地,相比大规模农场主,小农的生产方式仍然较为原始,传统农具的使用率非常高,且小农对土地资源利用非常不充分,导致土地闲置或者浪费,这种不成规模的土地利用方式严重制约了粮食生产的效率;埃塞俄比亚北部的土地重新分配的目标是确保人人拥有土地,但是改革中划分农场的地块过小而导致失去了经济

① FAO, 2013A. Food security statistics, FAO Statistics Division. Food and Agriculture Organization of the United Nations, Rome, Italy.

② Chitsike F. A critical analysis of the land reform programme in Zimbabwe[C]. 2nd FIG Regional Conference, 2010.

利益。此外,土地重新分配项目实施后的后期支持亦影响到农业粮食生产。非洲部分国家采取的改革措施,主要集中在摧毁殖民统治、消灭剥削、实行平等和自由权利上,较少涉及提高农业生产力、增强粮食安全,缺乏对农民得到土地后进行耕种的后期支持。如自 2000 年津巴布韦启动"快车道"项目后,超过 140000 的家庭从"快车道"土地改革中获得了 800 万公顷土地,而土地改革后期生产支持的缺乏导致粮食生产水平迅速下降,甚至低于土地改革之前。

二、非洲粮食消费及影响因素

在分析了非洲粮食生产状况及其影响因素后,这里主要是分析非洲粮食消费状况及其影响因素。

(一)非洲主要粮食消费及分析

非洲粮食消费主要是以水稻、玉米、高粱、木薯等传统食物为主,这里分别加以阐述。

1. 水稻消费

非洲水稻消费一直保持着稳步上升的态势,从 2000 万吨左右上升到 3000 万吨左右。但从 2009 年开始,上升趋势似乎有所减缓(见图 2-7)。

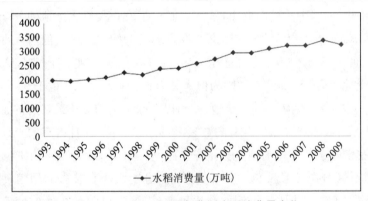

图 2-7　1993—2009 年非洲水稻消费量变化

2. 小米消费

1993 年到 1997 年非洲小米消费量保持稳定但略有下降,1998 年以后小米消费量开始波动,总体显上升趋势。尤其在 2004 年以后,小米的消费量大幅上升,并在 2008 年达到顶点,接近 2000 万吨,但是在 2009 年小米的消费量骤然下降到 1100 万吨(见图 2-8)。

3. 玉米消费

玉米的消费量在 1993 年到 1995 年之间出现下降趋势,随后开始缓慢上升并保

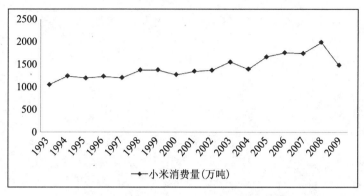

图 2 - 8　1993—2009 年非洲小米消费量变化

持在每年在 5500 万吨左右。从 2007 年开始玉米的消费量开始急剧上升,到 2009 年玉米的消费量上升至 7000 万吨左右(见图 2 - 9)。

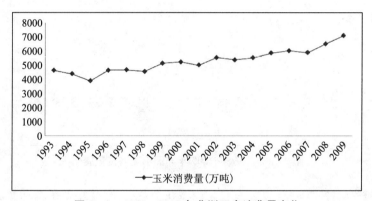

图 2 - 9　1993—2009 年非洲玉米消费量变化

4. 高粱消费

1993 年到 2009 年,高粱的消费量呈现波动中缓慢上升的态势。1993 年到 2005 年,非洲高粱的消费量基本遵循先增加后减少再增加的规律,增长的幅度一般大于减少的幅度。从 2005 年开始,高粱的消费量开始有比较明显的上升趋势,并保持在 2500 万吨左右(见图 2 - 10)。

5. 小麦消费

小麦的消费量趋势与高粱的消费量趋势比较接近,前期都是处于波动状态,并具有明显的一增一减再增的规律。从 2003 年开始,小麦的消费量开始具有明显的平稳的上升趋势,到 2009 年达到 5800 万吨左右(见图 2 - 11)。

6. 木薯消费

非洲木薯的消费量一直处于比较平稳的上升趋势,从 1993 年的 6000 万吨左右

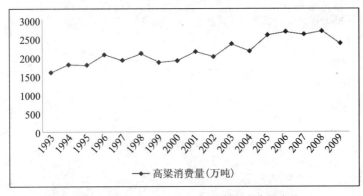

图 2-10 1993—2009 年非洲高粱消费量变化

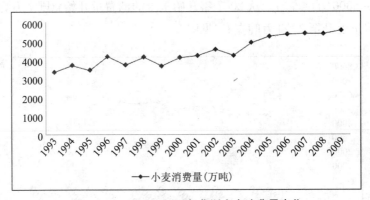

图 2-11 1993—2009 年非洲小麦消费量变化

持续上升到 2006 年 10000 万吨左右。虽然在 2007—2009 年处于波动状态,但木薯的消费量没有发生巨大的变化(见图 2-12)。

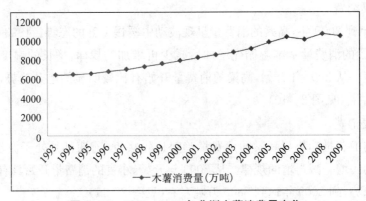

图 2-12 1993—2009 年非洲木薯消费量变化

（二）非洲粮食消费阶段性分析

近 20 年来,非洲粮食消费可以划分为两个阶段。

1. 消费总量平缓变化,但人均消费骤减阶段(1993—2001 年)

粮食消费总量的变化主要取决于人口数量与人均粮食消费量的变化。此阶段非洲粮食消费总量从 11095 万吨减少到 11085 万吨,仅仅减少了 10 万吨,变化幅度较小。但从人口数量来看,1997—2001 年非洲人口从 7.56 亿增加到 10.45 亿,但其增速与年均增长率放缓。而从人均粮食消费量来看,1997—2001 年非洲人均粮食消费量从 410 千克降到 263 千克,这一期间人均粮食消费量大幅减少。

2. 粮食消费总量及人均消费量稳定上升阶段(2002—2009 年)

此阶段粮食消费量从 12312 万吨上升到 16170 万吨,增长了 3858 万吨,涨幅为 31.34%。造成该阶段粮食消费量增长的原因是人口数量及人均粮食消费量的双增加。据联合国人口计划署资料,2002—2009 年,非洲人口增长率达到 2.4%,高出世界平均水平 1.1 个百分点,对于人口基数巨大的非洲而言,这是一个巨大的人口增量;同时非洲人均粮食消费量从 263 千克增加到 296 千克。人口数量的爆炸式增长加上人均粮食消费量的增加,造成粮食消费量的快速增加。

三、非洲粮食供求基本格局及分布

非洲粮食总体来看供不应求,同时非洲各国之间的供求关系差异性大。具体分析如下。

（一）非洲粮食供需格局

为弥补巨大的粮食缺口,非洲谷物净进口量迅速增加。1980 年进口量为 2131 万吨,1990 年增至 2892 万吨,2000 年激增到 4567 万吨,占粮食生产量的 45%,自给能力大大下降,到 2010 年的进口量已经达到了 6351 万吨(见表 2 - 2)。此外,近年来不断飙升的全球粮价给进口国带来巨大的经济压力,不少国家外贸赤字逐年增大,无疑使农业生产雪上加霜。

表 2 - 2 1980—2010 年非洲粮食进口量　　　　　　　　　　　　　（单位:万吨）

年份 地区	1980	1985	1990	1995	2000	2005	2010
北非	1292	1659	1905	1807	2873	2939	3755
撒哈拉以南非洲	839	853	987	950	1694	2517	2596
非洲总计	2131	2512	2892	2757	4567	5456	6351

1980 年年底,非洲各国的粮食储备为 1141 万吨,占世界的 3.7%。为了弥补人

民消费需要上的差距,非洲耗尽了粮食储备,非洲国家结转库存连年下降。尤其是南部非洲,1995年的粮食储备仅有667万吨,人均粮食拥有量远远低于世界平均水平,粮食储备量长年低于世界总储备的2%。2000年以后,非洲粮食储备稳步提升,但仍然不能满足剧增的人口的需求。2010年,非洲粮食储备量为46356万吨,占世界总量的6.5%,占当年粮食消费量的14%,仍然低于世界粮食安全系数17%～18%的最低标准(见表2-3)。

表2-3　1980—2010年非洲结转库存量　　　　　　　　　　　(单位:万吨)

年份 地区	1980	1985	1990	1995	2000	2005	2010
北非	332	167	273	242	731	1215	1675
撒哈拉以南	809	769	470	425	489	868	1344
非洲合计	1141	936	742	667	1221	2083	3020
世界总计	30785	51834	49840	43898	56710	39527	46356
非洲占百分比	3.7%	1.8%	1.5%	1.5%	2.2%	5.3%	6.5%

(二)非洲粮食生产及作物分布

非洲的自然环境具有比较典型的水平地带性,从赤道向南北两端呈现出很有规律的变化,其中水分条件的变化尤为明显。在此因素的制约下,非洲粮食作物的地理分布也表现出相似的规律性。根据气候带,一般可在全洲划分出以下四个主要的粮食生产区。

热带雨林区。包括刚果盆地及几内亚湾沿岸宽100～200公里的带状区域。区内终年高温多雨,没有季节变化,不利于一年生谷物的成熟和收获,而湿热条件下的各种病虫害对谷物生长也是一大障碍。在此情况下,区内粮食作物均以热带薯类占绝对优势,包括木薯、薯蓣等,在加蓬、赤道几内亚、刚果、扎伊尔、中非诸国的粮食作物总播种面积中,薯类均占过半数,有的甚至达到80%～90%。薯蓣是热带非洲的原产作物,味质好,产量也高,但费工耗肥,主要种植于几内亚湾沿岸,这里农村人口密度较高。木薯是16世纪从巴西引入非洲的,它适应性广,容易生长,对水肥条件要求不高,花工也少,很适合于地广人稀的热带地区种植。但木薯的加工制粉比较麻烦,过去靠土法,费时费力,使生产受到限制。近年推广机械加工,大大促进了它的增产,增幅大于谷物,更大于薯蓣,对解决粮食问题发挥了一定的作用。热带雨林区其他粮产作物还有稻谷和玉米,其单产都很低。此外,香蕉和大蕉也广泛作为粮食食用。

中非和西非热带草原区。其地理分布大致从北纬10°至18°,由南到北,雨季越来越短,降水量也越来越少。粮食作物以高粱和粟类等抗旱耐热作物为主,其中高梁对水分条件的要求稍高,故分布偏南。粟类更耐旱,分布也更广泛,种植最多的是御谷,其次是饿稻。后者不仅耐旱,还耐贫瘠,在土壤瘠薄的地区种植较多。除上述作物外,热带草原区还种有薯类、豆类、玉米及稻谷等。受多种因素制约,其产量的低而不稳在全洲范围内也是突出的。

东非和南非热带草原区。其水分条件稍优于中、西非热带草原区,粮食作物以玉米占优势,是区内各国农民的主食;其次较重要的有木薯、高粱和粟类。

地中海气候区。包括北非的地中海沿岸地区及南非的西南部。粮食作物以小麦、大麦占绝对优势,其次是玉米和豆类;在埃及因灌溉水源有保证,稻谷种植较多。

除以上四大区域外,马达加斯加因气候条件有利,又受民族因素影响(早期居民自东南亚迁入),故稻谷广泛种植,在粮食生产中占了大部分。此外,埃塞俄比亚因地处高原,粮食作物结构也有一些特殊性。其特点是苔麸、大麦、豆类并重,小麦、高粱也不少;此外,还广泛种植了食用芭蕉。

第二节 非洲粮食安全评价

粮食安全评价,大多从粮食自给率、粮食生产波动指数、粮食储备水平、人均粮食占有量、贫困人口的粮食安全保障状况等方面进行评估,而科学的粮食估产,是制定粮食安全政策的重要基础。为此,本节引入基于 GIS 技术支撑的 EPIC(environmental policy integrated climate)模型,开展基于粮食估产的非洲粮食安全评价。

一、传统粮食安全评价指标

目前国内外对粮食安全的评价大多根据各个国家和地区不同的社会经济因素,建立相应的评价指标体系。其中粮食自给率、粮食生产波动指数、粮食储备水平、人均粮食占有量、贫困人口的粮食安全保障五个指标运用比较普遍。

(一)粮食自给率

粮食自给率[①]表示一国粮食生产量占消费量的比重。一国粮食自给率的高低主要取决于该国可耕地、水资源等禀赋方面的条件。除此之外,粮食物流条件、国家工业化水平、市场化程度的高低、居民的膳食结构及消费模式等,都对一国的粮食自给率产生重要影响。一般来讲,粮食自给率与粮食安全水平的高低成正比。也就是说,一国的粮食自给率越高,粮食安全水平也越高;反之亦然。

由于粮食消费对人类生存的极端重要性和不可替代性,各国对保持怎样的粮食

---

① 田波,王雅鹏.中国粮食安全问题探究[J].陕西农业科学(农村经济版),2006,6:3-6.

自给率往往十分谨慎,这种谨慎态度除了出于安全方面的考虑外,还因为保持一定的粮食自给率往往需要付出相应的政策成本或经济代价。但从经济的角度来讲,各国根据自身的比较优势,部分进口所需的粮食,可能比自己生产全部的粮食更加有利可图。各国决策者需要根据各方面情况的变化在粮食安全的效益和成本之间做出某种权衡。由于国情不同,各国对接收怎样的粮食自给率并没有统一的认同标准。如美国、加拿大、澳大利亚和法国等农业资源丰富、农业现代化水平较高的国家,其粮食自给率普遍高于100%。而亚洲国家由于普遍属于人多地少的农业资源匮乏国,其粮食自给率普遍较低。大多数经济学家认为,粮食自给率大于95%表明一国已基本上实现了粮食自给,或者说已经达到了足够高的粮食安全水平;一般来说,只要粮食自给率大于90%,即已达到了可以接受的粮食安全水平;对于那些农业资源短缺的国家来说,要实现粮食自给的目标,尤其是追求100%的粮食自给目标,会付出高昂的经济代价,因此不一定是明智的选择。

(二)粮食生产波动指数

粮食生产在很大程度上决定了一国的粮食供给能力及安全水平。但由于受气候和政策等因素的影响,粮食产量随着时间的推移往往会呈现出一定的波动性,波动幅度的大小在一定程度上反映了粮食安全水平。波动幅度可以用波动指数来表示,波动指数[1]就是用每一年的实际粮食产量与该年的趋势产量的差除以该年的趋势产量得出的结果,粮食生产波动指数反映了粮食总产量随时间推移所表现出来的一种较为稳定的增长或下降趋势,它代表着粮食产量发展的基本方向。很显然,粮食生产波动指数越大,说明该年度粮食生产偏离趋势值越远,该年度粮食供给的稳定性就越差,会影响粮食市场的供求,并进而影响粮食安全水平;反之,粮食生产波动指数越小,说明该年度粮食生产偏离趋势产量越小,稳定性越高,粮食安全水平也就相应高一点。

(三)粮食储备水平

粮食储备[2]状况是反映粮食安全水平的一个非常重要的指标。FAO通常直接用粮食储备水平来衡量全球或一国的粮食安全水平,在20世纪70年代曾提出一个确保全球粮食安全的最低储备水平,即世界谷物的储备量至少要达到世界谷物需求量的17%~18%。多年来,FAO一直号召各国政府采纳这一最低安全储备政策,足以看出粮食储备状况对于粮食安全的重要性。对于非洲这样一个条件匮乏、自然条件恶劣、粮食物流条件相对薄弱的地区来说,保持相对比较高的粮食储备水平是很有必要的。

---

[1] 张志国.改革开放以来河南省耕地面积波动分析[J].中国农学通报,2011,27(14):257-261.
[2] 樊闽,程锋.中国粮食生产能力发展状况分析[J].中国土地科学,2006,20(4):46-51.

（四）人均粮食占有量

人均粮食占有量是指在一个粮食年度内，一国粮食总供给量与该国同一时期内总人口的比。人均粮食占有量可以在较高程度上反映一个国家的粮食安全状况。很显然，人均粮食占有量越高，粮食安全水平就越高。世界各国由于资源禀赋条件和人口数量等因素的差异，人均粮食占有量差别较大。美国、加拿大、法国、澳大利亚等国由于拥有丰富的农业资源和发达的农业生产水平，其人均粮食占有量远远高于世界平均水平；而亚洲国家的人均粮食占有量却普遍较低，非洲国家的人均粮食占有量更是远远低于世界平均水平。

（五）贫困人口的粮食安全保障状况

从全球的角度来看，食物生产的增长速度已超过人口的增长速度，但发展中国家仍有几亿人挨饿。非洲有庞大的人群在遭受饥饿，即使最富裕的发达国家也有许多人得不到充足的食物，这些得不到充足食物的人往往是那些贫困人口。正如联合国在1985年粮食及农业会议通过的决议中指出的那样：饥饿和营养不良的主要原因是贫困。在完全自给自足、没有商品交换的时代，粮食安全完全取决于自身的产量，但是在发达的市场经济条件下，粮食安全既取决于粮食的生产量，也取决于个人的购买力。因此，在粮食供给量一定的情况下，增加贫困人口的收入，提高他们对粮食的购买能力，可以显著地提高一国的粮食安全水平。

二、非洲粮食安全评价 GEPIC 模型

（一）GEPIC 模型及其意义

EPIC 是一个综合模型，可以用于作物产量评估、水土流失评价、气候变化影响评价、农田水肥管理等[①]方面。作物产量估算是 EPIC 模型最主要的应用之一。利用 EPIC 模型，可模拟作物的潜在产量[②]、水分和养分胁迫产量[③]，探讨产量与水肥之间的关系，评估半干旱条件下水分胁迫对作物如玉米产量的影响。作为一个决策支持工具，EPIC 模型在农田管理策略、减轻农业风险、经济政策和环境评价等方面，也得到了实际应用。EPIC 可用于农田管理方式的评价，如 Bernardos 等用 EPIC 模型综

---

① Izaurralde R C, Rosenberg N J, Brown R A, et al. Integrated assessment of Hadley Center (HadCM2) climate change impacts on agricultural productivity and irrigation water supply in the conterminous United States-Part II. Regional agricultural production in 2030 and 2095[J]. Agricultural and Forest Meteorology, 2003, 117(1-2): 97-122.

② Steiner J L, Williams J R, Jones O R. Evaluation of the EPIC simulation model using a dryland weatsor-ghum-fallow crop rotation[J]. Agronomy, 1987, 79(4): 732-738.

③ Cabelguenne M, Debaeke P, Bouniols A. EPIC phase, a version of the EPIC model simulating the effects of water and nitrogen stress on biomass and yield, taking account of developmental stages: validation on maize, sunflower, sorghum, soybean and winter wheat[J]. Agricultural Systems, 1999, 30(3): 237-249.

合估算不同历史时期阿根廷拉潘帕省农田中小麦、玉米和向日葵产量、土壤水分、N和 P 等养分元素的生态过程,并对生态措施进行综合评估。[1] 有些学者利用 EPIC 模型进行干旱风险评价、土地荒漠化评价、N 元素淋失及其所造成的面源污染评价、轮作系统评价和土地脆弱化评价等。EPIC 与多目标模型 MOPM 相结合,能够分析政策对农业生产的影响。EPIC 可作为农业系统投入-产出参数估算的基本工具,通过 MPLG 技术构建的区域土地利用综合模型,分析评估政策和发展目标对区域水土流失、粮食生产、就业和农民收入的影响。

虽然 EPIC 模型有众多优点,但是它也存在一些缺陷。作为机理模型,它的输入和输出都是基于 TXT 格式,很难从空间进行分析。因此非常有必要将 EPIC 与 GIS 相结合,将 EPIC 的模拟结果可视化,反映到地理位置上。

GEPIC 是一个基于 GIS 操作系统的新型 EPIC 模型。它可以模拟土壤-作物-气候-管理系统的时空演变。如图 2-13 所示,GEPIC 的输入包括栅格地图与数据库两大部分。其中,栅格地图包括 DEM、坡度图、土壤图、气候图、土地利用图、灌溉图;数据库包括土壤数据库与气候数据库。这些数据在 ArcGIS 中输入,并转化为可以被 EPIC 模型识别的 TXT 文本格式。运用 UTIL 的相关命令将数据转化为符合 EPIC 建模要求的数据输入格式并进行模拟。EPIC 的模拟结果以 TXT 文本形式输出到 ArcGIS 软件中,并转化为可被 GIS 系统识别的数据格式,生成研究区域的 GIS

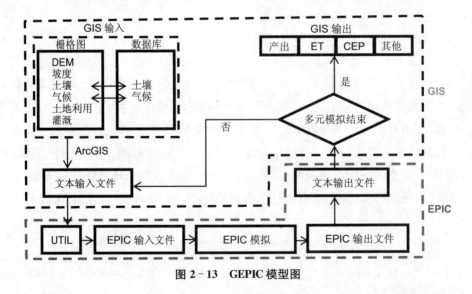

图 2-13 GEPIC 模型图

---

① Bernardos J N, Viglizzo E F, Jouvet V, et al. The use of EPIC model to study the agroecological change during 93 years of farming transformation in the Argentine pampas[J]. Agricultural Systems,2001, 220 (1):71-80.

输出,包括产量、ET、CEP 等栅格图纸。

(二) 数据来源及处理

土壤数据[①]。GEPIC 模型的模拟需要一些土壤参数:土壤深度、含沙量、淤泥量、容重、pH、有机碳含量等。这些参数来自联合国粮农组织数据库,这是一个具有超过16000 种不同土壤制图单元的栅格数据库(见图 2-14)。土壤栅格地图中每个土壤类型在 Access 数据库中有它自己的代码,包含每种土壤的详细信息。各土壤类型(或代码)应该有一个单独的土壤文件(*.sol)。土壤的文件有一个严格的格式,具体参见 EPIC 用户手册 0509 的第 18~19 页。我们需要给每一个土壤类型创建一个文件名(如 3201.sol)。该号码与栅格图中的土壤代码相对应。

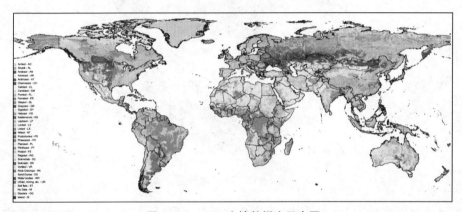

图 2-14　FAO 土壤数据库示意图

气象数据。非洲日天气数据下载自美国国家气候数据中心。我们选择露点温度、风速、降水量、最高和最低温度为模型的输入,然后将日数据转化为月数据。该数据库有超过 9000 个站点的数据可用。以各个气象站点为中心生成泰森多边形并以站点名作为唯一标示转化为栅格地图,这样每一个多边形就代表一个气象站点范围内的天气情况。各个站点各自创建一个 TXT 文本,TXT 文本内包含站点历年的气象数据,TXT 的文件名应该与栅格地图相互对应。由于 GEPIC 模型中需要相对湿度的数据,但是该数据库中只有露点数据,所以需要将露点数据转化为相对湿度以后才能被模型所运用。

地形数据[②]。地形数据包括 DEM 与 SLOP,来源于 HYDRO1k EROS Data Center,USGS。该数据库可直接提供全球 1 千米分辨率的高层、坡度、坡向栅格图层,但是缺乏空间参考信息(图 2-15)。将非洲地形图进行朗伯等积方位平面投影

---

① 　http://webarchive.iiasa.ac.at/Research/LUC/External-World-soil-database/HTML/.

② 　HYDRO1k EROS Data Center,USGS.

(Lambert azimuthal equal area projection)。起始经线为 20°00′00″E,起始纬线为 5°00′00″N,参考椭球半径为 6378137 米。在 ArcGIS 中通过坐标转换(project raster)和矢量边界裁剪(extract by mask),生成非洲 DEM 与 SLOP 图层。

图 2-15 非洲地形图

土地利用数据[①]。土地利用数据来自欧洲航天局(ESA)的 GlobCover 土地覆盖图(见图 2-16)。在这张地图上,世界被划分为 23 个土地利用类别。因研究需要,将 23 类土地利用类型缩编为 3 类,包括灌溉农田、旱地农田和其他,在栅格图中分别用 1,2,0 表示。具体数据及转化参见附表。

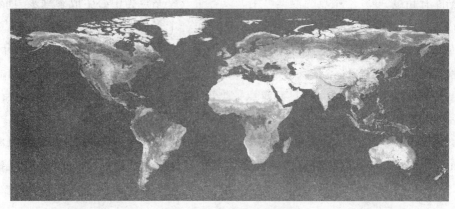

图 2-16 世界土地利用图

———————————
① http://due.esrin.esa.int/globcover/.

三、非洲粮食安全时空演变

非洲粮食生产中,木薯、玉米、小麦、高粱、大米和小米6种作物占到粮食总产量的50%。为此,这里以这6种主要作物1993—2012年粮食生产变化进行非洲粮食安全的时空演变特征分析。

（一）作物产量与分布的时空演变

如图2-17所示,玉米、木薯、小麦的耕作面积呈下降趋势。木薯的播种面积减少量最多,主要集中在撒哈拉以南的非洲中部地区,包括安哥拉、刚果、赞比亚、马拉维、莫桑比克等地。刚果小麦的播种面积减少现象也较为显著,另外中非共和国、马达加斯加、索马里等地玉米的播种面积也有所下降。

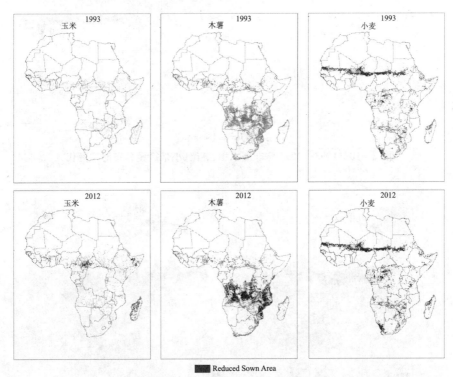

图2-17　1993—2012年非洲玉米、木薯、小麦产量分布时空变化

如图2-18所示,水稻、高粱、小米的播种面积有所上升。其中小米的增加量最为显著,主要集中在埃塞俄比亚、苏丹、索马里等东非国家。高粱的播种面积也有所上升,主要集中在北非的西撒哈拉、摩洛哥、阿尔及利亚、埃塞俄比亚、肯尼亚。水稻的播种面积增加情况并不显著,零星分布于的非洲东部地区。

如图2-19所示,从整体来看,从1993年到2012年,非洲主要粮食播种面积的

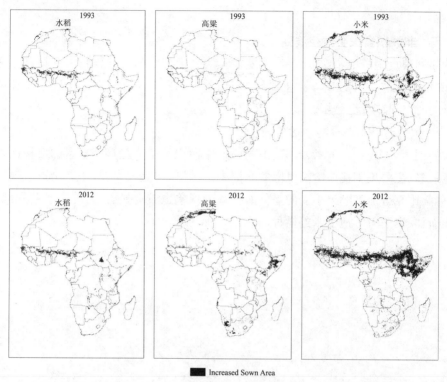

图 2‑18　1993—2012 年非洲水稻、高粱、小米产量分布时空变化

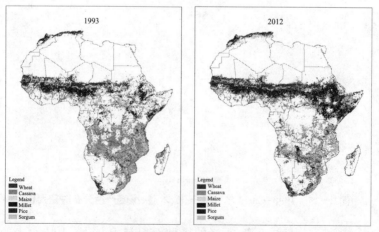

图 2‑19　1993—2012 年非洲主要粮食耕种面积时空变化

分布情况没有巨大的变化,但播种面积总量呈下降趋势。中非地区粮食播种面积减少现象最为显著,主要集中在刚果、坦桑尼亚、赞比亚等地区。减少的播种面积中主要以木薯和小麦为主。另外非洲西北部地区与东部地区高粱与小米的播种面积有所增加。

（二）营养不良人口变化

根据联合国粮农组织的定义，营养不良①是指人们通过膳食获取的能量持续低于保持健康生活并进行轻体力活动所需的最小食物能量需求，营养不良是用来表明人们的食物能量摄入量是否不足的指标。

本研究选取木薯、玉米、小麦、高粱、大米和小米6种作物作为研究对象。在非洲，通过这6种作物所获得的热量占了总摄入能量的50%以上。假设所有的作物产品都用于消费而没有出口或者浪费，并且将这些模拟得到的作物产量转化成热量。然后根据公式2-1，可以计算得到1993年和2012年非洲的营养不良人口数量。

$$HP = TP - \frac{TCP/50\%}{MDER} \tag{2-1}$$

式中，TP表示总人口，HP表示营养不良人口，MDER表示人均每年所需最少的膳食能量，TCP表示作物每年能量总产量。

1. 营养不良人口数量变化

如图2-20所示，1993年非洲的饥饿人口主要集中在东非地区，由北向南包括苏丹、埃塞俄比亚、肯尼亚、坦桑尼亚、莫桑比克，都超过了500万。另外非洲西部的尼日利亚，其饥饿人口数量超过了1500万。20年以后，如图2-21所示，非洲饥饿

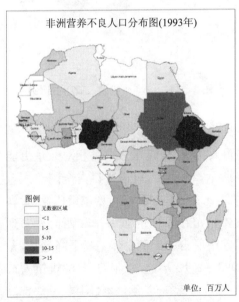

图 2-20　1993 年营养不良人口分布

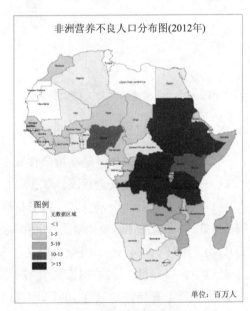

图 2-21　2012 年营养不良人口分布

---

① FAO, 2013. Food Security Statistics, FAO statistics Division. Food and Agriculture Organization of the United Nations, Rome, Italy.

人口数量有所上升,且表现出由西非向东非蔓延的趋势。新增饥饿人口超过1500万的国家有两个,分别是苏丹和刚果。从饥饿人口增长率(见图2-22)来看,1993年到2012年,饥饿人口增长率超过100%的国家主要集中在非洲中部,包括刚果、乌干达、坦桑尼亚,另外非洲东部的马达加斯加的饥饿人口增长率也超过了100%。相比较来说,非洲西部和南部地区饥饿人口数量显负增长,如马里、尼日尔、加纳、尼日利亚、喀麦隆、安哥拉、津巴布韦、南非等国家饥饿人口的负增长率都超过了20%。

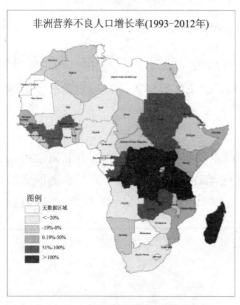

图 2-22 非洲营养不良人口增长率

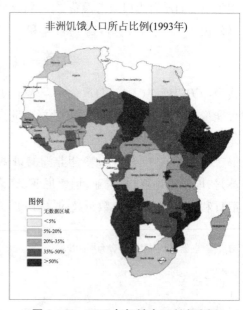

图 2-23 1993 年饥饿人口所占比例

2. 营养不良人口变化速率

饥饿人口的绝对数量是衡量粮食安全的重要指标,但饥饿人口的相对数量更能反映一个国家的粮食安全状况。如图2-23所示,1993年,饥饿人口占全国总人口50%以上的国家有9个,包括乍得、安哥拉、纳米比亚、厄立特里亚、埃塞俄比亚、索马里、卢旺达、布隆迪、莫桑比克。这些国家主要分布在非洲的东海岸和西海岸。到2012年,如图2-24所示,饥饿人口在各个国家中所占的比例总体上显下降趋势,尤其是饥饿人口超过50%的国家显著减少。1993—2012年这20年间,非洲饥饿人口相对数量呈上升趋势的只有10个,即几内亚、科特迪瓦、布基纳法索、刚果、厄立特里亚、乌干达、布隆迪、坦桑尼亚、赞比亚、马达加斯加,这些国家以组团连片的形式集中在非洲中部以及非洲西北部地区,如图2-25所示。非洲其他地区饥饿人口的相对数量都呈下降趋势,且下降幅度大都大于30%。

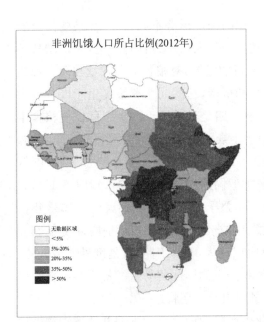

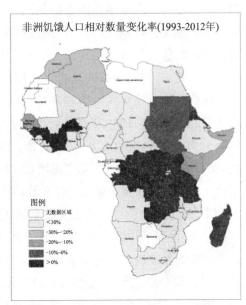

图 2 - 24　2012 年饥饿人口所占比例　　　图 2 - 25　饥饿人口相对数量变化率

四、非洲粮食安全特点

世界农业一向以粮食生产为主,但各国各地区之间在粮食生产的发展水平和作物结构上,均存在着显著的差异。这种差异既反映了地理环境的不同特点,也与宏观经济水平和经济政策关系至密。从非洲来看,粮食安全的基本特点有以下四个。

第一,粮食生产在农业尤其是种植业中占有突出地位。这一点同非洲生产水平低、人口压力大、粮食严重匮乏是分不开的。为解决燃眉之急的吃饭问题,不得不把大量耕地用于粮食生产,致使其地位日渐突出,原先带有片面发展性质的出口经济作物,在多数国家都趋于相对或绝对衰退。在非洲内部,大体上说,经济水平越低的国家,粮食生产的地位就越突出,在热带非洲,其比重就显著超过了全洲平均数。北非国家粮食虽也不足,但经济水平相对高一些,可以较多地依赖进口,本国粮食生产的地位就低于热带非洲国家。

第二,粮食自给率逐渐下降,粮荒愈演愈烈。在历史上,非洲粮食生产是足以自给的。西方殖民者入侵后,传统的农业生产结构遭到破坏,面向出口的经济作物得到畸形片面的发展,粮田面积受到压缩,粮食不足的问题逐渐暴露出来。自 20 世纪五六十年代非洲国家大批获得独立以来,虽然许多国家为发展粮食生产做出了很大努力,但总的说来粮食的增产未能跟上需求的增长,其自给率不断下降,并在大范围内出现了越来越严重的粮荒。究其原因,主要是以下几点:

一是长期殖民主义统治遗留下来的恶果,不合理的农业生产结构一时难以根本扭转。二是由于内外多种因素的共同作用,总的经济形势不如人意,在某些国家农业政策出现失误,均对粮食生产的发展不利。三是人口压力日趋沉重,人口增长率比殖民地时代高得多。尤其是工业和城市人口的发展,对粮食消费在量和质上都提出了新的要求,例如城市人口要求食用面粉和稻米,这就同非洲粮食生产以杂粮占绝对优势的传统结构发生了越来越大的矛盾。四是日益严重的生态危机使粮食生产条件趋于恶化。1990 年在非洲是一个中上年景,这一年全洲生产谷物 8775 万吨,薯类 11963 万吨,杂豆 678 万吨,若薯类按 5∶1 折算,则全洲粮食总产量为 11846 万吨,比 1961—1965 年的平均产量增长 77%。但同期内全洲总人口却猛增了 121%,致使人均占有的粮食产量从 220 公斤降至 184 公斤,而因大旱严重欺收的 1983 年仅为 164 公斤。[①] 全洲性的粮荒于此愈演愈烈。非洲人均摄取的热量平均每天为 2360 卡路里,比世界平均数低 12.7%,其中莫桑比克仅为 1665 卡路里,是世界上最低的。近些年非洲谷物进口量猛增了近 6 倍(薯类和杂豆的国际贸易量一直不多),自给率则由 97% 锐降至 75%。按照目前的趋势,预料自给率还将进一步下降。

第三,生产水平低而不稳。非洲的农业生产除面向出口的一部分经济作物由种植园经营,生产条件较好,生产手段也较为现代化外,绝大部分粮食生产都是由小农户进行的。技术手段十分落后,靠天吃饭、粗放经营、广种薄收,生产水平低而不稳是其普遍的特点。

上述情况所造成的最明显的后果就是非洲粮食单产甚低,热带非洲则更低,而且不稳,波动性超过了其他各洲,其中虽然有自然条件的影响,但经济、技术方面的因素无疑是起主导作用的。上面只是非洲全洲的平均状况,若具体到各个国家,则波动幅度还要大得多,由于生产水平低,非洲农民即使在正常年景能提供的商品粮也不多,灾年就更不必说。城市人口大部分都依靠进口粮供养。这种粮食商品率接近于零,有时甚至为负数的情况在各国都有出现。

第四,粮食作物种类繁多,粗粮比重大,主食粮种均自外洲引入。非洲除世界常见的一些粮食作物外,还有不少其他各洲很少种植的粮食作物,如苔麸、薯蓣、芋头、御谷、龙爪稷、饿稻、食用芭蕉等。但农民的主食却是从美洲引入的玉米(草原地带)和木薯(雨林地带)。其他各大洲虽也广泛引种了原产于外洲的农作物,但农民的主食都不像非洲变化得这么大。与世界平均水平相比,非洲粮食生产结构的特点首先表现为薯类和杂豆比重大;其次是在谷物中,小麦和稻谷这两种食性和营养最好的细粮比重过小,近些年世界为 52.2%,非洲却只有 21.5%。这种状况造成非洲人食用的绝大部分是粗粮,因此,非洲的粮食问题不仅表现为量少,还表现为质差。再加

---

① von Grebmer K, Ringler C, Rosegrant M W, et al. 2012 - 10 - 11,2012 Global Hunger Index Date. http://hdl. handle. net 1902.//18959. International Food Policy Research Institute.

上小麦、稻谷生产高度集中于少数国家,对于热带雨林和热带草原地区各国来说,细粮的比重就更小了。如扎伊尔每日人均摄入的热量中,来自谷物的仅 16.2%,其中主要是玉米,来自薯类的却高达 57.2%,至于动物性食品则仅为 2.7%,这样的膳食结构显然是很不理想的。受自然、社会和经济多种因素的限制,短时间内确实难以改变这种状况。

第三节　非洲粮食安全面临的问题及对策

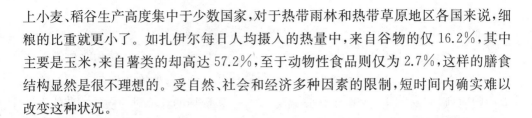

非洲是全球最贫穷的大洲。根据联合国在 2012 年发表的人类发展报告,人类发展指数排名最低的 24 个国家都是非洲国家。非洲贫穷的原因有部分是与其动荡的历史有关。非洲非殖民化的不稳定加剧了冷战冲突。自 20 世纪中期,冷战、贪污和专制统治也令非洲的经济更加不景气。非洲经济展望报告特别提到:自 2001 年以来,非洲与中国的贸易增加将近 20 倍,于 2012 年更达到了近 2000 亿美元。[①] 中国和印度的经济迅速增长,而拉丁美洲也经历了温和增长,使数以百万计的人得以脱贫。相比之下,非洲的许多地区在外贸、投资、人均收入和其他方面的经济增长却停滞不前,甚至倒退。贫穷对非洲有很大的影响,包括较低的预期寿命、暴力和不稳定,这些问题反过来又持续影响了非洲大陆的发展。然而,近期的数据显示部分非洲大陆正在经历快速的增长。世界银行的报告指出,撒哈拉以南非洲国家的经济增长速度已追得上全球经济增长的速率。在经济发展最快的非洲国家甚至出现了大大高于全球平均水平的情况。2012 年,增长速度最高的国家包括毛里塔尼亚11.7%、莫桑比克 9.8%和马拉维 8.2%、尼日利亚 6.3%、赞比亚 5.2%。[②]

一、切实维护社会与政局稳定

非洲粮食问题的时空演化显示,动荡不安的社会政局对粮食发展产生破坏性影响,所以必须切实采取相关措施维护社会和政局稳定。对于粮食问题相对较好的区域,如北部非洲与西部非洲,应继续推动并巩固政局与社会稳定,为农业粮食生产与发展提供良好的政治与社会环境;而对于粮食问题比较严重的区域,如中部非洲,则要发挥非盟等作用,提升社会政治局势的稳定度。只有这样才能让农业在一个相对稳定的环境中恢复发展,进而推进粮食问题的解决,扭转粮食问题恶化的局面。

---

① 中国与非洲的经贸合作(2013)白皮书,2013.中华人民共和国.
② 2013 非洲经济发展报告,2013.联合国贸易和发展会议.

二、控制人口数量,提高人口特别是农民素质

非洲人口问题同样严峻,对粮食生产提出巨大的挑战与压力。从独立至今,非洲人口增长率远远超过经济增长率,高人口出生率致使需求的粮食远超过原有土地的生产能力,人们只得去破坏森林和草地来增加耕地数量,如埃塞俄比亚森林覆盖面积曾达到40%,20世纪90年代骤减到3.1%。被破坏的环境对气候的调节能力又不断下降,造成干旱等灾害的不断发生,导致全非60%的土地处于干旱的威胁下,50%的土地受到荒漠化威胁,其直接后果就是粮食作物的减产,饥饿面积不断扩大,粮食问题加重。再加上人口文化素质较低,特别是农业生产科技与管理人才匮乏,使得本已恶化的粮食问题雪上加霜。因此,非洲各国政府应采取措施鼓励少生优生,科学控制人口数量与人口增长,使人口增长率逐步降低并与经济社会发展相协调;同时提高人口文化素质,特别是加强对农民粮食生产知识与技术的培训,提升农民种植粮食的水平与能力,从而推动粮食问题的好转与解决。

三、全力促进农业发展与粮食生产

在解决非洲粮食问题方面,政府应起到主导与核心作用。非洲独立之后,部分国家政府的腐败、制定措施的不力以及对粮食生产的忽视已经造成了严重的后果,使得不少国家面临从独立之初基本满足粮食消费到如今严重依赖粮食进口状况。所以,推进非洲粮食生产的发展,政府应改变以往对粮食生产的忽视态度,采取各种措施全力促进农业发展与粮食生产。一方面,在政策上要对粮食生产大力扶持,给予农民更多的优惠政策,包括粮食生产技术培训、农业资金支持等;加强农业基础设施建设,包括兴修水利设施,提高农药化肥及农业机械的使用水平、建设公路、铁路等农业运输通道,提高农业灌溉、运输、仓储以及防灾减灾水平;另一方面,由于很多非洲国家女性是粮食生产的主要劳动力,如撒哈拉以南非洲地区,一些国家女性农业劳动力的比重高达60%以上,政府应进一步重视女性的地位和作用,给予其应有的权利,使女性群体能够充分发挥自身优势,促进粮食生产与发展。

四、深化多领域国际农业合作

非洲粮食问题的解决除了"自力更生"外,还需要加强与国际社会的交流,深化多领域国际农业合作。从20世纪70年代开始,国际社会真正对非洲农业进行援助,经过40年左右的发展,国际社会的农业援助确实在一定程度上推动了非洲粮食生产的发展,但所取得的发展与非洲粮食的巨大需求之间还是相差甚远。非洲还需要在综合农业发展、农业政策与农业人才培训、农业科研与推广、粮食作物生产技术和农业基础设施建设等方面继续加强国际合作,充分利用外部资源。特别是在粮食生产技术方面,中国等国家相继在非洲建立农业技术示范中心,并且每年选派一定数量的农业技术专家在非洲进行农业技术传播。

第三章

非洲耕地利用与粮食安全

　　非洲耕地资源数量安全整体状况不佳,虽然绝对数量仅次于亚洲和欧洲,居世界第三位,但耕地资源相对紧缺,耕地占国土面积的比重仅为 3.7%,人均耕地数量仅有 0.22 公顷,非洲人口自然增长率极高,人均耕地水平有逐年下降的趋势。而且耕地中灌溉耕地面积较少,仅占耕地面积的 6.08%。而有效灌溉面积的增减又是强烈影响粮食产量增减的重要因素。因此,要改善耕地利用条件,尤其是要增加耕地的灌溉比例,同时也要重视耕地利用效益的提高。

第一节　耕地利用效益的概念与评价方法

一、耕地利用效益的定义

　　耕地作为"自然-经济-社会"复合生态系统,在其内部进行着物质循环和能量流动,耕地所具有的各项服务功能正是基于这一生态过程而产生的。[1] 耕地利用是人们通过一定的活动,利用耕地生态系统服务功能来满足自己需要的过程。耕地利用效益则是指耕地生态系统服务功能被人类社会实际利用后所产生的直接和间接效果的总称,包括耕地利用的经济效益、生态效益和社会效益。在具体界定耕地利用的经济效益、生态效益和社会效益时,应从耕地生态系统服务功能的类型、作用过程、耕地生态系统服务功能被人类社会实际利用后所产生的直接和间接效果的形态、属性予以划分。耕地生态系统服务功能可以分为生态系统产品和生命系统支持功能。耕地生态系统产品是指耕地利用过程中,能为人类带来直接利益的物质性产品。耕地生态系统产品具有物质形态和直接的经济属性,可作为现实市场交易的对象。耕地生命支持功能则不具有物质形态,不构成商品价值具体组成部分。耕地生命支持功能可通过物理和化学过程,或人类个体的感知和社会整体的响应来发挥作

---

① 王如松、欧阳志云.社会-经济-自然复合生态系统与可持续发展[J].中国科学院院刊,2012,5:337-345.

用[①],其作用效果具有自然和社会属性,同时具有间接性和隐藏性。

根据耕地生态系统服务功能的类型、作用过程及其效果形态和特征的不同,可对耕地利用的经济效益、生态效益和社会效益的内涵予以界定和明晰。(1)耕地利用的经济效益。耕地利用的经济效益是指在一定投入和市场需求条件下,基于实物形态的耕地生态系统产品并通过直接市场手段产生的物质成果货币化收益,包括粮食作物、经济作物作物纤维原料。[②] 耕地利用的经济效益大小应考虑耕地利用的投入成本以及市场价格的高低。(2)耕地利用的生态效益。耕地利用生态效益是指人类干预和控制下的耕地生态系统在有序结构维持和动态平衡保持方面向人类的环境系统输出的效益之和,是基于耕地生态系统的部分而非全部生命系统支持功能,通过某种物理和化学作用而产生的与人类感知无关的效益,具有非物质形态属性。耕地利用生态效益至少包括涵养水源效益、水土保持效益、改善小气候效益、改善大气质量效益、生物多样性效益和土壤净化效益。(3)耕地利用的社会效益。耕地利用的社会效益是以耕地资源(资产、生态系统)为客体的生产活动存在状态和功能对主体特征的直接或间接的影响效果,即耕地生态系统产品和生命系统支持功能对人类个体的心理精神和对人类社会组织(如国家、地区)的发展所产生的宏观社会影响和效果,是耕地经济效益和生态效益的升华效益,同样具有非物质形态的特征。耕地利用社会效益主要包括耕地粮食安全效益,耕地社会保障效益、开敞空间及景观效益、科学文化效益。耕地利用的经济、生态和社会效益既有区别又有联系。一方面三者产生的基础不同,表现的形态也存在差异;另一方面,经济效益、生态效益和社会效益又是相互统一的一个整体,其中生态效益是基础,经济效益是手段,而社会效益则是耕地利用的目标。[③]

二、耕地利用效益评价指标体系构建

根据耕地利用效益的相关定义,本研究构建了评价耕地利用效益的指标体系。一级指标包括经济效益、社会效益、生态效益。经济效益指标包括粮食播面单产、土地生产力、农业机械化程度、财政投资效益;社会效益指标包括人均粮食产量、社会需求满足度、人均农业 GDP、劳动力转移指数;生态效益指标包括旱涝保收指数、森林覆盖率、耕地有效灌溉面积比率、平均每公顷耕地用肥、万元产值耗能。相关计算公式及指标内涵见表 3-1。[④]

---

① 韦慧兰,张可容.自然保护区综合效益评估理论与方法[M].北京:科学出版社,2006:68-113.

② 赵荣钦,黄爱民,秦明周.农田生态系统服务功能及其评价方法研究[J].农业系统科学与综合研究,2003,19(4):267-270.

③ 牛海鹏,张安录.耕地利用效益体系重构及其外部性分析[J].中国土地科学,23(9):25-29.

④ 数据来源于 FAOSTAT 及世界银行.2009 年是能保证计算出所有研究区域耕地利用效益的最新年份。

表 3－1　耕地利用效益评价指标体系

一级指标	二级指标	计算公式	指标内涵
经济效益	粮食播面单产	粮食总产量/农用地面积	反映耕地利用效益
	土地生产力	耕地面积/农用地面积	反映利用效益
	农业机械化程度	农机进口量/耕地面积	反映机械化水平
	财政投资效益	农业总产值/财政农业投资	反映财政农业投资的效率
社会效益	人均粮食产量	粮食总产量/总人口	反映粮食生产对社会的满足程度
	社会需求满足度	人均粮食/联合国规定的人均基本粮食 255 kg	反映粮食生产对社会的满足程度
	人均农业 GDP	农业总产值/总人口	反映农业的社会稳定功能
	人均耕地	耕地面积/总人口	反映耕地规模
	劳动力转移指数	非农人口/农业人口	反映农业劳动力转移水平
生态效益	旱涝保收指数	旱涝保收面积/耕地面积	反映农业水利化水平
	森林覆盖率	森林面积/土地面积	反映环境改善状况
	耕地有效灌溉面积比率	有效灌溉农田面积/耕地面积	反映农业水利化水平
	平均每公顷耕地用肥	化肥使用量/耕地面积	反映化肥对耕地的污染程度
	万元产值耗能	农业消耗能量/农业总产值	反映能源消耗效率

第二节　非洲耕地利用效益及国际比较

一、非洲与世界其他地区耕地利用效益

结合上节对于耕地利用效率问题的认知,这里着重比较分析各大洲耕地利用效益,以更深入地了解非洲耕地利用的具体情况。

(一)非洲耕地利用效益

非洲总面积约 3020×10^6 公顷,约占世界陆地总面积的 20.2%,耕地面积为21312 万公顷,约占世界耕地总面积的 15%。从耕地开发利用程度看,实际耕作面积仅占可耕地面积的 30%左右,远低于亚太地区 61.4%的水平。在非洲,普遍实行土地休耕、轮作,土地使用三四年后往往因贫瘠而被遗弃,因此土地利用率极低。以中部非洲为例,该地区可耕地面积达 1.73 亿公顷,而已耕地仅为 0.21 亿公顷,实际耕作面积占可耕地面积的 12%。非洲的粮食作物种类繁多,有麦、稻、玉米、小米、高粱、马铃薯等,还有木薯、大蕉、椰枣、薯蓣、食用芭蕉等特产。但是非洲地区农业生产力水平较低。单位面积产量远远低于亚洲等其他大陆。这也就意味着非洲农业进一步发展的潜力会很大。

如图 3-1 所示,非洲的耕地利用经济效益水平低下,2000—2009 年,除 2000 年的经济效益指数超过 0.2 之外,其他年份均在 0.15 左右。非洲耕地的生产能力极低,造成极低的经济效益。非洲耕地利用社会效益与经济效益相似,也处于一个极其低下的水平。在 2000—2009 年,只有 2006 年的社会效益指数勉强超过 0.1,其余年份均低于 0.1,社会效益水平极低,非洲粮食安全得不到保障。非洲的耕地利用生态效益处于中下等水平,2000—2009 年生态效益指数在 0.35~0.4 范围内小幅度波动,2006 年指数为 0.405,之后年份指数逐渐下降,生态效益逐渐降低。非洲耕地利用总效益依然处于低下水平,除 2000 年总效益指数超过 0.2 之外,其余年份都在 0.2 之下。这是由非洲气候恶劣,耕作条件不良等条件引起的。

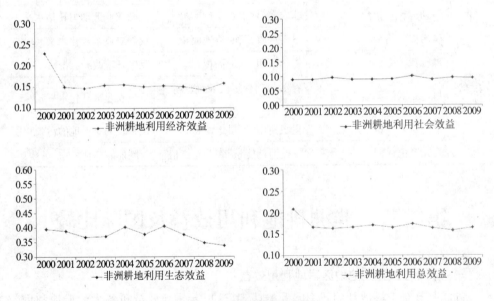

图 3-1　非洲耕地利用效益

(二)欧洲耕地利用效益

如图 3-2 所示,欧洲总面积为 1016×10^6 公顷,是世界第六大洲,其中可耕地面积为 29976 万公顷,约占世界耕地总面积的 20%,人均耕地面积为 0.411 公顷,居世界前列。欧洲主要的粮食作物为小麦。以英国、法国、德国、意大利、西班牙、波兰为代表的欧洲主要农业国,耕地面积在同期内出现减少,即由 1999 年的 7218.1 万公顷降至 2005 年的 6972.4 万公顷,降幅达 3.4%。其中耕地减少速度最快的是波兰,耕地面积由 1999 年的 1407.2 万公顷减少到 2005 年的 1214.1 万公顷,减少了13.7%。相比之下,传统的农业大国,尤其是政府给予高额补贴的法国和德国,耕地面积有小幅增加。

　　欧洲耕地利用经济效益在 2000—2009 年都在 0.6~0.7 的范围内波动,在世界范围内属于较高水平。其中 2004 年的耕地利用经济效益为 0.69,为近年最高水平,其余年份则都低于 0.66,从 2006 到 2009 年有下降趋势。

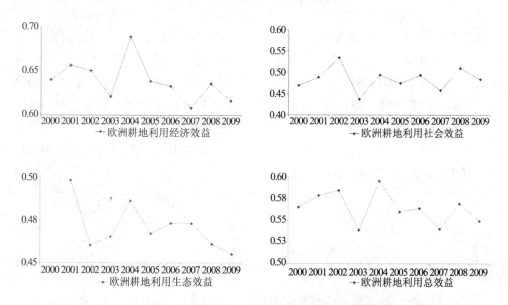

图 3 - 2　欧洲耕地利用效益

　　2000—2009 年欧洲耕地利用社会效益在 0.4~0.55 范围内起伏,波动不大。在 2002 年达到最大值 0.534,2003 年则是大幅降低到 0.437,2004—2009 年基本围绕 0.48 上下小幅波动。2000—2009 年的欧洲耕地利用生态效益指数在 0.45~0.51 变化,2000 年的生态效益指数最高为 0.506,随后几年除 2004 年生态效益指数上升外都处于逐渐下降趋势,可以看出欧洲近几年的耕地利用对生态环境保护的重视度逐渐降低。欧洲耕地利用总效益基本维持在一个较高水平,除 2003 年总效益指数为 0.539 外,近年欧洲耕地利用总效益指数为 0.54~0.6。可以看出,欧洲耕地的利用是比较合理的,较合理的耕地利用对粮食生产、经济效益、环境保护等方面都产生积极的影响,耕地利用总效益也较高。

　　(三) 北美耕地利用效益

　　北美洲耕地面积为 21312 万公顷,约占世界耕地总面积的 15.5%,耕地主要集中在中部平原地区,近年来北美洲的耕地面积略有下降。北美洲的两个大国美国和加拿大耕地面积分别为 17445 万公顷和 4566 万公顷。北美洲的耕地广阔,但人口相对较少,因此人均耕地占有量相对较高。北美洲农业生产专门化、商品化和机械化程度都很高,中部平原是世界著名的农业区之一,农作物以玉米、小麦、水稻、棉花、大豆和烟草为主。

如图3-3所示,从2000—2009年,北美洲的耕地利用经济效益有较大幅度的变化,经济效益指数在0.68~0.80不断波动变化,2000年的经济效益指数最高,在2002年降至最低,之后几年较小幅度变化。北美洲耕地利用社会效益非常之高,社会效益指数几乎都处于0.86~0.91,没有大幅度变化,维持在一个较好的水平。2007年因天气反常,历史性的高温、雨水、干旱层出不穷,导致部分作物生产受到影响,粮食安全受到影响,因此2007年北美洲的耕地利用社会效益指数跌至0.779。在2000—2009年,北美洲耕地利用生态效益持续降低,在2000年,生态效益指数最高为0.436,之后就持续下降。可以看出近些年来北美洲因持续关注耕地利用的经济效益,忽视了生态效益方面。2000—2009年,北美洲耕地利用总效益变化不大,总效益指数在0.7~0.8波动,处于世界高水平。北美洲对耕地的集约合理利用使耕地的生产性大大提高,也使总效益处于高水平。

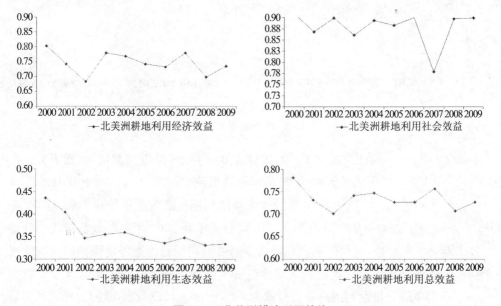

图3-3 北美洲耕地利用效益

(四)南美耕地利用效益

南美洲总面积为1797×10⁶公顷,约占世界陆地总面积的12%。南美洲平原面积比例较大,其海拔300 m以下的平原约占全洲面积的60%,自北而南有奥里诺科平原、亚马孙平原和拉普拉塔平原。其中亚马孙平原面积约560×10⁶公顷,是世界上面积最大的冲积平原,地形平坦开阔,海拔多在200 m以下,是耕地资源的主要分布区域。除智利外,目前南美洲近90%的可耕地处于休耕、轮作或被遗弃状态,有待进一步开发利用。南美洲的优良土壤面积相对较小,无主要限制因子土壤占17%,与非洲并列,在世界各大洲中最低,其中巴西占9%、哥伦比亚占27%、阿根廷占33%。土壤的主要限制因子为铝毒,此类限制性土壤比例在全洲平均为44%。南美洲种植业中经济作物占据绝对优势,向世界提供所需咖啡、香蕉、蔗糖的绝大部分及大量的棉花、可可、剑麻等。其中可可、柑橘均占世界总产量的25%左右,剑麻产量居各洲第二位,巴西木薯产量居世界第一位。南美洲大部分国家中多数人从事农业生产,但粮食生产仍不足自给,大多数国家需进口粮食。

如图3-4所示,南美洲的耕地利用经济效益处于较低水平,在2000—2009年年间,经济效益指数在0.2～0.3内小幅度波动,说明南美洲的耕地利用水平较低,生产力较低,创造的经济效益较少。2000—2009年,南美洲的耕地利用社会效益处于缓慢上升阶段,2000年的社会效益指数为0.42,之后逐年上升,到2008年上升至最高位0.49,2009年则有小幅度回落。相较于耕地利用的经济效益和社会效益而言,南美洲的耕地利用生态效益有优势得多,2000—2009年的生态效益指数为0.5～0.6,处于世界范围内的领先水平,但从2000年以来,也出现小幅下滑的趋势。南美洲耕地利用总效益近年来处于较稳定的状态,总效益指数在0.3～0.4小幅波动,相较于其他洲,处于一个中等的位置。可以看出,南美洲的耕地利用可以更进一步合理化、集约化,创造更高的总效益。

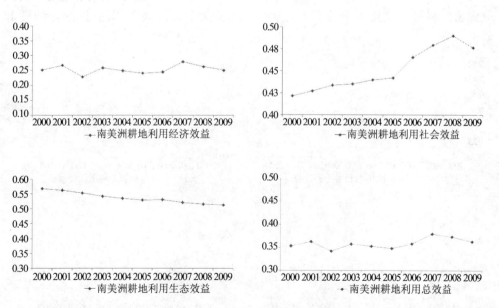

图3-4　南美洲土地利用效益

（五）亚洲耕地利用效益

亚洲耕地面积为 51146 万公顷,约占世界耕地总面积的 36％。亚洲耕地总量居世界第一,但因人口众多,人均耕地拥有量远低于世界平均水平。因亚洲土地广阔,各地区耕地情况不尽相同,可分为东亚、东南亚、南亚、西亚、中亚、北亚。东亚主要粮食作物为水稻,所产稻谷占世界稻谷总量 40％以上。东南亚是亚洲最具耕地开发潜力的地区。南亚中印度是亚洲耕地面积最大的国家,有 15965 公顷。亚洲无法通过扩大耕作面积来增加粮食产量,因为这必将对该地区的森林和生态进一步构成威胁。如今,已耕作面积占亚洲土地总面积的近 42％,在南亚则占 54％之多,而全球的平均值不足 28％。此外,土壤恶化也对粮食生产力构成威胁,每年约有 150 万公顷的土地,其中很大一部分在亚洲,因盐碱化、侵蚀和养分流失而沦为荒地,亚洲只有不到 6％的农田没有受到化学污染、盐化或排水效率低下等问题的困扰,而全球平均值为 16％。

如图 3-5 所示,2000—2009 年,亚洲耕地利用经济效益变化不大,经济效益指数在 0.3~0.4 小幅度波动,处于世界中等水平。亚洲耕地利用社会效益非常之低,2000—2009 年的社会效益指数几乎都在 0.1 附近徘徊,处于一个极低的状态。这是由于亚洲人口众多,人均粮食和人均农业 GDP 相应较低所造成的。在 2000—2009 年,亚洲耕地利用生态效益大致处于一个逐渐下降的状态。2000 年,生态效益指数为 0.55,2001 年和 2002 年下降到 0.48,之后指数在 0.5 附近小幅波动。在 2000—2009 年,亚洲耕地利用总效益基本没有变化,总效益指数在 0.3 左右小幅度变动。亚洲耕地利用总效益水平相当低,这和亚洲农业劳动力众多、农业机械化程度低有关。

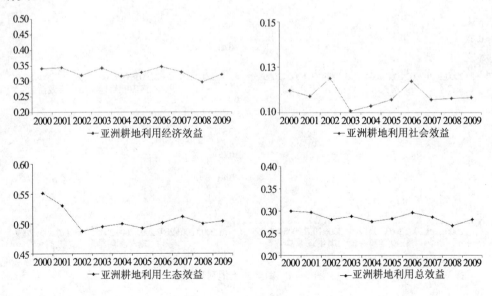

图 3-5　亚洲土地利用效益

（六）大洋洲耕地利用效益

大洋洲耕地面积为 5146 万公顷,约占世界耕地面积的 3.5%,其中澳大利亚耕地面积为 4940 万公顷,居世界第六位,但按人均耕地计算,澳大利亚为世界人均耕地面积的榜首。澳大利亚地广人稀,耕地利用机械化程度高,集约利用性强。大洋洲各国经济发展水平差异显著,澳大利亚和新西兰两国经济发达,其他岛国多为农业国,经济比较落后。农业作物有小麦、椰子、甘蔗、菠萝、天然橡胶等,小麦产量约占世界小麦总产量的 3%,当地居民主要粮食是薯类、玉米、大米等。

如图 3-6 所示,在 2000—2009 年,大洋洲耕地经济效益指数变化较大,在 2000 年,经济指数达到最大值 0.30,而到了 2006 年则降到 0.14,变化幅度较大,之后几年经济效益指数都没有超过 0.2,耕地经济效益较差。总的来看,大洋洲的耕地社会效益水平较高,居世界几大洲前列,这和大洋洲地广人稀,耕地资源丰富有关。在 2000—2009 年,大洋洲的耕地社会效益指数变化幅度较大,2000 年和 2001 年,社会效益指数在 0.9 左右,2003 年则急剧降低,之后几年一直处于 0.6～0.8 的水平。另外大洋洲的耕地生态效益比较稳定,2000—2008 年生态效益都在 0.45 左右,2009 年下滑到 0.435。2000—2009 年,大洋洲耕地利用总效益相较于其他几大洲来说处于中等水平,总效益指数在 0.35～0.50 波动,在 2003 年达到最高 0.50,2006 年以来处于较低水平,有逐渐上升的趋势。

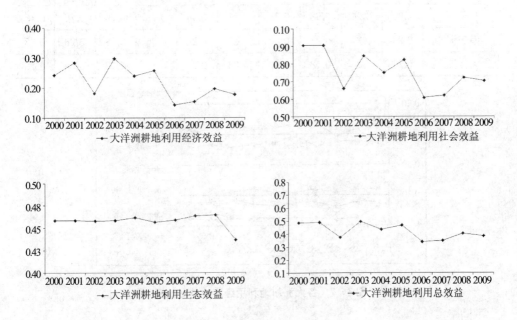

图 3-6　大洋洲土地利用效益

二、各大洲耕地利用效益比较分析

在了解了各大洲耕地利用效益后,这里主要是对各大洲耕地利用效率进行综合比较。

(一)耕地利用经济效益比较分析

如图3-7和表3-2所示,耕地利用经济效益最高的是北美洲,其次是欧洲与亚洲。这三个区域在2000—2009年区域内有所浮动,但是总体上排名没有变化,北美洲与欧洲一直遥遥领先于其他各州。非洲耕地利用的经济效益一直处在最低,且趋势比较平稳,耕地利用经济效益没有变好的趋势。大洋洲耕地利用经济效益的浮动尺度较大,2000—2006年大洋洲耕地利用的经济效益比南美洲略好,但是从2006年以后由于大洋洲耕地利用经济效益的下降,南美洲超越大洋洲,在耕地利用经济效益总排名中位列第四。值得注意的是大洋洲与非洲的耕地利用经济效益有趋同的趋势。

表3-2 各大洲耕地利用经济效益指数表

洲	2000	2001	2002	2003	2004	2005	2006	2007	2008	2009
非洲	0.23	0.15	0.15	0.15	0.15	0.15	0.15	0.15	0.14	0.16
欧洲	0.64	0.66	0.65	0.62	0.69	0.64	0.63	0.61	0.64	0.62
亚洲	0.34	0.34	0.32	0.34	0.32	0.33	0.35	0.33	0.30	0.32
北美洲	0.80	0.74	0.68	0.78	0.77	0.74	0.73	0.78	0.70	0.73
南美洲	0.25	0.27	0.23	0.26	0.25	0.24	0.25	0.28	0.26	0.25
大洋洲	0.24	0.28	0.18	0.30	0.24	0.26	0.14	0.15	0.20	0.18

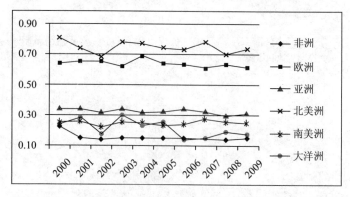

图3-7 各大洲耕地利用经济效益对比图

(二)耕地利用社会效益比较分析

如图3-8和表3-3所示,耕地利用社会效益在世界不同地区的差异也是巨大的。北美洲耕地利用的社会效益从 2002 年开始一直领先于世界其他各个地区。大洋洲的耕地利用效益波动较大，但是在 2000—2009 年这段时间内依然占据着第二的位置。耕地利用社会效益的第二梯队是欧洲与南美洲，2000—2007 年欧洲的耕地利用社会效益略高于南美洲，2007 年以后南美洲与欧洲的耕地利用社会效益交叉在一起。耕地利用社会效益的第三梯队是非洲和亚洲，非洲和亚洲在耕地利用社会效益上的差距并不大，但总体上亚洲要略高于非洲。

表 3‐3　各大洲耕地利用社会效益指数表

洲	2000	2001	2002	2003	2004	2005	2006	2007	2008	2009
非洲	0.09	0.09	0.10	0.09	0.09	0.09	0.10	0.09	0.10	0.10
欧洲	0.47	0.49	0.53	0.44	0.49	0.47	0.49	0.46	0.51	0.48
亚洲	0.11	0.11	0.12	0.10	0.10	0.11	0.12	0.11	0.11	0.11
北美洲	0.91	0.87	0.90	0.86	0.89	0.88	0.90	0.78	0.90	0.90
南美洲	0.42	0.43	0.43	0.44	0.44	0.44	0.47	0.48	0.49	0.48
大洋洲	0.90	0.90	0.66	0.84	0.75	0.82	0.61	0.62	0.72	0.70

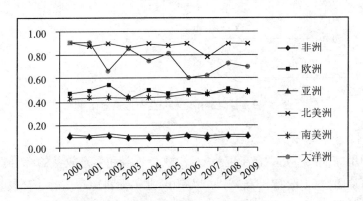

图 3‐8　各大洲耕地利用社会效益对比图

（三）耕地利用生态效益比较分析

如图 3‐9 与表 3‐4 所示，非洲耕地利用的生态效益是全世界最低的，远远低于其他区域，而且表现出继续下降的趋势。南美洲在耕地利用生态效益指标上表现较好，虽然是下降趋势，但是总体上一直领先于世界其他地区。北美洲从 2000 年到 2003 年耕地利用生态效益处于上升趋势，但从 2003 年以后开始呈下降趋势。亚洲从 2000 年到 2002 年耕地利用的生态效益呈下降趋势，但从 2003 年开始，亚洲耕地利用的生态效益开始爬升，并在 2009 年达到世界第二的水平。欧洲耕地利用的生态效益在世界各地区中处于中等水平。大洋洲该项指标比较平稳，2000 年到 2009 年大洋洲耕地利用的生态效益基本保持不变,在 2009 年有略微下降,处于世界第五的水平。

表 3-4　各大洲耕地利用生态效益指数表

洲	2000	2001	2002	2003	2004	2005	2006	2007	2008	2009
非洲	0.40	0.39	0.37	0.37	0.40	0.38	0.41	0.38	0.35	0.34
欧洲	0.51	0.50	0.46	0.47	0.49	0.47	0.47	0.47	0.46	0.46
亚洲	0.55	0.53	0.49	0.50	0.50	0.49	0.50	0.51	0.50	0.50
北美洲	0.54	0.51	0.51	0.54	0.50	0.49	0.48	0.48	0.45	0.48
南美洲	0.57	0.56	0.55	0.54	0.53	0.53	0.53	0.52	0.51	0.51
大洋洲	0.46	0.46	0.46	0.46	0.46	0.46	0.46	0.46	0.46	0.44

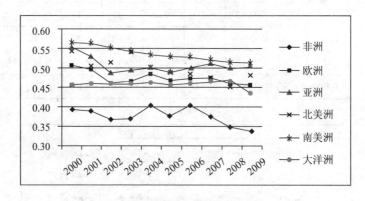

图 3-9　各大洲耕地利用生态效益对比图

（四）耕地利用综合效益比较分析

耕地利用综合效益是集合了经济效益、社会效益和生态效益的综合性耕地利用效益指标。从图 3-10 和表 3-5 中可以看出,北美洲耕地利用的综合效益一直遥遥领先于世界其他地区,而且变化幅度并不明显。欧洲耕地利用综合效益也一直稳居世界第二的位置。大洋洲的耕地利用综合效益指标波动比较明显,从 2000—2002 年显示下降趋势,2002—2006 年出现倒 U 形,并在 2006 年到 2007 年之间开始低于南美洲的综合利用效益。南美洲、亚洲、非洲耕地利用的综合效益变化趋势都比较平稳,其中非洲耕地利用的综合效益一直处在世界的最底端。

表 3-5　各大洲耕地利用综合效益指数表

洲	2000	2001	2002	2003	2004	2005	2006	2007	2008	2009
非洲	0.21	0.17	0.16	0.17	0.17	0.17	0.16	0.16	0.16	
欧洲	0.57	0.58	0.58	0.54	0.60	0.56	0.56	0.54	0.57	0.55

洲	2000	2001	2002	2003	2004	2005	2006	2007	2008	2009
亚洲	0.30	0.30	0.28	0.29	0.28	0.28	0.30	0.29	0.27	0.28
北美洲	0.80	0.75	0.73	0.77	0.77	0.75	0.75	0.78	0.72	0.75
南美洲	0.35	0.36	0.34	0.36	0.35	0.35	0.36	0.38	0.37	0.36
大洋洲	0.49	0.49	0.38	0.50	0.44	0.47	0.34	0.35	0.40	0.38

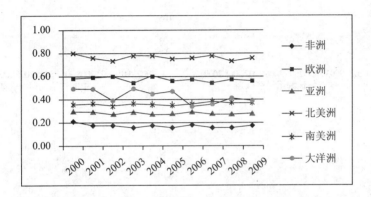

图 3-10 各大洲耕地利用综合效益对比图

第三节 非洲耕地利用效益区域内部比较

为了深入了解非洲耕地利用效率情况,这里分中非、东非、西非、南非及北非耕地利用效益进行具体分析。

一、非洲不同地区耕地利用效益

(一)中非耕地利用效益

中非面积约为 $536×10^6$ 公顷,人口约为 5600 万,耕地面积为 2397 万公顷,耕地多集中于刚果盆地。2006 年农业产值占国内生产总值的 54.7%,全国从事农业的人口 180 万。可耕地约 650 万公顷,已耕地约 60 万公顷。

如图 3-11 所示,中非耕地利用经济效益非常之低,在 2000—2009 年,经济效益指数都没有超过 0.05,2000 年更是接近于 0,远远落后于世界其他地区,但近年来其经济效益以非常缓慢的速度在增长。2000—2009 年,中非的耕地利用社会效益几乎没有变化,社会效益指数一直在 0.03 左右徘徊,说明耕地的利用对社会几乎没有起到积极作用。2000—2009 年中非耕地利用生态效益处于较高水平,生态效益指数在

0.5～0.7 波动,2000 年的指数最高达到 0.67,接下来的年份中指数逐渐降低,生态效益逐年下降。2000—2009 年中非耕地利用总效益指数几乎都在 0.11 附近波动,几乎没有变化。社会效益处于极低水平,耕地利用生产对经济、社会和生态都没有太大的积极作用。

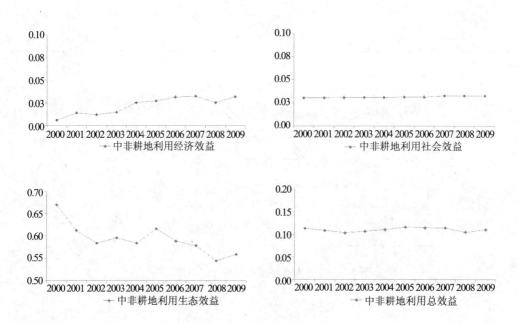

图 3‑11　中非耕地利用效益

（二）东非耕地利用效益

东非面积约为 370×10⁶ 公顷,占非洲总面积 12％,其中耕地面积为 6103 万公顷。东非人口为 1.3 亿,约占全非总人口的 20.1％。本区所产咖啡约占世界总产量的 14％,剑麻约占 25％以上,丁香供应量占世界丁香供应量的 80％以上,茶叶、甘蔗、棉花也在非洲占重要地位。

如图 3‑12 所示,东非的耕地利用经济效益也相对较低,2000—2009 年经济效益指数都略高于 0.05,基本没有太大变化,在 2009 年达到最高值 0.072。东非耕地利用社会效益和中非处于相同水平,都远落后于世界上其他地区,2000—2009 年社会效益指数都大致为 0.03,几乎没有变化。东非耕地利用生态效益比中非稍差一些,2000—2009 年生态效益指数都处于 0.3～0.4 的区间内,2000—2003 年指数几乎没有波动,2004 年指数达到最大值 0.38,近些年有小幅度下降的趋势。东非耕地利用总效益与中非的差不多,都处于极低的水平。2000—2009 年,东非耕地利用总效益指数几乎都在 0.1 左右,没有明显变化。

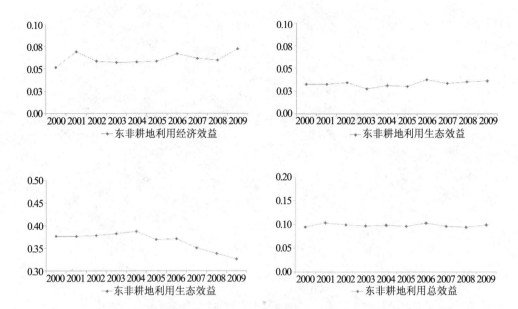

图 3-12　东非耕地利用效益

（三）西非耕地利用效益

西非面积约为 656×10^6 公顷,耕地面积为 8268 万公顷,为非洲耕地面积最大的地区,人口约为 1.5 亿。西非盛产可可和棕榈,可可和棕榈仁均占世界总产量的 50% 以上,棕榈油约占 38%,花生约占 11%,咖啡、天然橡胶在世界上也占有一定地位。

如图 3-13 所示,西非的耕地利用经济效益在整个非洲处于最高水平,2000—2009 年,经济效益指数都为 0.3~0.35,没有非常明显的变化,在 2006 年达到最高值 0.336。相较于中非和东非而言,西非的耕地利用社会效益要高出一截,但放眼其他地区,西非仍处于一个较低状态。2000—2009 年,西非耕地利用社会效益指数在 0.1~0.15 小幅度变化,在 2006 年达到最大值 0.149。西非的耕地利用生态效益在整个非洲内处于较高水平,2000—2009 年,西非的生态效益指数都为 0.43~0.45,近年来有小幅度下降的趋势,说明西非在耕地利用的同时也较注意生态环境的保护。西非的耕地利用总效益在整个非洲范围内处于最高水平,2000—2009 年总效益指数都在 0.25~0.3 小幅度波动,2006 年达到最高值 0.29。西非的高耕地利用总效益与自身的耕地条件、社会条件有关系。

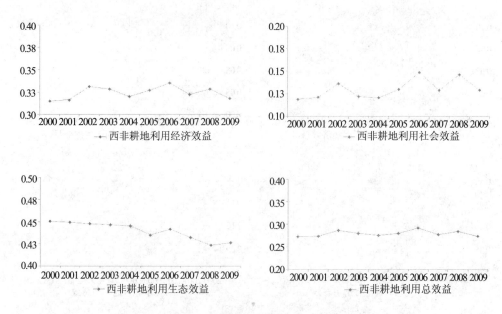

图 3-13　西非耕地利用效益

（四）南非耕地利用效益

南非面积约为 661×10^6 公顷,耕地面积为 1428 万公顷,人口约为 1 亿。南非粮食主产玉米、小麦、薯类、稻谷,经济作物有烟叶、咖啡、甘蔗、腰果、香料等。由于经济和科技等因素,南非的耕地利用效率在非洲属于最高水平。

如图 3-14 所示,南非的耕地利用经济效益总的来说还是较低的,2000—2009 年,南非的经济效益指数都在 0.1～0.15 范围内波动,在 2005 年达到最高值 0.148,随后几年的经济效益指数都低至 0.11 左右。2000—2009 年,南非耕地利用社会效益指数都在 0.18～0.25 波动,2000 年指数达到最高 0.233,在 2007 年则降到最低 0.186。南非的耕地利用社会效益在整个非洲地区内是最高的,这与南非较高的农业种植技术和经济条件有较大关系。与耕地利用经济效益和社会效益不同,南非的耕地利用生态效益极其低下,处于整个非洲地区的最低水平。2000—2009 年,南非的生态效益指数几乎都在 0.06 附近,没有明显变化,这与南非的矿石开采导致土壤条件变差有关。南非的耕地利用总效益在近年变化不大,2000—2009 年,总效益指数都为 0.13～1.15,2004 年达到最大值 0.155。

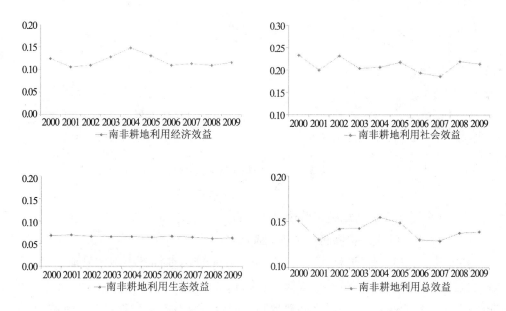

图 3‑14　南非耕地利用效益

（五）北非耕地利用效益

北非的面积约为 820×10^6 公顷,耕地面积约为 4150 万公顷,人口约 1.2 亿。北非农产品有棉花 、阿拉伯树胶、橡皮 、油橄榄、无花果、椰枣等。

如图 3‑15 所示,2000—2009 年,北非的耕地利用经济效益指数为 0.15~0.25,有相对较大的波动,2000 年指数为最高值 0.224,2002 年和 2008 年则有大幅度下降,2008 年降到最低值 0.156,2009 年有较大幅度的回升。北非的耕地利用社会效益在整个范围内相对较高,状态也比较平稳。2000—2009 年,北非的社会效益指数在0.14~0.16 波动,2000 年到 2005 年指数都在 0.15 附近,没有太大变化,2006 年达到最大值 0.168,随后下降,2009 年开始逐步上升。北非的耕地利用生态效益水平较低,2000—2009 年,生态效益指数都在 0.2 附近小幅度变化,没有明显起伏变化。2000—2009 年,北非的耕地利用总效益相比较而言有较大变化,2000 年的总效益指数为最大值 0.216,随后年份内呈下降趋势,2009 年以后有小幅度的回升。

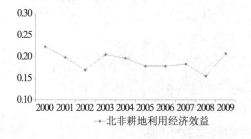

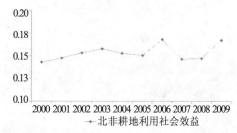

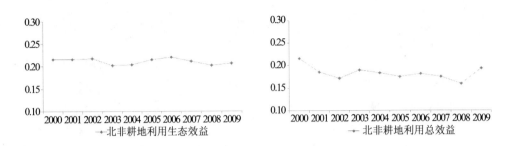

图 3‑15　北非耕地利用效益

二、非洲不同地区耕地利用效益对比分析

（一）非洲不同地区耕地利用经济效益比较

如图 3‑16 和表 3‑6 所示,从 2000 年到 2009 年,非洲各个地区耕地利用的经济效益指标具有明显的高低排序规律。从高到低依次是西非、北非、南非、东非和中非。在这 10 年之间,各个地区之间耕地利用的经济效益没有出现过交叉现象,总体上来看各个地区耕地利用经济效益指标都无巨大波动。只有北非的耕地利用经济效益折线图有轻微的变化,从 2000 年到 2002 年,北非耕地利用效益处于下降趋势,随后开始上升,并从 2003 年到 2008 年保持稳定,随后在 2009 年又开始呈上升趋势。

表 3‑6　非洲耕地利用经济效益指数表

地区	2000	2001	2002	2003	2004	2005	2006	2007	2008	2009
中非	0.01	0.01	0.01	0.01	0.03	0.03	0.03	0.03	0.03	0.03
南非	0.12	0.11	0.11	0.13	0.15	0.13	0.11	0.11	0.11	0.12
北非	0.22	0.20	0.17	0.21	0.20	0.18	0.18	0.18	0.16	0.21
西非	0.31	0.32	0.33	0.33	0.32	0.33	0.34	0.32	0.33	0.32
东非	0.05	0.07	0.06	0.06	0.06	0.06	0.07	0.06	0.06	0.07

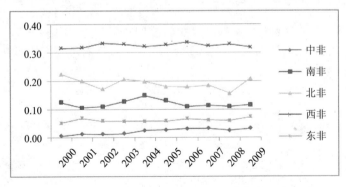

图 3‑16　非洲耕地利用经济效益对比图

（二）非洲不同地区耕地利用社会效益比较

如图 3-17 和表 3-7 所示，非洲在耕地利用社会效益指标上具有明显的梯队分组形势。南非地区处于第一梯队，北非和西非处于第二梯队，东非和中非处于第三梯队。南非首先从 2000 年开始显下降趋势，然后在 2002 年又达到了这 10 年来的顶峰，随后就开始下降并保持在稳定的水平，最后于 2007 年开始又显上升趋势。北非耕地利用社会效益保持着稳定的上升趋势并在 2006 年达到顶峰，在经历了一年的下降之后又开始显上升趋势。与之相似的是西非耕地利用社会效益的变化，西非该项指标一直处于比较稳定的上升趋势，但从 2008 年开始又有所下降。东非和中非远远低于非洲其他地区，这两个区域耕地利用社会效益比较接近，两条折线图相互交汇。

表 3-7　非洲耕地利用社会效益指数表

地区	2000	2001	2002	2003	2004	2005	2006	2007	2008	2009
中非	0.03	0.03	0.03	0.03	0.03	0.03	0.03	0.03	0.03	0.03
南非	0.23	0.20	0.23	0.20	0.21	0.22	0.19	0.19	0.22	0.21
北非	0.14	0.15	0.15	0.16	0.15	0.15	0.17	0.15	0.15	0.17
西非	0.12	0.12	0.14	0.12	0.12	0.13	0.15	0.13	0.15	0.13
东非	0.03	0.04	0.03	0.02	0.03	0.03	0.04	0.04	0.04	0.04

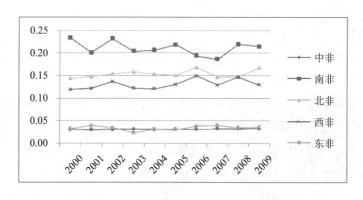

图 3-17　非洲耕地利用社会效益对比图

（三）非洲不同地区耕地利用生态效益比较

如图 3-18 和表 3-8 所示，耕地利用生态效益指标中，中非的表现最佳，一直领先于非洲其他区域，其次是西非、东非、北非和南非。该项指标在非洲各个地区变化都不明显，大多保持比较平稳的趋势，只有中非耕地利用生态效益指标略微显示下降趋势。

表 3-8　非洲耕地利用生态效益指数

地区	2000	2001	2002	2003	2004	2005	2006	2007	2008	2009
中非	0.67	0.61	0.58	0.60	0.58	0.62	0.59	0.58	0.54	0.56
南非	0.07	0.07	0.07	0.07	0.07	0.07	0.07	0.06	0.06	0.06
北非	0.22	0.22	0.22	0.20	0.20	0.22	0.22	0.21	0.20	0.21
西非	0.45	0.45	0.45	0.45	0.45	0.44	0.44	0.43	0.42	0.43
东非	0.38	0.38	0.38	0.38	0.39	0.37	0.37	0.35	0.34	0.33

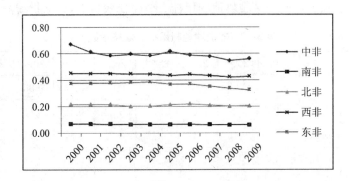

图 3-18　非洲耕地利用生态效益对比图

（四）非洲不同地区耕地利用综合效益比较

如图 3-19 和表 3-9 所示,耕地利用综合效益指标中,西非耕地利用效益远远高于非洲其他地区,从 2000 年到 2009 年一直保持着平稳的发展趋势。北非的耕地利用综合效益指标变化趋势像是一个倒 U 形,先下降,然后经过一段时间的波动又开始上升。南非耕地利用综合效益在 2000 年到 2001 年经过下降后开始连续 4 年上升,在 2004 年达到顶点,随后开始下降并保持稳定。中非和东非耕地利用的综合效益在非洲属于较低水平,其中中非情况要略好于东非。

表 3-9　非洲耕地利用综合效益指数

地区	2000	2001	2002	2003	2004	2005	2006	2007	2008	2009
中非	0.11	0.11	0.10	0.11	0.11	0.12	0.12	0.11	0.11	0.11
南非	0.15	0.13	0.14	0.14	0.15	0.15	0.13	0.13	0.14	0.14
北非	0.22	0.19	0.17	0.19	0.18	0.18	0.18	0.18	0.16	0.19
西非	0.27	0.27	0.29	0.28	0.28	0.28	0.29	0.28	0.28	0.27
东非	0.09	0.11	0.10	0.10	0.10	0.10	0.10	0.10	0.09	0.10

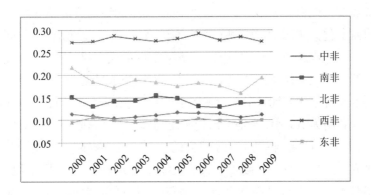

图 3‑19   非洲耕地利用综合效益对比图

第四节   非洲耕地边际化对粮食安全的影响

由于非洲粮食安全问题难以得到更加积极的改观,由此也加剧了非洲耕地利用的边际化。为此,这里主要从耕地边际化角度,进一步分析耕地利用对非洲粮食安全的影响。

一、农地边际化含义

（一）农地、边际土地、农地边际化等概念研究

1. 农地的界定

不同国家、不同学科农地的内涵不尽相同。根据中华人民共和国国土资源部标准性文件《土地利用现状分类 GB/T 21010—2007》规定,农用地包括了耕地、园地、林地、牧草地。中国台湾将农地分为直接生产用地与间接生产用地,其中直接生产用地包括耕地、林地、牧地、渔地和池沼,间接生产用地包括灌溉用地、建筑用地、防灾用地和农道。[1] 日本对农地的定义包括耕地、草地和林地,其中耕地包括水田与旱地。在土地利用/土地覆被变化研究过程中,遥感专家将农地与林地视为同一等级的不同类别进行探讨,认为农地并不包括林地,农地主要是用于粮食生产的耕地。[2]

2. 边际土地的界定

边际土地的概念最早是由西方经济学家提出的。在西方经济学中,对边际土地的定义是指生产所得收入仅够支付生产费用和开垦投资利息的土地,边际土地收支

---

① 王益滔.台湾农业经济[M].台北:文笙书局,1999.

② 李秀彬,赵宇鸾. 森林转型、农地边际化与生态恢复[J]. 中国人口·资源与环境,2011,21(10):91‑95.

相抵后无余额支付地租。它是个相对概念,随土壤的肥力、距市场远近、农产品价格及生产费用而变化。美国学者雷利·巴洛维认为,边际土地就是在所考虑用途的无租或粗放边际之外或之下。[①] 之后中国经济学家也从成本收益的角度对边际土地进行了定义并补充了相关概念。如殷章甫认为,再生产时,当经营土地的 TR(总收益)$>TC$(总成本),有超额利润,则该土地为超边际土地;若经营土地的 TR(总收益)$<TC$(总成本),利润为负,则该土地为次边际土地;若 TR(总收益)$=TC$(总成本),利润为零,则为边际土地。[②] 在经济学家研究的基础上,国内部分地理学家开展了一系列的实证研究。定光平在对丘陵山区农地边际化研究中认为,边际土地是指因当前土地用途相对不经济而有可能向其他用途转变(包括闲置不用)的土地,具有脆弱性、易变性、渐进性等特点。[③] 吴刚等在研究三峡库区土地合理开发过程中将荒山草坡及灌木杂丛视为边际土地,并将边际土地划分为水土保持型、农业生产型和林业经营型三类。[④] 近几年在全球能源危机的大环境下,很多生态学家从绿色能源开发与能源作物种植的角度出发,对边际土地进行了研究。[⑤] 王芳在对宜能边际土地开发权评价过程中将边际土地划分为三类:第一,宜能边际土地,包括林地(疏林地、灌木林地,除去保护区内);第二,天然草地(高覆被草地、中覆被草地、低覆被草地);第三,未利用地(沙地、裸地、沼泽、裸岩以及沿海海涂和内陆滩涂,除去防洪行洪区和湿地保护区的滩地)。[⑥] 国外生态学界不仅从新能源作物的种植方面来研究宜能边际土地,还从自然地域系统分异的角度来定义边际土地,他们认为边际土地是两个或者多个异质系统的交错地段(或过渡地段)。[⑦] 生态学家与地理学家对边际土地定义的最大区别在于是否考虑粮食生产。生态学家认为的边际土地一般是指自然条件较差的林地、天然草地、未利用地。这些土地再被开发为耕地的投入相当大,即使被开发出来其经济生产能力也逐渐消失。[⑧] Bardos 和 S.Kang 等也提出了相似的定义,认为边际土地包括不适宜种植粮食作物的土地、被人类活动破坏的土地和被忽

① 雷利·巴洛维.土地资源经济学—不动产经济学[M].北京:北京农业大学出版社,1989.
② 殷章甫.土地经济学[M].台北:五南出版社,1995.
③ 定光平,刘成武,黄利民.惠农政策下丘陵山区农地边际化的理论分析与实证[J].地理研究,2009,28(1):109-117.
④ 吴刚,高林.三峡库区边际土地的合理开发及其可持续发展[J].环境科学,1998,19(1):89-93.
⑤ 冉圣宏,谈明洪,吕昌河.基于利益相关者的LUCC生态风险研究[J].地理科学进展,2010.29(4):439-444.
⑥ 王芳,卓莉,陈健飞,夏丽华,冯艳芬,周涛.宜能边际土地开发潜力熵权模糊综合评价[J].自然资源学报,2009,24(9):1521-1531.
⑦ Odum E P. 生态学基础[M].孙儒泳,等译.北京:人民教育出版社,1981.
⑧ 欧阳益兰,王滔,段建南.基于边际土地开发利用的能源植物效益与潜力分析[J].江苏农业科学,2012,40(11):11-13.

视而未被充分利用的土地。[①] 地理学家则更偏重于对耕地保护和粮食安全的研究，在对边际土地范围界定过程中大多包括了耕地。中国科学院李秀彬研究员认为，边际土地主要指的就是那些山地丘陵地区的坡耕地，这些土地很容易被弃耕撂荒进而退出农业生产，不仅影响当地的生态环境，还威胁国家粮食安全。以上对边际土地的定义都是相对比较静态的，李效顺从土地要素投入角度，认为边际土地利用（MLU）指的是每增加单位 GDP 所导致的土地利用变化量。[②]

3. 农地边际化的界定

农地边际化是欧美发达国家和新兴工业国普遍发生的土地变化现象。[③] 农地的弃耕撂荒、耕作的粗放化、人口的外迁是这个过程的典型表现。目前国内外对农地边际化的定义大致可以分为静态与动态两个派别。国内以李秀彬、刘成武等学者为代表，认为农地边际化是一种在现有的土地利用和社会经济结构条件下，农地变得不再具有经济生产能力，由边际内土地沦为边际外土地的一个动态过程。[④] 持这种动态观点的国外学者 Brouwer 等也曾提出类似的定义，他们把农地边际化概括总结为一种受社会、经济、政治、文化以及自然环境等因素综合驱动作用的过程，是一种在现有的土地利用结构、社会-经济结构、人文结构条件下，农用地变得不再具有经济生产能力的过程。[⑤] 欧盟对农地边际化的定义则持典型的静态观，认为农地边际化是农地经济生产能力处于边际化时的那种状态，但对如何界定边际化却没有明确的提示。这方面国内学者近几年有了创新性的研究成果，研究认为农地利用的"边际收益指标"、"集约度指标"与"播种面积指标"是诊断农地边际化的三大指标。一般而言，如果该农地利用的"边际收益"为负，且在随后的土地利用过程中出现了"集约度下降、播种面积缩小，甚至弃耕撂荒"等变化特征，可以初步判断该农地利用出现了边际化现象。[⑥]

（二）农地边际化的驱动因素研究

1. 多因素驱动

农地边际化是土地利用与土地覆被变化研究中一个高度概括性的词语，农地的弃耕撂荒、耕作的粗放化是其典型表现形式。德国学者 Brouwer 等认为，引起农地

① Gawel E, Ludwig G. The iLUC dilemma: how to deal with indirect land use changes when governing energy crops[J]. Land Use Policy, 2011, 28(4): 846 - 856.

② 李效顺、蒋冬梅、曲福田、诸培新. 边际土地利用与经济增长关系计量研究[J]. 中国人口·资源与环境，2009, 19(3): 92 - 95.

③ 李秀彬、赵宇鸾. 森林转型、农地边际化与生态恢复[J]. 中国人口·资源与环境，2011, 21(10): 91 - 95.

④ 刘成武、李秀彬. 农地边际化的表现特征及其诊断标准[J]. 地理科学进展，2005, 25(2): 107 - 112.

⑤ Brouwer F, Baldock D, Godeschalk F, et al. Marginalisation of agricultural land in Europe[J]. Lisird Naplio Conference Papers, 1999: 1 - 13.

⑥ 刘成武. 中国农地边际化问题研究[M]. 北京：科学出版社，2009.

边际化的因素不仅是经济因素一项,应该还包括环境因素、地理位置、农业结构、社会和政策因素,并将弃耕类型进行了划分,包括社会性弃耕、基础设施性弃耕和边缘性弃耕。[①] 法国学者[②]和俄国学者[③]也持有类似的观点,认为边际化程度以及具体过程与研究对象的实际情况直接相关,而且依赖于包括地理位置、农民的年龄、财力及价值取向等不同的政治、经济和自然因素。许月卿将众多影响因素进行分类,认为农业结构调整、非农建设、灾害毁损和开荒等因素会直接引起耕地的动态变化,是耕地变化的直接驱动因子,技术进步、经济利益驱动、人口增长、公共政策是间接驱动因素。[④] 姜莹则从众多驱动因素中重点分析了技术因素的影响,认为经营土地的技术制约,包括因水利设施不配套无法引水灌溉以及地块交通不便难以耕种是导致农地抛荒的重要驱动因素。[⑤]

2. 地租驱动

地租驱动理论是目前农地边际化研究的主流理论之一。李秀彬认为,农业地租的高低是影响农地边际化方向的主要原因,当农业地租高于林业地租的时候,林地就可能转为耕地,当农业地租低于林业地租的时候,退耕还林成为可能。[⑥] 当农业地租小于等于零时,即土地不再具有农业利用价值,便出现了弃耕抛荒的情况,沦为边际外土地。[⑦] Angelsen 认为决定地租高低的影响因素可以用一个公式表达:

$$z = p \cdot y - w \cdot l - q \cdot k - c - v \cdot d$$

其中,y 为土地利用产品的产量,p 是其价格,l 和 k 分别是劳动力和资本投入,w 为工资,q 为利润,c 为维护土地产权(或保育土地质量)的成本,而 d 与 v 分别为距离中心市场的距离及运费。部分学者虽然在相关研究中没有明确地提出关于地租是农地边际化的主要驱动因素,但是他们所提及的"比较效益"、"比较经济利益"就是地租的一种表现形式。马清欣认为在农村经济多元化和经营行为多样化选择条件下,在比较经济利益的驱使下,粮食生产成为效益最低的产业,直接导致耕地撂荒现

① Brouwer F, Baldock D, Godeschalk F, et al. Marginalisation of agricultural land in Europe[C]. Lisird Naplio Conference Papers, 1999:1-13.

② Pinto-Crreia T, et al. Marginalisation and marginal land: processes of change in the countryside [J]. Skriftserie,1995:152.

③ Prishchepov A V, Müller D, Dubinin M, et al. Determinants of agricultural land abandonment in post-Soviet European Russia[J]. Land Use Policy,2013,30(2):873-884.

④ 许月卿,李秀彬.河北省耕地数量动态变化及驱动因子分析[J].资源科学,2001,23(5):28-32.

⑤ 姜莹,聂建亮.农地种树抛荒现象的成因及对策研究[J]. 华中农业大学学报(社会科学版),2010,(4):90-94.

⑥ Raty M, Kangas A. Localizing general models based on local indices of spatial association[J].European Journal of Forest Research,2011(7):26-35.

⑦ 李秀彬,赵宇鸾. 森林转型、农地边际化与生态恢复[J]. 中国人口·资源与环境,2011,21(10):91-95.

象。[1] 农业比较效益的降低,直接影响了农民生产积极性。[2] 张红宇以浙江省为研究区域,认为由于春粮、早稻生产效益太低再加上当地粮食购销体制改革的影响,使得播种面积大幅下降形成季节性撂荒。[3]

3. 劳动力驱动

新古典经济学通常把农户在农业生产中投入的单位劳动力或者单位土地视为同质的,然而在特定社会经济和自然环境背景下,农户在投放农业劳动和土地时存在质和量的差别,正是这种差别的存在导致了农地边际化。[4] 劳动力价格与农产品和农业生产资料价格间的变化,以及农产品价格与林产品价格间的相对变化是判断农地边际化的关键变量。随着农民非农就业机会的增多,大量农村劳动力流入城市,因此江莹认为,农地抛荒的形成原因主要是劳动力与土地的方位分离、经营土地的技术制约及非农经营与农业经营的博弈。但是也并不是所有学者都认为劳动力非农化是土地弃耕撂荒的原因,贾绍凤就提出了相反的观点,他认为人口城镇化和劳动力非农化不但不是耕地减少的主要原因,而且是节约土地资源的有效对策。[5]

4. 政策驱动

国家及地方政府的相关政策在农地边际化的产生与发展过程中也扮演了重要的角色。[6] 农业投入严重不足,致使农业生产条件差,农民抗灾能力弱,种田风险大;国家鼓励二、三产业政策的逐步出台,使非农产业对促进农民增收的作用日益增大,越来越多的农民将目光投向非农产业,寻求新的增收途径,从而弃田抛荒;国家社会发展政策向城市的偏斜,使农村社会发展的负担全部压在农民身上,导致乡村两级债务包袱沉重,农民担心转嫁债务,不安心种田。蔡运龙则更加直接地指出,耕地非农化的驱动力主要包括经济驱动与权力驱动,认为耕地非农化的主要倡导者是地方政府。[7] 另外耕地资源的产权制度存在缺陷,耕地资源配置的非市场化,土地流转不畅也是农地边际化的制度因素。

（三）农地边际化的影响及应对措施

Pinto-Correia 认为农地边际化产生后的主要影响是多方面的,比如农地弃耕撂

---

① 马清欣,何三林. 对当前农村耕地撂荒和耕地质量下降问题的探讨[J].中国农业资源与区划,2002,23(4):19－21.

② 郗鼎玖,许大文.农村土地抛荒问题的调查与分析[J].农村经济问题,2000,12:10－12.

③ 张红宇,左常生. 浙江省农村土地撂荒情况的调查[J].中国农村经济,1994,5:22－26.

④ 定光平,刘成武,黄利民. 惠农政策下丘陵山区农地边际化的理论分析与实证[J].地理研究,2009,28(1):109－117.

⑤ 贾绍凤,张豪禧,孟向京. 我国耕地变化趋势与对策再探讨[J]. 地理科学进展,1997,16(1):24－30.

⑥ Benini L,Bandini V,Marazza D,Contin A. Assessment of land use changes through an indicator based approach:a case study from the Lamone river basin in Northern Italy[J]. Ecological Indicators, 2010,10(1):4－14.

⑦ 蔡运龙,霍雅勤.耕地非农化的供给驱动[J].理论探讨,2002,7:20－22.

荒以后,相关区域的农业生产停止了,青壮年劳动力大量流失,商业活动降到最低点,该地区的社会、经济发展机制受到严重影响。同时,原来复合性的系统朝简单化方向发展,原来一些占优势的土地利用类型消失了,地块变大,小尺度的异质性降低。[①] 为了避免农地边际化的产生或者扭转农地边际化的趋势,学者们从不同的角度入手,提出了不同的应对措施。[②] Brouwer 认为政府会推出相应的政策来缓解农地边际化的影响,如欧盟的"Less Favoured Areas,LFA"政策。[③] 国内学者在借鉴西方理论的基础上开展的实证研究较多[④],定光平认为解决丘陵山区农地边际化问题的途径在于农业技术和组织制度的创新,改善农业生产环境,发展合作经济组织和特色农业,提高农地的边际效益;国家农业政策要因地制宜,并与生态政策协调一致。吴刚认为应该加强对三峡库区边际土地的合理规划,突出边际土地的综合开发优势。边际土地的合理开发并不是破坏生态环境,而是要进一步完善环境保护的主要措施,实现区域可持续发展的主要途径。许月卿以河北省为例,认为全面重新认识耕地资源的价值,按照可持续发展的理论,重新构建耕地资源价值评估指标体系,把耕地资源的社会价值、生态环境价值及对后代人的潜在价值纳入整个经济效益中,促进耕地比较效益的提高,是抑制耕地向其他用途转换的有效措施。[⑤] 也有部分学者从农户和个人等微观层面入手,研究了相关对策措施。江激宇从农户层面分析可持续利用农地的激励与约束机制,认为激励机制包括产权激励、价格激励、农地税收政策、财政补贴与援助;约束机制包括土地民事法律制度、农地经济制度、农地利用行政管理制度、规划约束机制。[⑥] 李秀彬在对森林转型、农地边际化与生态恢复的研究中,从农地边际化的内在驱动机制入手,认为农村地区的人口老龄化会使得务农机会成本有所降低,进而维持低劳动生产率农业的存在;产业的空间转移会在一定程度上缓解劳动力价格的进一步上升;社会对绿色、有机无害农产品的偏好,会鼓励农民在边际土地上发展特色农业。

① Pinto-Correia T. Land abandonment:changes in the land use patterns around the Mediterranean basin[J].Institute of Geography,1993:97 – 112.

② González A,Gilmer A,Foley R,et al. Applying geographic information systems to support strategic environmental assessment:opportunities and limitations in the context of Irish land use plans[J]. Environmental Impact Assessment Review, 2011,31(3):368 – 381.

③ Brouwer F,Van Rheenen T,Dhillion S S,et al. Sustainable land management:strategies to cope with the marginalisation of agriculture [M]. Cheltenham:Edward Elgar,2008.

④ 李波,张俊飚.基于我国农地利用方式变化的碳效应特征与空间差异研究[J].经济地理,2012,32(7):137 – 142.

⑤ 许月卿,李秀彬.河北省耕地数量动态变化及驱动因子分析[J].资源科学,2001,23(5):28 – 32.

⑥ 江激宇,叶依广,周建春.农地可持续利用激励约束机制[J].中国土地科学,2003,17(5):19 – 23.

二、农地边际化诊断的方法

因为目前农地边际化的研究还处于刚刚起步阶段,不仅农地边际化的概念还比较模糊,而且针对农地边际化的具体诊断方法和诊断指标也很少见。不过大部分农地边际化的研究都是把农地利用的纯收益、集约度指标、播种面积作为诊断农地边际化的三大指标。当确定了研究区域和时限,假如目标区域内农地利用及生产过程中出现纯收益小于或者等于零的情况,且在随后的土地利用过程中出现了诸如农地利用集约度下降、粮食播种面积缩小,甚至出现明显的弃耕撂荒等现象,就可判断该农地利用出现了边际化现象。本研究主要参考刘成武、李秀彬等学者在《对中国农地边际化现象的诊断》一文中的农地边际化诊断标准及方法,并结合非洲具体情况进行了调整,具体步骤如下。

(一)农地利用的纯收益诊断

判断农地利用是否出现边际化现象,关键要确定农地利用是否出现纯收益小于或等于零的特征。即使没有出现纯收益小于零,但是纯收益处于不断下降趋势的情况也算作农地边际化的一个诊断标准。具体计算方法如下:

$$TR_i = TP_i - TC_i$$
$$AR_i = TR_i / TC_i \qquad\qquad (3-1)$$
$$AR_i' = TR_i / F_i$$

式中,TR_i 表示农地当前用途下第 i 年的总纯收益;TP_i 表示第 i 年农地的总产值;TC_i 表示第 i 年对农地利用过程中的总投入;AR_i 表示第 i 年单位成本的平均纯收益;AR_i' 表示第 i 年单位面积的平均纯收益;F_i 表示第 i 年播种面积。

当 $\Delta AR_i = AR_{i+1} - AR_i \leqslant 0$ 或者 $\Delta AR_i' = AR_{i+1}' - AR_i' \leqslant 0$ 时,可以初步诊断该农地处于或将处于边际化状态。

(二)粮食播种面积诊断

保证国家粮食安全是农地边际化研究的主要目的之一,所以农地边际化的另外一个重要诊断标准就是粮食播种面积的变化情况。一方面,农户弃耕撂荒的行为将直接减少粮食播种面积,降低粮食产量;另一方面,城市化进程飞速发展,更多的农用地被转为非农用地进行城市建设或者新农村建设,这也是导致粮食播种面积减少的一个很重要的原因。

$$\Delta F_i = F_{i+1} - F_i \qquad\qquad (3-2)$$

式中,F_i 表示第 i 年的粮食播种面积,ΔF_i 表示粮食播种面积的年际增量。所以 $\Delta F_i \leqslant 0$ 是进一步诊断农地边际化的重要指标。

(三)农地利用集约度诊断

农地利用集约度是指在农业生产过程中,单位面积的土地上投放的资本和劳动力的数量。在其他条件不变的情况下,单位面积土地上投入的资本和劳动力的数量越多,则土地利用的集约度越高,反之就越低。具体诊断方法如下:

$$I_i = TC_i / F_i$$
$$\Delta I_i = I_{i+1} - I_i \tag{3-3}$$

式中,I_i 表示第 i 年农地利用的集约度,TC_i 表示第 i 年对农地利用过程中的总投入(总投入包括资本投入和劳动力投入),F_i 表示第 i 年的粮食播种面积。当农地利用的平均纯收益小于或者等于零,且随后出现 $\Delta F_i \leqslant 0, \Delta I_i \leqslant 0$ 等现象后,可确诊为农地边际化。

三、非洲农地边际化诊断

(一)非洲耕地面积变化对粮食生产的影响

如图 3-20 所示,非洲人均耕地面积从 2000 年到 2009 年这十年间总体上来说一直处于下降趋势,大致经历了三升四降的过程,每次经过短暂的人均耕地面积上升后都会伴随幅度更大的下降。2000—2002 年人均耕地面积下降的速率基本不变,2003 年开始上升,随后在 2004 年又急剧下降,但是这次的下降只经历了一年,2005年又开始上升,随后在 2006 年连续下降两年后于 2008 年迎来了一次平缓的上升,最后在 2009 年又开始急剧下降。

(二)非洲耕地利用集约度变化对粮食生产的影响

本研究在计算土地集约利用指标的时候,选取土地开发投资额与耕地面积相除之商。如图 3-21 所示,从总体上来看非洲耕地利用的集约度也是显下降趋势,2000—2002 年,非洲耕地利用集约度显平稳下降趋势,在 2003 年有了一次剧烈下滑后开始上升,但是仅仅过了一年又开始下降,此次集约度下降持续了 4 年,在 2009 年又迎来了一次上升。

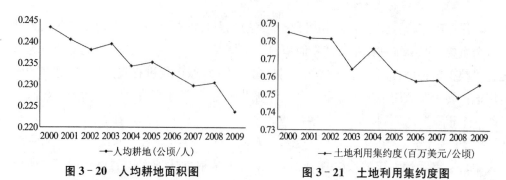

图 3-20　人均耕地面积图　　　　图 3-21　土地利用集约度图

(三)非洲耕地利用纯收益变化对粮食生产的影响

单纯意义上的耕地利用纯收益不能准确地反映耕地边际化的真实情况。所以本研究在传统耕地利用纯收益的基础上设计了如表3-10指标来反映耕地利用的经济效益情况。

表 3-10　农用地经济效益评价指标权重分配表

目标	评价准则	权重	评价指标	指标权重
耕地利用经济效益水平	效率指标	0.58	粮食单产	0.116
			地均农用地农业总产值	0.155
			地均第一产业产值	0.135
			地均纯收益	0.174
	产出指标	0.2	农产品总产量	0.065
			农业总产值	0.075
			第一产业产值	0.060
	强度指标	0.22	劳均农地面积	0.132
			农业产值与化肥施用量比率	0.088

　　如图3-22所示,从总体上来看,非洲耕地利用的经济效益处于下降趋势,不过可以大致分为两个阶段。首先在2000—2003年这四年里,非洲耕地利用的经济效益水平处于上升阶段,其中以2003年上升的斜率最大。在2004年经过短暂的上升以后迎来了5年的连续下降。

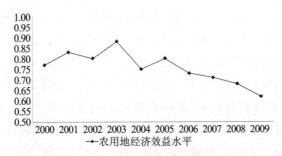

图 3-22　农用地经济效益水平图

　　从以上分析来看,非洲从2005—2009年这一阶段符合典型的耕地边际化症状,就是人均耕地面积不断下降,耕地利用集约度不断下降,且耕地利用经济效益也不断下降。

第五节　非洲耕地利用的对策建议

结合非洲耕地利用效益的综合比较与分析,尤其是非洲耕地边际化对粮食安全的影响,这里就非洲耕地利用提出相关建议。

一、加强农田水利建设,改善耕地质量

自然灾害的频繁发生是非洲耕地利用综合效益偏低的最主要的影响因素,应该按照应急措施与长远建设相结合的原则,加强农田水利基础设施建设,加强抵御旱、涝等自然灾害的能力,稳定粮食产量,保证农业生产安全。加强农田水利基础设施建设,提高农业抵御自然灾害的能力是保证非洲粮食安全的重要措施。在有效农田水利设施保障的基础上,要实现耕地的可持续利用,就要采取有效措施保护和提高耕地质量。提高耕地质量可以从以下几个方面入手:第一,培肥地力;第二,实行保护性耕作;第三,优化种植结构。种植结构应由原来的以粮食作物-经济作物为主的二元结构调整到三元结构,即建立粮食作物-经济作物-饲料作物相结合的种植制度。此外,还可以平整耕地,修建田间渠、沟、路,建设必要的农田防护林,改善耕地内部、外部环境。

二、合理利用耕地资源,引导耕地规模经营

随着非洲经济体进入发展的快车道,非洲工业化、城市化尤其是重大基础设施建设对耕地资源占用的问题也需要引起关注。更为重要的是注重合理利用耕地资源,通过加强农业培训以及技术推广,探索形成不同区域自然资源条件以及生活与农产品贸易需求的农业耕作模式,不断提高耕地利用效率。在合理利用耕地资源、粮食生产效率提高的基础上,积极引导国外资本、本地资本等多种形式的现代化、商业化、专业化规模农业发展。当然,应根据非洲各地的实际情况,工业化程度、地区间的差别,因地制宜地实行不同形式的规模经营。

三、改善生态环境,防治耕地退化

在非洲由于自然力或人类土地利用中的不当措施,或两者共同作用而导致土地质量变劣的现象非常普遍。通过各种途径改善土地的质量是主流,但土地退化现象亦屡见不鲜,如沙漠外侵及不当的开垦造成的荒漠化;草原的过牧或不适当的打草而导致的草场退化;水土流失造成的土地退化;耕地施肥不足导致土壤肥力下降;不合理灌溉引起的土壤盐渍化;以及污染造成的土地退化等。不少地方由于人类活动

加强了土地退化,如荒漠化进程有加快之势。

　　改善生态环境,减少耕地退化,应做到以下几点:第一,要加强生态退耕工程,植树种草,营造生态林,从根本上治理水土流失和荒漠化;第二,兴修水利,改善灌溉条件,推广先进的灌溉方法,减轻土壤盐碱化;第三,推广农业清洁生产,不断改良土壤;第四,严执法,严格控制乱砍滥伐,保护生态环境,减轻土壤退化污染,为农业生产创造良好的生态条件。

第四章

非洲水土资源配置与粮食安全

水土资源配置是以水、土壤要素为基础的水、土、气、生等要素综合作用的过程及结果。基于前面章节对土地、耕地、气候等主要要素的分析,这里在进一步阐述以水、土壤为主要因素综合配置特征的基础上,测算非洲区域粮食承载力,以为科学制定粮食安全政策提供科学基础。

第一节　非洲水土资源及配置状况

水、土壤是保障农业生产得以高效、持续进行的自然资源基础。为此,本章在阐述非洲自然地理特征的基础上,较为深入地阐述了土壤、水要素特征以及不同地域空间水土要素配置状况,以为粮食承载力分析提供基础。

一、水土资源综合配置特征分析

(一)非洲水土资源配置与其他大洲对比情况

根据 FAO 2009 年的土地数据(见表 4 - 1),非洲土地资源总量为 2.96×10^9 公顷,居世界各大洲第二位。其中农用土地面积为 1.16×10^9 公顷,农用土地中可耕地面积为 2.23×10^8 公顷,占农用土地比重的 19.21%,与世界整体水平相比,其可耕地所占的比重偏低,在各大洲中仅高于大洋洲。非洲土地资源地区间配置不平衡,存在很大差异,西非、东非地区耕地所占比例比中非、南非和北非要高,可耕地比例最高的为西非的 13.64%。

非洲在水土资源配比上,总体地均降雨量和欧洲、大洋洲相差不多,可耕地面积小于欧洲和亚洲,大于世界其他地区。然而非洲各地区间的水土资源配置布局上是不平衡的,中部非洲地均降雨量最大达 $12317.31 \text{m}^3/\text{hm}^2$,雨水资源充足,但是可耕种土地面积最少,仅为 2.4×10^7 公顷。非洲地均降雨量最少的地区在北非,仅为 $1909.27 \text{ m}^3/\text{hm}^2$,低于非洲大部分地区,甚至远远低于其他大洲地均降雨量,可耕地面积却比地均降雨量多的中非地区大,达 4.15×10^7 公顷。

表4-1　非洲各地区及其他大洲水土资源配比情况[①]

地名	总面积 （×10⁶hm²）	农用地面积 （×10⁶hm²）	可耕地面积 （×10⁶hm²）	可耕地 面积比例	年均降雨量 （×10⁹m³）	地均降雨量 （m³/hm²）
非洲	2960	1160	223	7.54%	20369.87	6881.71
中非	650	164	24	3.69%	8006.25	12317.31
南非	265	165	14.3	5.39%	1117.90	4218.49
北非	838	242	41.5	4.95%	1599.97	1909.27
西非	606	286	82.7	13.64%	3861.90	6372.77
东非	606	307	61	10.08%	5783.86	9544.32
欧洲	2210	473	278.00	12.60%	13267.89	6003.57
亚洲	3090	1630	472.00	15.25%	26825.89	8681.52
北美洲	1870	476	204.00	10.96%	15379.33	8224.24
南美洲	1760	601	125.00	7.10%	28265.5	16059.94
大洋洲	849	423	48.10	5.67%	4732.57	5574.29

（二）地区降水分布与耕地资源分布

非洲根据FAO数据库的分法，可划分为北非、东非、中非、西非、南非五个地区，具体地区分布可见图4-1。非洲降雨量从赤道向南北两侧减少，降水分布极不平衡，降水对农业生产的限制现象比较突出。非洲相邻地区之间降水也有差异，降水分布与耕地分布可以见图4-2和图4-3。

1. 北非地区

北非地形以高原为主，地势较平坦。由于气候干旱，沙漠广布。本区的沙漠地区大部分属于撒哈拉沙漠和喀拉哈里沙漠，常受干燥的热带大陆气团影响，气候除了干燥外还以月平均气温高为特色。[②] 干燥的气候形成难以利用的石质、砾质的戈壁和连

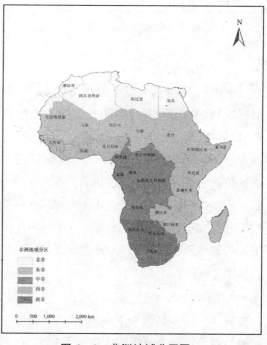

图4-1　非洲地域分区图

---

① 数据来源：FAO数据库及FAO AQUASTAT调查数据.

② http://baike.baidu.com/view/209777.htm.

绵的沙丘,不利于发展农业。[①] 由于气候干热,终年降水很少,从图4-2可以看出,
北非大部分地区是干旱区,年平均降水量不足200 mm。本区大部分国家人均耕地
面积为3~5亩,耕地资源相对丰富,可见图4-3。

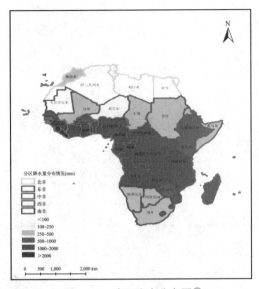
图4-2　地区降水分布图[②]

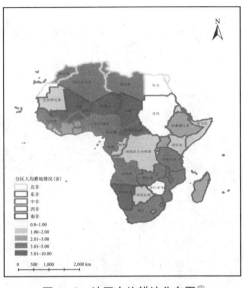
图4-3　地区人均耕地分布图[③]

2. 东非地区

非洲东部地区,北起厄立特里亚,南迄鲁伍马河,东临印度洋,西至坦噶尼喀湖。
根据FAO数据库划分法,东非包括布隆迪、科摩罗、吉布提、厄立特里亚、埃塞俄比
亚、肯尼亚、马达加斯加、马拉维、毛里求斯、马约特岛、莫桑比克、留尼汪岛、卢旺达、
塞舌尔、索马里、南苏丹、乌干达、坦桑尼亚、赞比亚、津巴布韦。东非裂谷是地球上
最长的裂谷带。东非大部分地区是半湿润地区,年降水量为600~1500 mm(图
4-2)。相当多的地区适合生长长季粮食(高粱、玉米、小麦、大麦等)和多年生木本作
物(茶树、咖啡树)。该区域人均耕地面积国家间差异比较大,如赞比亚、津巴布韦等
国人均耕地面积大于4亩,而吉布提、塞舌尔、南苏丹等人均耕地面积不到1亩,具体
可见图4-3。

3. 西非地区

该区域广大范围属于湿润和半湿润地区,年降水量集中为700~2000 mm(图
4-2),该地带对季节性大田作物来说太湿,对乔灌作物来说则太干,适合种植高粱、

---

① 姜忠尽.非洲农业图志[M].南京:南京大学出版社,2012:53.
② 数据来源:根据FAO AQUASTAT调查数据编制.
③ 数据来源:人均耕地面积根据FAO 2011年人口和耕地计算得出.

玉米和温带木本作物。[1]多哥、毛里塔尼亚等国人均耕地面积超过 5 亩,加纳、利比里亚等国人均耕地面积不足 2 亩,其他国家人均耕地面积大都在 3 亩左右,具体可见图 4-3。

4. 中非地区

非洲中部地区,一般指撒哈拉沙漠与非洲大陆西部突起部分合围的广大纵深地区,不包括东非大裂谷西部。[2]中非有冲积平原和盆地,土层深厚,地表平缓,农业发展潜力较大。中非广大范围属于湿润地区,水资源丰富,降水量充足,所有国家年降水量都超过 1000 mm,圣多美和普林西比降水量高达 3200 mm(图 4-2)。国土面积最大的刚果人均耕地面积不足 2 亩,人均耕地最高的国家是中非共和国,高达 6 亩,其他国家耕地资源相比降水不够丰富,具体可见图 4-3。

5. 南非地区

非洲南部是指撒哈拉以南的非洲大陆、马达加斯加岛等岛屿,地形以高原为主,湿热气候。[3]南部非洲的卡拉哈迪盆地中分布着大面积未固结的第四系细沙,大多已被植物固定,不合理的耕作及放牧易导致流沙,此区域主要发展畜牧农业。[4]根据 FAO 数据库划分法,南非地区包括博茨瓦纳、莱索托、纳米比亚、南非、斯威士兰。南部非洲属于半湿润和半干旱地区,年降雨量集中为 600~1200 mm(图 4-2),从气候上讲,很适合热带一年生粮食作物和出口作物的生产。[5]南非地区耕地资源国家间分布差异不大,人均耕地面积大都集中在 2~5 亩,具体可见图 4-3。

(三)非洲水土资源配置空间格局

为了便于更深入分析非洲地区水土资源配置空间格局,通过将非洲各国降水分布图分析结果与非洲各国的人均耕地资源分布图分析结果进行叠加分析,将非洲地区水土资源配置进行分区。划分的标准是为了分析方便。非洲湿润地区的降雨量一般大于 1000 mm,湿润地区的降水量能满足农业生产需要。故将降水量大于 1000 mm 定为水多地区,小于 1000 mm 定为水少地区。将人均耕地面积 3 亩作为分界线,大于 3 亩算作地多,小于 3 亩则算作地少。经过叠加分析可以将非洲所有国家水土资源配置划分为四种类型,分别是水多地多、水多地少、水少地多和水少地少。四种类型中只有水多地多有利于农业生产利用,具体结果可见图 4-4。

①　FAO.非洲基本土地资源　粮农组织非洲研究报告[M].北京:中国农业科技出版社,1988:6-10.

②　http://baike.baidu.com/view/928279.htm? fr=aladdin.

③　http://baike.baidu.com/view/1836557.htm? fr=aladdin.

④　姜忠尽.非洲农业图志[M].南京:南京大学出版社,2012:53.

⑤　FAO.非洲基本土地资源　粮农组织非洲研究报告[M].北京:中国农业科技出版社,1988:6-10.

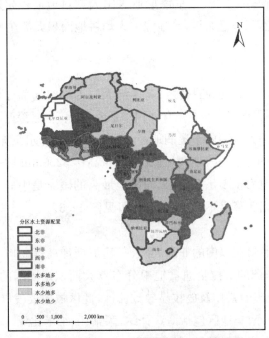

图 4-4 非洲水土资源配置空间格局图①

可以看出,非洲水土资源空间配置是不均衡的,北非地区除少数几个国家水少地少,大部分国家是水少地多,干旱不利于土地进行农业生产。东非地区水土资源配置四种类型都有,水多地少的国家有埃塞俄比亚、肯尼亚,水多地多的国家有坦桑尼亚、赞比亚,其余国家是水少地少区域。西非地区属于水土资源配置比较合理的地区,大部分国家都是水多地多类型。中非地区除了刚果和刚果民主共和国属于水多地少类型,其他国家均为水多地多类型。南非地区水土资源配置和北非地区比较类似,大部分国家都属于水少地多类型。

(四)气候变化对土地利用的影响

非洲气候特点是高温、少雨、干燥,气候带分布呈南北对称状。气候变化对土地利用的影响,主要体现在对农业土地利用方面。气候变化会影响粮食作物的生产,总体来看,当温度升高 1℃～3℃时非洲中高纬度地区粮食生产能力将会增加,超过这一幅度则会降低;非洲低纬度地区,特别是季节性干旱和热带地区,小幅度的升温(1℃～2℃)也会引起种植业和畜牧业生产能力下降。非洲雨养农业区的种植业和干旱、半干旱地区的草原畜牧业受到的负面影响最为明显。许多非洲国家农业生产都受到气候变化的严重影响,到 2020 年,一些国家雨养农业会减产 50%,到 2080

① 数据来源:根据 FAO 数据编制.

年,干旱和半干旱土地会增加5%～8%。IPCC AR4预计,到2080年,全球因气候变化影响而增加的粮食不安全人口可能会在500万至1.7亿,其中40%～50%集中在撒哈拉以南非洲。[①]

（五）河流湖泊资源概况

北非地区河流湖泊稀少,水源紧张,河流主要是尼罗河下游河段。水源成为北非发展经济,特别是农业生产的瓶颈。农业分布主要是在有水源供给的地中海沿岸和尼罗河沿岸及河口三角洲地区,以种植棉花、小麦等作物为主。[②]

东非地区河流湖泊资源比较丰富,湖区雨量充沛,河网稠密,非洲大部分的湖泊都集中在东非大裂谷,大大小小约有30来个,例如阿贝湖、沙拉湖、图尔卡纳湖、马加迪湖、维多利亚湖、基奥加湖等。东非大裂谷地带由于雨量充沛,土地肥沃,是东非重要的农业区。

西非地区最大的河流是尼日尔河,这也是非洲第三大河流。尼日尔河两岸很早以前就是可可、咖啡、香蕉、花生等农作物的盛产区,加上河中多渔产,素有"西非鱼米之乡"的称号。[③] 沃尔特河、冈比亚河也是西非地区比较大的河流。西非著名的内陆淡水湖泊有乍得湖,这是非洲第四大湖,沿湖为西非重要灌溉农业区。

中非地区最大的河流是刚果河,发源于南部高原,主要流经刚果盆地,是非洲第二大河流,该地区农业水量主要依赖刚果河及其支流,流域面积仅次于亚马孙河。该区适合于谷物类、经济作物等各种农作物种植,非洲集约农业主要集中在此区域。

南非地区流经的主要河流有刚果河、赞比西河、尼日尔河。南部非洲的湖泊水库占非洲39%[④],拥有最大的维多利亚湖和非洲最深的坦噶尼喀湖。南非地区降水量比较少,农业用水主要依赖于河流湖泊的补给。

二、非洲土壤与土地利用

土壤是农业生产活动最为重要的"母体"。非洲漠境土和砂质土是非洲大陆数量最大的土类。非洲大陆很大一部分地区为这两类土壤所覆盖(见表4-2),其土壤资源主要特征阐述如下。

---

① 何昌垂.粮食安全——世纪挑战与应对[M].北京:社会科学文献出版社,2013:177-178.

② http://baike.baidu.com/view/209777.htm.

③ http://baike.baidu.com/view/307601.htm.

④ 李淑芹,石金贵.非洲水资源及利用现状[J].水利水电快报,2009(30):1.

表 4-2 非洲主要土壤组合①

序号	组合	百万公顷	占总数的百分比(%)
1	漠境土	620	21.8
2	砂质土	577	20.3
3	盐渍土	67	2.3
4	热带低地酸性土	509	17.9
5	热带高地土壤	39	1.4
6	暗色黏土	99	3.5
7	热带铁质土	194	6.8
8	地中海型土壤	87	3.1
9	排水不良的土壤	276	9.7
10	浅土	376	13.2
合计		2844	100.0

非洲漠境土分布面积占全非洲面积的 21.8%,广泛分布于热带及亚热带荒漠和半荒漠地区,植物稀少且以旱生植物为主。此类土壤有机质缺乏,灌溉条件下方能种植植物,沙漠带最不干旱地区有游牧。砂质土分布面积占全非洲面积的 20.3%,主要分布在半干旱和半湿润气候带,这类土壤可供植物的养分很低,耕作或者放牧过度很容易造成土地退化。砂质土易于失去土壤结构,并可能易于风蚀。但是这类土壤容易耕作,通常能够吸收雨水,因而不易受到水蚀,雨量充足时,对这类土壤施用化肥、粪肥或者泥灰的效果很好。

热带低地酸性土占非洲的面积也高达 17.9%,分布在广大地区,特别是湿润地区。这类土壤的问题是酸度大,养分保持能力差,铝的毒性大,原始含磷量和含钾量低,易于将磷元素固定为不被植被吸收的化合物。其土壤物理性能好,比较抗侵蚀。其肥力可以得到改善,但需要适当施肥。分布范围最广的是干燥气候下的各种土壤,其中包括浅土、流动沙丘、盐渍土、石灰土和石膏土,这些土壤占非洲大陆的三分之一左右。这类土壤多半不能进行高强度开发。为了防止沙丘对邻近农田的侵蚀,必须防止沙漠边缘地带稀疏植被的退化。②

热带铁质土以砖红壤、砖红壤化红壤为代表,发育在赤道热带多雨气候区内。砖红壤主要分布在刚果盆地的中部和北部、几内亚到冈比亚的大洋沿岸、马达加斯

---

① FAO.非洲基本土地资源　粮农组织非洲研究报告.中国农业科技出版社[M].北京,1988:18.
② FAO.非洲基本土地资源　粮农组织非洲研究报告.北京:中国农业科技出版社[M].1988:18.

加东部,形成于高温高湿、无真正旱季、年平均气温25℃以上、年降雨量1400～2500 mm的气候条件下,植被为热带雨林或热带稀疏草原。土体颜色基本是砖红色,有时是黄色、暗红色或红色,黏粒含量大于15%,但无可塑性。开垦后土壤有机质、氮素及矿物质营养元素含量低,适宜种植芋类、木薯、玉米、高粱、谷子、花生、豆类、棉花、香蕉、可可、咖啡、橡胶树、茶等。砖红壤化红壤主要分布在西非的塞内加尔、几内亚、马里、科特迪瓦、加纳、多哥、尼日利亚、喀麦隆、中非、苏丹、埃塞俄比亚、肯尼亚、乌干达、卢旺达、布隆迪、坦桑尼亚、安哥拉、扎伊尔、刚果、加蓬、马达加斯加,分布区炎热多雨,高温高湿,但有较短的旱季。该土壤类型物理特性较好,肥力较高,常可种植各种热带植物。[1]

暗色黏土分布在广大的龟裂重黏土平原上。这类土壤的一个主要限制因素是干时变硬而湿时变黏,因此不利于耕作。在地势平坦的地区,渍水现象会阻碍土地的有效利用,如果可以克服这些限制因素,这些土壤的生产力也可以大大提高。

排水不良的土壤包括海洋、湖泊、河流冲积土以及内陆洼地和峡谷土壤,主要是潜育土和冲积土,实行水分控制可使其达到中等至高潜力,但酸性硫酸盐土潜力低。冲积土的生产力较高,但内陆的排水不良的土壤没有得到普遍利用。只要避免土地开发利用过程中的洪涝、养分含量低、病害等问题,这些水泛地是宝贵资源。

三、非洲水资源利用概况

(一)水资源补给

非洲水资源的补给主要依靠降水,人均水资源补给量为4528 m³,表4-3为非洲各地区年降雨量以及水资源补给量情况。从表4-3可以看出非洲的北部年降雨量最少和人均水资源补给量最低,分别仅为96 mm和307 m³/人;苏丹-撒哈拉沙漠地区和东南部地区降雨量也不多;非洲降雨量多的地区分布在非洲中部、几内亚湾、印度洋群岛,非洲中部人均水资源补给量最高达19845 m³/人。

表4-3　非洲各地区降雨量和水资源补给量[2]

地区	年降雨量 （mm）	降雨量 （×10⁶m³）	水资源补给量 （×10⁶m³）	水资源年补给量 占百分比（%）	人均水资源 补给量（m³）
北部	96	549959	46842	1	307
苏丹-撒哈拉	311	2671364	159600	4	1413

---

① 姜忠尽.非洲农业图志[M].南京:南京大学出版社,2012:50.

② 数据来源:FAO AQUASTAT调查数据.

地区	年降雨量 （mm）	降雨量 （×10⁶m³）	水资源补给量 （×10⁶m³）	水资源年补给量 占百分比（%）	人均水资源 补给量(m³)
几内亚湾	1356	2873971	951940	24	4853
中部	1425	7592517	1876180	48	19845
东部	920	2665720	285260	7	1544
南部	659	3110159	270130	7	2518
印度洋群岛	1510	895250	340951	9	17042
非洲	678	20358940	3930903	100	4528

（二）部门用水概况

非洲水资源利用主要包括三个方面：农业用水、工业用水以及生活用水。

从表4-4可以看出，农业用水是非洲水资源利用的主要方式，平均占总用水量的86%，主要包括灌溉和牲畜饮水。其次是生活用水，工业用水最少。与其他地区相比，中部非洲农业用水占比最低，仅为56%，而生活用水占总用水量的32%，工业用水为12%，均比其他地区高，但是地区人均用水量仅为21 m³/人，可见中部地区水资源极为短缺。各地区农业用水占比差异不大，占比均超过50%，可见农业是非洲重要的生产部门。生活用水上，中部非洲、南部非洲及几内亚湾生活用水占比比其他地区大，均超过20%。工业用水占比普遍低于10%，可见非洲工业不太发达。人均用水量地区间差异比较大，印度洋群岛和北部非洲人均用水量比其他地区高，分别达到786 m³/人和616 m³/人。

表4-4　非洲水资源利用现状①

地区	农业用水 （×10⁶m³）	占比 （%）	工业用水 （×10⁶m³）	占比 （%）	生活用水 （×10⁶m³）	占比 （%）	人均用水量 （m³）
北部	79657	85	5395	6	8837	9	616
苏丹-撒哈拉	52369	95	445	1	2133	4	486
几内亚湾	8821	71	1115	9	2456	20	63
中部	1114	56	239	12	640	32	21
东部	12445	88	221	1	1549	11	77
南部	15134	70	1330	6	5194	24	202
印度洋群岛	14809	94	258	2	650	4	786
非洲	184349	86	9003	4	21642	10	247

① 数据来源：FAO AQUASTAT 2011年调查数据.

（三）农业灌溉概况

农业灌溉是非洲水资源利用的主要方式，也是非洲农业发展的基础。但从整体上看，非洲水利灌溉事业还很不发达。耕田的灌溉在少雨的非洲为最重要的课题，大多数农民靠上天下雨，主要种植耐旱作物，由于干旱与暴雨以及病虫害发生等，往往颗粒无收。非洲全部耕地仅有 6％左右得到灌溉，远低于亚洲（33％）和欧洲（12％），也不及南、北美洲（8％～10％），仅仅稍高于大洋洲（4％）。非洲的许多国家，如喀麦隆、乍得、刚果、埃塞俄比亚、加纳、尼日尔、尼日利亚、刚果（金）、乌干达、坦桑尼亚、赞比亚等，农业灌溉率不及 3％。[①]

第二节　非洲土地资源承载力分析

一、土地资源承载力与粮食安全

（一）土地资源承载力内涵及特征

土地资源承载能力可以表述为：在未来不同时间尺度上，以可预见的技术、经济和社会发展水平及与此相适应的物质生活水准为依据，一个国家或地区利用其自身的土地资源所能持续稳定供养的人口数量。土地资源人口承载力分析是制定区域发展战略、主体功能区规划、国土规划，尤其是区域土地利用战略、土地利用总体规划的重要基础。长期以来人们更多地从粮食安全角度分析土地资源人口承载力。[②] 土地资源承载力问题之所以引起人们的关注，主要是出于研究粮食安全的需要。

土地资源人口承载力不仅受制于土地资源这一要素，还受到水资源、能源、生态、环境等多因素的影响，在有些区域非土地资源要素的影响可能是决定性的。例如，在水资源稀缺地区，水资源将是影响土地资源人口承载力的最主要因素。土地资源人口承载力更主要地反映了未来一定时期或理想生活状态下（如生态平衡、环境友好等）区域土地资源可以供养的人口数量，因此，其考虑到了社会经济发展前景以及土地利用技术条件的改善等方面，不是完全拘泥于现实的社会经济发展状态和技术水平。[③]

土地资源承载力不仅要反映能够供养多少人口，还要表明所供养人口的食物消

---

① 姜忠尽.非洲农业图志[M].南京:南京大学出版社,2012:73-74.
② 黄贤金,陈志刚,钟太洋.土地经济学[M].北京:科学出版社,2009:26.
③ 黄贤金,陈志刚,钟太洋.土地经济学[M].北京:科学出版社,2009:27.

费水平,这是承载能力的质量特征。土地资源承载力的测算应先算出土地资源潜在生产能力,客观预测粮食作物的最大可能总产量,再根据人均生活水准测算可供养的人口数。

(二)粮食安全的内涵

根据世界粮食首脑会议给出的定义,粮食安全是指所有人在任何时候能够在物质上和经济上获得足够、安全和富有营养的粮食来满足其积极和健康生活的食品需求和食物喜好。[1]

粮食安全涵盖四个方面:① 粮食供给——取决于国内生产、进口能力和库存,反映政府和市场可提供足够数量和合格质量的粮食供给的能力。② 粮食获取——衡量个人是否拥有足够的资源获取适当的有营养的食品。它取决于家庭购买力、食品价格、交通、市场、基础设施,以及粮食流通体系。③ 供给与获取的稳定性——取决于天气条件、市场价格的涨落、自然和人为灾害以及政治、经济等其他问题。④ 粮食利用和食品安全——取决于适当的饮食实践、食品安全和质量、清洁用水、卫生与公共健康标准、充分利用食物能力、营养需求达标情况。[2]

粮食安全是国家安全的基础,是涉及国家主权的根本大事。古今中外一旦粮食出现问题,立国根本就会动摇。对于大多数非洲国家来讲,确保粮食安全尤为重要。从理论上讲,非洲国家只有维持足够高的粮食自给率,才能基本保障非洲人民的粮食安全。

(三)土地资源承载力与粮食安全的关系

粮食安全与土地资源承载力关系密切。粮食安全是经济社会赖以生存和发展的基础。"民以食为天",粮食安全是人类社会存在和发展的基础,具有根本性作用。而针对不同的生活水平,粮食安全又有不同的标准,在高生活水平的情况下,同一区域土地资源可以供养的人口数量将大大低于基本生存需求水平下的供养人口数量。土地资源承载力与粮食安全都受粮食最大总产量的影响,粮食最大总产量越大,人均粮食产量越高,土地资源承载力就越大,同时粮食安全也越能得到保障。

二、非洲土地资源承载力测算

(一)1982 年 FAO 测算的非洲土地资源承载力

FAO 于 1982 年发布的《潜在人口维持能力研究报告》研究了非洲土地满足未来人口粮食需求的实际潜力。这次评估采用农业生态区法(agro-ecological zone,

---

① 何昌垂.粮食安全——世纪挑战与应对[M].社会科学文献出版社,2013.
② 何昌垂.粮食安全——世纪挑战与应对[M].社会科学文献出版社,2013.

AEZ)计算非洲土地资源生产潜力,根据各种投入水平、作物组合、水土保持等方面的假定,计算热量——蛋白质生产潜力,并且由此得出潜在人口维持能力。考虑的投入水平及使用情况有三种:① 低投入水平;② 中等投入水平;③ 高投入水平。评估选取了 16 种农作物作为代表,主要是因为这些作物合起来占发展中世界人口总摄食量的 80%多,比较具有代表性。[①]

采用农业生态区法计算非洲土地资源生产潜力,潜在人口维持能力是通过单独分析每一个独特的土地区划,查明每个地区在特定的土壤、气候条件下采取何种利用方式可以得到最大的热量——蛋白质生产潜力,随后将维持能力同目前人口密度和预测人口密度相比较。所用的两个时间是"目前"(1975 年)和"预测"(2000 年)。选择 1975 年是由使用国家内部各地区现有人口和作物组合资料的需要决定的。这项评估工作有其局限性,研究假定可耕地将全部用来种植 16 种主要粮食作物或者用作草地。事实上,有些土地将会用来种植其他粮食作物。有些能提高潜力的因素并未考虑,如土地改良和鱼、肉的生产,这两个方面将会较大地改善某些国家的前景。尽管存在一些局限性,但本研究还是能反映一些问题,具体研究结果见表 4-5。

表 4-5　非洲"目前"人口和"预测"人口同潜在人口维持能力的比较

年份	人口（亿人）	人口密度（人/公顷）	潜在人口维持能力（人/公顷）			土地资源可承载人口（亿人）		
			低投入	中等投入	高投入	低投入	中等投入	高投入
1975	3.8	0.13	0.39	1.53	3.47	11.40	44.72	101.43
2000	7.8	0.27	0.44	1.56	4.47	12.71	45.07	129.13

结果表明,非洲的土地如果全部投入使用,甚至按低水平的投入,所生产的粮食也足以满足三倍于 1975 年的人口的需要;按照中等水平的投入,总共亦可承载至少 44.72 亿人;按照高水平投入,喂饱人口数可高达 100 亿以上。2011 年非洲的人口数为 10.44 亿,甚至小于低水平投入的承载力 11.4 亿人口,是高水平投入下可承载的人口的 1/10。可见如果将非洲的土地资源潜力都发挥出来,解决粮食安全是没有问题的。

1982 年 FAO 测算的非洲土地资源承载力是把非洲作为一个整体来研究的,没有体现非洲不同地区不同国家粮食安全情况的空间格局和区域差异。基于前面所述,下文尝试通过迈阿密模型测算非洲土地资源承载力,结合非洲营养不良人口分

① FAO.非洲基本土地资源　粮农组织非洲研究报告[M].北京:中国农业科技出版社,1988:51-56.

布情况,更深层次分析非洲不同地区不同国家粮食安全问题空间格局与区域差异,以期为未来非洲粮食安全问题研究提供参考和依据。

(二)基于迈阿密模型的非洲土地资源承载力测算

根据土地资源承载力的理论内涵可知,为了分析土地资源承载力,需要测算土地粮食潜在生产量,即土地生产潜力。土地生产潜力是指在一定的技术投入条件下,土地所具有的潜在生产能力和提供效用的能力。土地的生产潜力是由土壤、气候条件以及对土地的投入和管理水平决定的。气候是决定农作物生产潜力的一个主要因素。气候和农作物生产之间的相互作用虽然极端复杂,但主要有三种关系:第一,气候特征如雨量、光照、温度对作物光合作用生产过程产生直接作用;第二,气候能够左右人类和动植物疾病、虫害的发生和传播,例如热带湿润地区发生的木薯花叶病;第三,气候是决定地貌和土壤形成过程以及养分、水分动态的一个主要原因。评定土地生产潜力方法主要有迈阿密模型、桑斯维特纪念模型、格思纳-里思模型、瓦赫宁根法、农业生态区法等。

粮食作物的生产不能与任一单项气候因素完全联系起来,然而,温度和降水两个因素可以对粮食作物的生产产生显著的影响。迈阿密模型(Miami model)是根据年平均温度和降水量来估算生物生产量,基于这方面的考虑,选择迈阿密模型根据年平均温度和降水量来估算粮食作物生产潜力,并根据不同的人均粮食消费水平,计算非洲土地资源可承载人口数量。迈阿密模型[①]计算公式为:

温度生产潜力模型 $$Y = \frac{3000}{1 + e^{1.315 - 0.119t}}$$

降水生产潜力模型 $$Y = 3000(1 - e^{-0.000664p})$$

式中,Y 为生物生产量(g/m² · a),t 为年平均温度(℃),p 为年降水量(mm),当采用上式计算同一地区土地生产潜力出现不同数值时,取其低者作为土地的气候生产潜力。

采用迈阿密模型测算生产潜力,测算过程如下:假定影响土地生产潜力的其他因素(土壤、光照条件以及对土地的投入和管理水平)达到最优条件,土地粮食生产潜力由年均温度和年均降雨量决定。为了反映土地资源条件的重大差异,进行区域之间生产潜力的对比,采用五个土地潜力区(北非、南非、中非、东非、西非,地区采用最新 FAO 数据库的划分法)进行汇总,并分别以非洲各个国家为计算单元,分别进行研究。将各非洲国家的年均温度和年均降雨量代入迈阿密模型,由此可以计算出各国单位面积的土地粮食生产量,再乘以可耕地面积,就可以测算出各国总的土地资源粮食潜在生产量。

---

① 王万茂.土地利用规划学[M].北京:科学出版社,2006:83.

以粮食安全为导向的土地资源人口承载力分析其核心是通过计算一定地区土地所能生产的粮食能养活多少人口来推算土地的人口承载力,公式为:

$$P = \frac{Y}{L}$$

式中,P 为土地人口承载量,Y 为该地区土地可生产的粮食总量,L 为人均生活水准量。人均生活水准量的确定,则是以人均消耗的粮食计算。由于粮食品种不同,其营养成分和含量不同,因此,一般采用每人每天需要的热量和蛋白质的数量作为标推。不同年龄、不同劳动强度和不同性别的人所需的热量和蛋白质都不一样,需要分别加以分析。

根据 FAO 公布的人均营养热值标准,结合非洲具体情况计算得出非洲人均粮食消费 400 kg 即可达到营养安全的要求,故分别按照非洲人均粮食消费标准(400 kg、450 kg、500 kg)计算非洲各国不同消费水平下可承载的人口数量,非洲土地承载潜力详细计算过程见表 4-6、表 4-7。

三、非洲土地资源承载力与粮食安全分析

(一)非洲粮食生产理论产量与现实产量比较分析

从表 4-6 可以看出,迈阿密模型基于年均温度测算的非洲所有的国家的粮食生产潜力均大于基于年均降雨量测算的粮食生产潜力,这和前面所述的气候条件是吻合的。非洲主要是热带和亚热带地区,非洲除少数国家年均温度低于 20℃,大部分国家年均温度都在 20℃以上,温度是足以满足粮食作物生产的需要的,故非洲粮食生产受年均气温影响不大,年均温度不是非洲粮食生产的限制条件。非洲的降雨量时空分布不均,降雨量少的国家年均降雨量不足 100 mm(如北非的阿尔及利亚、埃及、利比亚,西非的毛里塔尼亚),年均降雨量多的国家可达 3000 mm 以上(如中非的圣多美和普林西比),1/3 以上非洲区域是干旱区,不适合农作物的生产。可见非洲的粮食生产主要受制于年均降雨量,故而气候生产潜力选取基于年均降雨量测算的潜力是科学合理的。

从表 4-8 可以看出,非洲 2009 年总体的现实粮食生产量远低于可耕地的潜在生产量,现实粮食占理论生产量比例仅为 5.66%;2009 年各个区域中北非生产的粮食总量是最高的,现实粮食产量占理论生产量的比例也最高,达 21.06%,但也仅仅是理论产量的 1/5 左右;中非 2009 年的粮食产量最低,仅占理论生产量的 1.95%;其他三个区域南非、东非、西非现实粮食生产量相比理论生产量也很低。

表 4－6 非洲土地承载潜力详细计算表格

区域	国家	2010年平均温度(℃)①	2010年平均降雨量(mm/yr)②	温度潜力(g/m²·yr)	降水潜力(g/m²·yr)	2010年可耕地面积(1000 hm²)	土地年生产潜力(kg/yr)	土地承载力(400 kg/人)	土地承载力(450 kg/人)	土地承载力(500 kg/人)	2011年总人口(千人)	人口占承载力百分比(400 kg/人)%	人口占承载力百分比(450 kg/人)%	人口占承载力百分比(500 kg/人)%
北非	阿尔及利亚	20.08	89	2236.59	172.15	7502	12914781452	32286954	28699514	25829563	35980	111.44	125.37	139.30
	埃及	27.75	51	2638.36	99.89	2873	2869871248	7174678	6377492	5739742	82537	1150.39	1294.19	1437.99
	利比亚	24.75	56	2508.61	109.50	1750	1916311149	4790778	4258469	3832622	6423	134.07	150.83	167.59
	摩洛哥	19.92	346	2225.25	615.79	7829.6	48213808699	120534522	107141797	96427617	32273	26.77	30.12	33.47
	前苏丹	35.00	416	2835.96	724.07	18858	136545322927	341363307	303434051	273090646	44632	13.07	14.71	16.34
	突尼斯	23.08	207	2421.60	385.26	2823	10875917666	27189794	24168706	21751835	10594	38.96	43.83	48.70
	西撒哈拉	28.00	50	2647.71	97.96	4	3918591	9796	8708	7837	383	3909.57	4398.26	4886.96
	合计					41639.6	213336013142	533340033	474080029	426672026	212439	39.83	44.81	49.79
东非	布隆迪	27.33	1274	2622.29	1712.53	920	15755308735	39388272	35011797	31510617	8575	21.77	24.49	27.21
	科摩罗	28.75	900	2674.53	1349.61	82	1106679300	2766698	2459287	2213359	754	27.25	30.66	34.07
	吉布提	30.00	220	2715.24	407.73	2	8154686	20387	18122	16309	906	4444.07	4999.58	5555.09
	厄立特里亚	20.00	384	2230.93	675.19	690	4658843509	11647109	10352986	9317687	5415	46.49	52.30	58.12
	埃塞俄比亚	18.00	848	2087.16	1291.63	13948	180156412021	450391030	400347582	360312824	84734	18.81	21.17	23.52
	肯尼亚	23.00	630	2416.96	1025.55	5500	56404988274	141012471	125344418	112809977	41610	29.51	33.20	36.89

① 温度来源于 http://www.t7online.com/afriruef.htm，根据非洲各个国家 2010 年每天的天气计算而得，12 个月每月选几天进行加权平均计算年均温度。天气在线网站上有些国家没有温度数据，通过百度百科查询获得。

② 年均降雨量来源于 FAO AQUASTAT 调查数据。

续表

区域	国家	2010年平均温度(℃)	2010年平均降雨量(mm/yr)	温度潜力(g/m²·yr)	降水潜力(g/m²·yr)	2010年可耕地面积(1000 hm²)	土地年生产潜力(kg/yr)	土地承载力(400 kg/人)	土地承载力(450 kg/人)	土地承载力(500 kg/人)	2011年总人口(千人)	人口占承载力百分比(400 kg/人)%	人口占承载力百分比(450 kg/人)%	人口占承载力百分比(500 kg/人)%
东非	马达加斯加	27.58	1513	2632.00	1901.46	3500	6655166778	166377917	147891482	133102334	21315	12.81	14.41	16.01
	马拉维	20.17	1181	2242.22	1630.52	3600	5869858885	146747147	130441909	117397718	15381	10.48	11.79	13.10
	毛里求斯	25.92	2041	2563.03	2226.33	80	1781065150	4452663	3957923	3562130	1307	29.35	33.02	36.69
	马约特岛	19.00		2160.93		8.7								
	莫桑比克	28.50	1032	2665.79	1488.10	5200	77381424011	193453560	171958720	154762848	23930	12.37	13.92	15.46
	留尼汪岛	27.08		2612.35		32.3								
	卢旺达	15.17	1212	1860.20	1658.43	1220	20232785135	50581963	44961745	40465570	10943	21.63	24.34	27.04
	塞舌尔	29.25	2330	2691.39	2361.42	1	23614196	59035	52476	47228	87	147.37	165.79	184.21
	索马里	27.00	282	2608.99	512.29	1100	5635144025	14087860	12522542	11270288	9557	67.84	76.32	84.80
	南苏丹	35.00		2835.96										
	乌干达	22.30	1180	2376.83	1629.61	6750	109998960107	274997400	244442134	219997920	34509	12.55	14.12	15.69
	坦桑尼亚	24.67	1071	2504.52	1526.75	11600	177103436824	442758592	393563193	354206874	46218	10.44	11.74	13.05
	赞比亚	15.17	1020	1860.20	1476.01	3700	54612347834	136530870	121360773	109224696	13475	9.87	11.10	12.34
	津巴布韦	23.42	657	2439.89	1060.63	4100	43485741691	108714354	96634982	86971483	12754	11.73	13.20	14.66
	合计					62034	873594931160	2183987328	1941322069	1747189862	331470	15.18	17.07	18.97
西非	贝宁	30.33	1039	2725.30	1495.12	2540	37975928440	94939821	84390952	75951857	9100	9.59	10.78	11.98
	布基纳法索	28.33	748	2659.86	1174.34	6000	70460539863	176151350	156578977	140921080	16968	9.63	10.84	12.04
	佛得角	22.67	228	2398.10	421.47	47	198089907	495225	440200	396180	501	101.17	113.81	126.46
	科特迪瓦	26.75	1348	2598.77	1774.27	2900	51453698344	128634246	114341552	102907397	20153	15.67	17.63	19.58

续 表

区域	国家	2010年平均温度(℃)	2010年平均降雨量(mm/yr)	温度潜力(g/m²·yr)	降水潜力(g/m²·yr)	2010年可耕地面积(1000 hm²)	土地年生产潜力(kg/yr)	土地承载力(400 kg/人)	土地承载力(450 kg/人)	土地承载力(500 kg/人)	2011年总人口(千人)	人口占承载力百分比(400 kg/人)%	人口占承载力百分比(450 kg/人)%	人口占承载力百分比(500 kg/人)%
西非	冈比亚	22.50	836	2388.50	1277.96	450	5750830429	14377076	12779623	11501661	1776	12.35	13.90	15.44
	加纳	25.58	1187	2548.01	1635.97	4700	76890542857	192226357	170867873	153781086	24966	12.99	14.61	16.23
	几内亚	25.67	1651	2551.81	1997.65	2850	56932995130	142332488	126517767	113865990	10222	7.18	8.08	8.98
	几内亚比绍	24.33	1577	2487.90	1947.17	300	5841502066	14603755	12981116	11683004	1547	10.59	11.92	13.24
	利比里亚	25.17	2391	2528.65	2386.77	450	10740455347	26851138	23867679	21480911	4129	15.38	17.30	19.22
	马里	23.08	282	2421.60	512.29	6261	32074215220	80185538	71276034	64148430	15840	19.75	22.22	24.69
	毛里塔尼亚	22.00	92	2359.02	177.78	450	800003912	2000010	1777786	1600008	3542	177.10	199.24	221.37
	尼日尔	27.92	151	2644.62	286.20	14940	42758919812	106897300	95019822	85517840	16069	15.03	16.91	18.79
	尼日利亚	25.33	1150	2536.47	1602.04	36000	576735276905	1441838192	1281633949	1153470554	162471	11.27	12.68	14.09
	圣赫勒拿	20.00		2230.93		4								
	塞内加尔	25.08	686	2524.69	1097.62	3850	42258182882	105645457	93907073	84516366	12768	12.09	13.60	15.11
	塞拉利昂	26.00	2526	2566.72	2439.35	1100	26832808416	67082021	59628463	53665617	5997	8.94	10.06	11.17
	多哥	28.42	1168	2662.84	1618.65	2490	40304419161	100761048	89565376	80608838	6155	6.11	6.87	7.64
	合计					85332	1078008408690	2695021022	2395574242	2156016817	312204	11.58	13.03	14.48
中非	安哥拉	24.42	1010	2492.09	1465.86	4100	60100113744	150250284	133555808	120200227	19618	13.06	14.69	16.32
	喀麦隆	30.33	1604	2725.30	1965.87	6200	121884209598	304710524	270853799	243768419	20030	6.57	7.40	8.22
	中非共和国	23.33	1343	2435.36	1770.19	1800	31863406657	79658517	70807570	63726813	4487	5.63	6.34	7.04
	乍得	25.58	322	2548.01	577.49	4500	25987039543	64967599	57748977	51974079	11525	17.74	19.96	22.17
	刚果	26.92	1646	2605.61	1994.32	500	9971578081	24928945	22159062	19943156	4140	16.61	18.68	20.76

续表

区域	国家	2010年平均温度(℃)	2010年平均降雨量(mm/yr)	温度潜力(g/m²·yr)	降水潜力(g/m²·yr)	2010年可耕地面积(1000 hm²)	土地年生产潜力(kg/yr)	土地承载力(400 kg/人)	土地承载力(450 kg/人)	土地承载力(500 kg/人)	2011年总人口(千人)	人口占承载力百分比(400 kg/人)%	人口占承载力百分比(450 kg/人)%	人口占承载力百分比(500 kg/人)%
中非	刚果(金)	26.00	1543	2566.72	1923.13	6800	130772722584	326931806	290606050	261545445	67758	20.73	23.32	25.91
	赤道几内亚	28.00	2156	2647.71	2283.21	130	2968172388	7420431	6595939	5936345	720	9.70	10.92	12.13
	加蓬	27.42	1831	2625.55	2110.57	325	6859344523	17148361	15242988	13718689	1534	8.95	10.06	11.18
	圣多美和普林西比	27.00	3200	2608.99	2641.63	8.5	224538501	561346	498974	449077	169	30.11	33.87	37.63
	合计					24363.5	390631125619	976577814	868069168	781262251	129981	13.31	14.97	16.64
南非	博茨瓦纳	24.08	416	2475.14	724.07	259	1875344079	4688360	4167431	3750688	2031	43.32	48.74	54.15
	莱索托	20.00	788	2230.93	1222.19	322	3935463141	9838658	8745474	7870926	2194	22.30	25.09	27.87
	纳米比亚	20.58	285	2269.96	517.24	800	4137891317	10344728	9195314	8275783	2324	22.47	25.27	28.08
	南非	20.08	495	2236.59	840.38	12533	105324823133	263312058	234055163	210649646	50460	19.16	21.56	23.95
	斯威士兰	19.00	788	2160.93	1222.19	175	2138838663	5347097	4752975	4277677	1203	22.50	25.31	28.12
	合计					14089	117412360334	293530901	260916356.3	234824720.7	58212	19.83	22.31	24.79

表 4 – 7　非洲分区域土地资源承载力分析

区域	土地可承载人口（百万人）			人口总数（百万人）①			2011年人口承载力占百分比（%）			2025年人口承载力占百分比（%）			2050年人口承载力占百分比（%）		
	人均消费 400 kg	人均消费 450 kg	人均消费 500 kg	2011 年总人口	2025 年预测总人口	2050 年预测总人口	人均消费 400 kg	人均消费 450 kg	人均消费 500 kg	人均消费 400 kg	人均消费 450 kg	人均消费 500 kg	人均消费 400 kg	人均消费 450 kg	人均消费 500 kg
北非	533	474	427	212	260	322	39.83	44.81	49.79	48.81	54.91	61.01	60.46	68.02	75.58
东非	2184	1941	1747	331	471	780	15.18	17.07	18.97	21.57	24.26	26.96	35.70	40.16	44.62
西非	2695	2396	2156	312	442	744	11.58	13.03	14.48	16.41	18.46	20.52	27.60	31.05	34.50
中非	977	868	781	130	181	278	13.31	14.97	16.64	18.49	20.80	23.11	28.50	32.07	35.63
南非	294	261	235	58	63	67	19.83	22.31	24.79	21.39	24.06	26.74	22.94	25.80	28.67
非洲	6682	5940	5346	1044	1417	2192	15.63	17.58	19.53	21.21	23.86	26.51	32.80	36.90	41.00

① 数据来源：FAO数据库.

表4-8　非洲粮食总产量分析结果

区域	可耕地面积 (1000 hm²)	可耕地理论粮食生产 潜力(×10⁷ kg/yr)	2009年粮食生产① 量(×10⁷ kg/yr)	现实粮食产量占理论 生产量比例(%)
北非	41639.6	21334	4492.52	21.06%
东非	62034.0	87359	3968.80	4.54%
西非	85332.0	107801	4412.89	4.09%
中非	24363.5	39063	761.92	1.95%
南非	14089.0	11741	1487.52	12.67%
合计	227458.1	267298	15123.65	5.66%

从图4-5可以看出,非洲2/3以上区域粮食降雨生产潜力均大于400 g/m²,从图4-6中可以看出除了南非粮食作物大于400 g/m²,绝大部分地区粮食作物单产小于400 g/m²,甚至一半左右地区粮食作物单产小于100 g/m²。对图4-5和图4-6进行比较分析看出,2010年现实粮食作物单产除了埃及、利比亚等少数国家大于或等于降水生产潜力,大部分国家粮食作物单产都远低于降水生产潜力,可见非洲大部分国家的粮食作物单产还有很大提升空间。

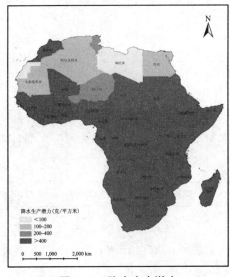

图4-5　降水生产潜力

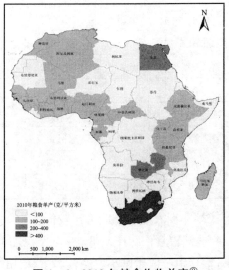

图4-6　2010年粮食作物单产②

各地区现实粮食产量大大低于可耕地理论粮食生产量,主要原因如下。

---

① 数据来源:FAO数据库,主要汇总的是粮食作物数据.

② 数据来源:根据FAO数据制作.

1. 大量优质耕地用于生产经济作物

非洲轻视粮食作物生产、重视出口经济作物生产,是造成粮食短缺的重要原因之一。非洲国家独立之前被迫按照殖民主义者的需要去种植咖啡、油棕、剑麻、可可等商品性极强的出口作物,以满足宗主国的需要。传统的农业生产结构遭到破坏,面向出口的经济作物得到畸形片面的发展,粮食种植面积大大压缩,使粮食生产的增长日趋缓慢。独立以后,许多国家为了取得发展民族经济所需的外汇收入,依然继续发展以出口为目的的经济作物,忽视了粮食生产。多数国家把最好的土地、大部分水利设施、资金、劳动力、肥料和农药等都投入经济作物生产。相反,生产粮食的土地则经营粗放,产量很低。[1] 经济作物在种植业中占有重要地位,2009 年非洲10 种主要经济作物的生产情况如表 4-9 所示。

表 4-9　2009 年非洲主要经济作物生产情况[2]

经济作物	种植面积(万公顷)			产量(万吨)		
	非洲	世界	非洲/世界(%)	非洲	世界	非洲/世界(%)
腰果	169.09	414.59	40.78	133.33	376.35	35.43
可可	573.13	854.23	67.09	277.82	422.36	65.78
咖啡	204.24	960.06	21.27	96.75	826.15	11.71
花生	1059.56	2350.70	45.07	1087.85	3552.03	30.63
天然橡胶	68.61	899.35	7.63	50.99	1028.09	4.96
油棕	446.77	1473.12	30.33	1664.17	20732.76	8.03
籽棉	394.91	3116.71	12.67	402.9	6400.22	6.30
芝麻	265.91	752.22	35.35	116.6	351.1	33.21
剑麻	11.10	43.39	25.58	7.88	40.67	19.38
甘蔗	155.65	2372.78	6.56	9288.42	168257.78	5.52
合计	3348.97	13237.15	25.20	13126.71	201987.5	6.50

2. 非洲农业生产能力比较低

非洲粮食作物产量低,有很大程度上受制于落后的农业技术,农业生产效率低下,粮食生产依然以小农经营为主,粮田土质差,地块小而分散,通常实行迁徙种植、轮种摆荒和轮作休间等传统农作制;缺乏灌溉设施,很少或完全不施肥,不用或很少用耕畜,管理粗放,靠天收成,抗御自然灾害的能力非常薄弱。这些限制因素均造成

---

[1]　姜忠尽.非洲农业图志[M].南京:南京大学出版社,2012,232.

[2]　数据来源:FAO 数据库.

非洲耕地现实生产力比较低,从而使得非洲粮食作物的单产低。此外,非洲农民素质比较低。由于非洲遭受了多年的殖民统治,大多数的国民受教育的机会很少,文化水平普遍不高。加之非洲没有传统的农耕文明,因此非洲的很多农民缺乏基本的农业生产技术,这也是非洲土地生产力低的原因之一。

3. 政策误导、制度缺失、市场失灵[①]

非洲农业潜力远未得到挖掘,政策误导、制度缺失、市场失灵是重要原因。尽管近年来撒哈拉以南非洲经济快速增长,但 2011 年人类发展指数榜上 187 个国家中发展指数最低的 15 个国家都在该地区。正如联合国开发计划署署长海伦·克拉克所指出,非洲给人留下深刻印象的经济增长率并未有效消除贫困与营养不良,因此需要包容性增长与以人为本的粮食安全。

撒哈拉以南非洲有着适合粮食生产的土地、水源和气候,并拥有世界 60% 的可耕地。然而,该地区 8.56 亿人口中有 1/4 处于营养不良状态,5 岁以下儿童有 40% 营养不良。该地区许多国家是粮食净进口国,一些国家长年需要粮食援助。例如,刚果(金)被认为具有成为撒哈拉以南"非洲粮仓"的潜力,但该国 70% 的人口处于营养不良状态,38% 的儿童发育不良,可能是世界上营养不良比例最高的国家。尽管该国拥有充足的降水和丰富的农业资源,但只有 2% 可耕地得到开发;占劳动力总人数 40% 的农业人口,对国家经济的贡献率仅为 6%。

政策误导、制度缺失和市场失灵是造成撒哈拉以南非洲粮食紧缺的深层次原因,而人口迁移、环境压力和气候变化等新威胁也对这个地区粮食安全构成挑战。

(二)土地资源可承载人口与现实人口比较分析

总的来说无论是 FAO 的农业生态区划法还是迈阿密模型算法计算的结果都表明非洲的土地就整体而言,理论上是可以满足 2011 年非洲人口的粮食需要的。从表 4-7 可以看出,基于迈阿密模型测算的土地资源人口承载力,如果按照人均粮食 400 kg、450 kg、500 kg 的标准,在实现粮食最大可能生产量以后,非洲土地资源人口承力分别为 66.82 亿、59.4 亿、53.46 亿人,是 2011 年 10.44 亿人口的 5~6 倍,可见非洲土地资源的生产潜力是巨大的。基于迈阿密模型所测算的可承载的人口数比 FAO 测算的中低水平下可承载的人口数大,但比 1975 年 FAO 测算的高水平下可承载的人口数小。结合表 4-5、表 4-7 可以看出,FAO 数据库预测的 2025 年人口和 2050 年的人口分别是 14.17 亿人、21.92 亿人,均小于按照人均粮食 400 kg、450 kg、500 kg 的标准测算的人口承载力和 1975 年 FAO 测算的中高水平投入下的人口承载力,但大于 1975 年 FAO 测算低水平投入下的人口承载力。

就国家而言,大部分非洲国家土地资源可承载人口数都大于 2011 年现实人口

---

① 苑基荣,席来旺,王恬.粮食安全关乎非洲发展前景[N].人民日报,2012-05-17.

数,且大部分国家 2011 年人口占承载力人口比重小于 40%,但也有少数国家 2011
年的人口已经超载,在人均粮食 400 kg、450 kg、500 kg 的标准下所测算的 2011 年人
口占土地资源人口承载力百分比大于 100%(见图 4-7、图 4-8、图 4-9)。超载的

图 4-7　人口占承载力比重(400 kg)

图 4-8　人口占承载力比重(450 kg)

图 4-9　人口占承载力比重(500 kg)

国家主要是北非的阿尔及利亚、埃及、利比亚,东非的吉布提、塞舌尔,西非的佛得角、毛里塔尼亚。北非的阿尔及利亚、埃及、利比亚这三个国家超载的主要原因是这几个国家年均降雨量非常少,不到 100 mm,干旱的气候严重制约着土地资源的粮食产量;东非的吉布提、塞舌尔这两个国家超载的主要原因是人均耕地面积太少,分别仅为 0.002 公顷、0.011 公顷,为非洲人均耕地面积 0.218 公顷的 1.01%、5.28%,没有足够的可耕地生产粮食满足快速增长的人口需求;西非的佛得角、毛里塔尼亚这两个国家超载是年均降雨量过低和人均耕地面积小共同作用的结果,佛得角、毛里塔尼亚的年均降水分别为 228 mm、92 mm,低于非洲大部分地区,人均耕地面积分别为 0.094 公顷、0.127 公顷,也低于非洲人均耕地面积。

　　就地区而言,西非的土地资源人口承载力最大,在人均粮食 400 kg、450 kg、500 kg 的标准下所测算的可承载人口数分别是 26.95 亿、23.96 亿、21.56 亿人;其次是东非,在人均粮食 400 kg、450 kg、500 kg 的标准下所测算的可承载人口数分别是 21.84 亿、19.41 亿、17.47 亿人;南非的土地资源人口承载力最小,在人均粮食 400 kg、450 kg、500 kg 的标准下所测算的可承载人口数分别是 2.94亿、2.61 亿、2.35 亿人。总体上,在不同人均粮食消费标准下,北非、东非、西非、中非、南非五个地区 2011 年、2025 年、2050 年的人口承载比均小于 1,光西非、东非这两个地区的任何一个可养活的人口就比 2011 年非洲总人口大,甚至比 FAO 预测的非洲 2025 年的人口都要大,可见非洲各个地区的可耕地资源粮食生产潜力是非常巨大的。

　　需要注意的是研究假设仅从人口与粮食关系角度分析土地资源承载力,对非洲土地资源,特别是耕地资源的利用状况和历史变化态势未作细致分析,这在一定程度上限制了对非洲土地资源承载能力更深入的分析与探讨。

　　(三)营养不良人口分析

　　尽管非洲地区理论上的粮食生产潜力非常巨大,但是非洲每年还是有许多营养不良人口。从图 4-10 可以看出,2001 年 2/3 以上的非洲国家营养不良人口比例大于 10%,其中埃塞俄比亚、中非、刚果、安哥拉、赞比亚几国是严重营养不良区域,营养不良人口比例超过 40%。也有国家虽然人口理论上已经超载但几乎没有营养不良人口,如毛里塔尼亚、阿尔及利亚、利比亚、埃及,主要是这几个国家地理区位比较优越,石油资源比较丰富,经济发展相对较好,从而可以进口大量粮食解决粮食危机。从图 4-11 可以看出,2006 年营养不良人口比例较 2001 年有所下降,如尼日尔和纳米比亚,但是营养不良人口比例大于 10% 的国家仍然覆盖非洲一半以上,乌干达等少数国家营养不良人口甚至呈现上升趋势。

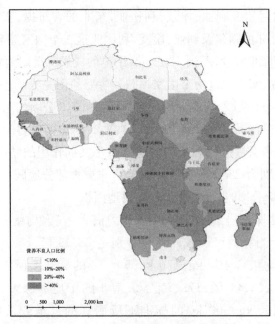

图 4-10　2001 年营养不良人口分布①

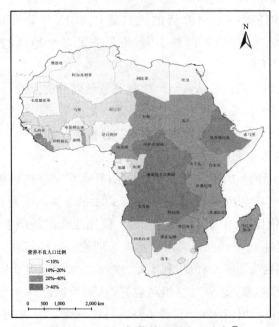

图 4-11　2006 年营养不良人口分布②

---

①　数据来源：FAO 数据库.

②　数据来源：FAO 数据库.

从表 4 - 10 可以看出非洲在 2010—2012 年的营养不良人口比例虽较 1990—1992 年营养不良人口比例有所下降,营养不良的人口总数仍然较 1990—1992 年有所增加,营养不良人口数从 1.75 亿增加到 2.39 亿,仍然占总人口数的 1/5 以上。

表 4 - 10　营养不良人口情况[①]

地区	1990—1992 营养不良 比例(%)	2010—2012 营养不良 比例(%)	1990—1992 营养不良人口数 (百万)	2010—2012 营养不良人口数 (百万)
非洲	27.3	22.9	175	239

可见非洲的粮食安全压力仍然很大,要解决粮食安全问题,必须采取措施挖掘出非洲的土地资源剩余生产潜力。

第三节　非洲水土资源优化配置

一、非洲水土资源利用存在的问题

非洲地区巨大的粮食生产潜力未能发挥出来,有一重要原因是水土资源利用与农业协调发展存在一定的困难,主要有以下几个方面。

1. 水土资源分布不均衡

非洲水土资源分布不均衡,限制了农业作物对光热资源的有效利用。非洲热带、荒漠带降水稀少,广大地区缺乏地表径流,部分地区居民利用地下水、高山融水、常流河水等发展灌溉农业、畜牧业等粗放的农业活动。撒哈拉地域的大部分地区因受干旱气候和荒漠土地的限制,人们难以定居并从事农耕活动。非洲的西北和东部以及南部高原山地区是地势较高、地形崎岖的山地和高原。该地区影响农业的因素主要是宜耕土地较少且降水偏少,且降水集中于冬季且年内年际变率大,限制了农业对光热资源的有效利用。山地高原区土地土壤贫瘠、质地差,土地资源缺乏,农作物种植受到限制;山地高原因地形障碍影响水分分布,对农业土地利用的影响也很大。[②]

2. 水资源利用严重不足

非洲粮食生产潜力无法得到有效开发的另一个重要原因在于对水资源的利用严重不足。FAO 公布的数据显示,非洲 40% 的灌溉耕地位于北非,而撒哈拉以南的

---

① FAO Statistical Year Book 2013.
② 李淑芹,石金贵.非洲水资源及利用现状[J].水利水电快报,2009,30(1):1 - 3.

非洲广大地区耕地灌溉总面积仅有 900 万公顷,仅占全部耕地面积的 5％。这一比例在全球各大洲中排名垫底。缺乏灌溉的结果就是粮食产量难以增加。FAO 指出,自 20 世纪 60 年代以来,撒哈拉以南非洲的粮食种植面积增加了一倍,但粮食单产却几乎没有变化。[①]

整体上讲,非洲现在开发和利用的水资源较少,用于灌溉的 60％的水资源都是被浪费的。非洲目前的灌溉方式主要是地表灌溉、喷灌和微灌等。喷灌在南部地区使用最为广泛。几内亚湾、东部和中部地区主要使用小型喷灌。只有通过改善灌溉水平、建设灌溉设备,才可以有效推动非洲的农业发展。表 4-11 反映了非洲各流域的灌溉潜力。发展农业用水是提高土地生产力和劳动生产力的关键,罗俊杰提出集水系统是一种有效的农业用水方式。[②] 在西非和南非,集水系统对于作物生产来说有着极大的开发潜力。而目前为止,非洲干旱、半干旱区国家还很少意识到建立一个有效的集水系统来提高水资源利用率和农业灌溉效率的必要性。同时非洲农业用水还存在导致土壤盐碱化,缺少投入高效灌溉技术的资金,缺少适合小型农业的简单的用水技术等问题。

表 4-11　非洲各流域的灌溉潜力情况[③]

流域	灌溉潜力（公顷）	占比（%）	灌溉地区
刚果河	9800000	23	中部、东部、南部非洲
尼罗河	8000000	19	中部非洲、苏丹-撒哈拉、中部和东部非洲
尼日尔河	2816510	7	北部和中部非洲、几内亚湾、苏丹-撒哈拉
赞比西河	3160380	7	中部、南部、东部非洲
乍得湖北部	1163200	3	中部非洲、苏丹-撒哈拉、几内亚湾
里夫特山谷	844010	2	苏丹-撒哈拉、东部非洲
塞内加尔河	420000	1	几内亚湾、苏丹-撒哈拉
伏塔河	1148700	3	几内亚湾、苏丹-撒哈拉
奥兰治河	390000	1	南部非洲
雪梨加坝	351460	1	苏丹-撒哈拉、东部非洲
林波波河	295400	0.5	南部非洲

---

① 非洲化解粮食危机须克服多重障碍. http://news.xinhuanet.com/newscenter/2008-06/20/content_8410054.htm.

② 罗俊杰,王勇,何宝林.半干旱区集水高效农业与可持续发展[J].耕作与栽培,2003,2:1.

③ 资料来源:FAO AQUASTAT 调查数据.

流域	灌溉潜力（公顷）	占比(%)	灌　溉　地　区
奥卡万戈河	208060	0.5	中部和南部非洲
内陆南部	54000	0	中部和南部非洲
内陆北部	2199050	5	北部和东部非洲、苏丹-撒哈拉
内陆西部	6268650	15	苏丹-撒哈拉、几内亚湾、中部和南部非洲
北部南部	1584200	4	南部非洲
中部海岸	1927460	4.5	苏丹—撒哈拉、东部和南部非洲
马达加斯加河群岛	1534990	3.5	印度洋群岛
非洲	42504370	100	

3. 土地资源利用不合理

非洲热带、雨林带光、热、水和生物资源配合有序，土地资源丰富，非常有利于农业发展。但是，非洲对热带雨林土地资源的利用不合理。一方面，土地粗放开发，水土流失较严重；另一方面，交通不便，造成土地资源没有得到合理充分的利用。东非高原的维多利亚湖区及其附近山地，土地垦殖率较高，但由于过度放牧和垦耕，水土流失成为农业土地利用的严重障碍。非洲大陆南部是由断崖三面环绕的内陆高原，土地类型相对较复杂，既有成片的草地和雨后积水浅洼地，也有大面积的盐沼低地。非洲高原上河流谷地、盆地地底等分布较广，雨季积水成沼泽湿地，旱季得不到灌溉，土地开发垦殖程度不高。[①] 虽然这些低山坡和丘陵坡地可以开垦和放牧，但是，该地带地表较为破碎，又加上该地降水少，时空分布差异大，气候干旱，荒漠面积较大，土地质量较差，主要以牧业为主，粗放经营，土地开发利用的生态环境问题较大。

4. 受气候灾害及病虫害影响

近年来严重的粮食危机事件基本都受干旱或者其他极端气候灾害事件的影响，气候灾害造成减产，最终导致粮食稀少和食物价格昂贵。一些专家认为影响非洲粮食安全的干旱和极端气候是气候变化造成的，尤其是极端干旱频发的西非和东非地区。除了气候原因外，许多粮食减产是由于虫害（如沙漠蝗虫）以及其他农业问题，诸如土壤侵蚀、土壤肥力低下造成的。[②] 非洲热带雨林地带暴雨频繁，降雨前后气温变化大，容易引发病害。

---

① 李淑芹，石金贵.非洲水资源及利用现状[J].水利水电快报，2009(30)：1-3.

② Boon E K. Food security in Africa：challenges and prospects[J]. An Overview of Sustainable Development in Africa. Oxford, UK：Encyclopedia of Life Support Systems (EOLSS)/UNESCO, Eolss Publishers，2004.

二、非洲水土资源优化管理对策

水土资源是决定粮食生产的基本要素,非洲拥有足够的土地和水资源用于粮食生产。如果非洲的农业潜力得到充分开发,不仅可以解决非洲自身的粮食问题,还可以帮助满足全球其他地区的需求。不同的资源分配与组合方式所产生的生态经济效益差别很大,应根据资源结构特点对不尽合理的农业结构进行调整,充分发挥资源配置效益,以大大提高土地资源承载能力。针对非洲水土资源配置不平衡问题,加强水土资源管理、提高水土资源利用效率,是提升土地产出水平、保障粮食安全的有效举措。根据非洲水土资源的具体情况,提出以下水土资源优化管理对策。

1. 编制水土资源综合利用规划、合理开发利用水土资源

应对非洲水土资源总量有限、组合错位和时空分布不均问题,需要编制水土资源综合利用规划。根据非洲各地自然气候条件、水土资源状况、经济发展水平和农业生产特点划分农业优势产业区,实行宜农则农、宜林则林、宜牧则牧、宜渔则渔,实现水土资源的合理配置和优化使用。

水土资源综合利用规划编制遵循以下规则[①]:① 尽量避免在重要的农业主产区域内,大规模城市建设和工业发展对农业优质水资源、土地资源的挤占;② 严格限制在水资源紧缺地区种植高耗水作物,使用高耗水工艺,发展高耗水产业;③ 坚决制止农业和经济发展突破当地水土资源的承载极限,以资源退化和环境恶化为代价换取农业和经济的发展的举措。

2. 统一管理以流域为单元的水资源

在气候变化的大背景下,非洲水资源在退化,以经济合理的方式在水资源承载能力范围内有效应对日益增长的用水需求与竞争,同时维护环境可持续性,这是非洲水土资源管理面临的一大挑战。以流域为单元的水资源统一管理是应对这一挑战的重要手段。

以流域为单元的水资源统一管理就是将流域内的上下游、左右岸、干流与支流、水量与水质、地表水与地下水作为一个完整的系统,将兴利与除害相结合,统筹考虑治理、开发与保护的需要,综合运用行政、法律、经济和技术等各种手段对水资源实施统一协调和管理。[②] 其核心是建立和实施适应水资源流域特性和多功能性的管理制度,使有限的水资源发挥最大的综合效益,促进流域内经济、社会和环境的可持续发展。[③] 流域水资源统一管理是一个向更加和谐的水资源管理不断进化的螺旋式上

① 何昌垂.粮食安全——世纪挑战与应对[M].北京:社会科学文献出版社,2013:45.
② 陈啸.关于加强流域水资源管理及水利法制建设的思考[J].法治平台,2011,2:4-6.
③ 何昌垂.粮食安全——世纪挑战与应对[M].北京:社会科学文献出版社,2013:49.

升过程。政府调控、市场调节和公众参与是这个过程中不可或缺的三项重要措施。

流域水资源统一管理是全球水资源管理的共同战略。[①] 几十年来,政府部门、区域组织及国际机构在流域水资源统一管理方面的探索和努力取得了丰富的经验,树立了一些好的典型,如美国的萨斯奎哈纳流域管理委员会、德拉华流域管理委员会和俄亥俄流域管理委员会,法国的六大流域管理委员会,英国的泰晤士河水务局,以及澳大利亚的墨累-达令河流域委员会等。虽然流域水资源统一管理的模式和方法因不同国家、不同流域的具体情况而异,但一些基本前提和方法是相通的。非洲拥有尼罗河、刚果河、尼日尔河、赞比西河等水资源充沛的河流,对各大河流流域进行水资源管理,可以促使非洲有限的水资源发挥最大的综合效益,促进各大流域内水土资源的可持续利用。

3. 发展节水和蓄水农业

非洲新增可供水源的困难很大,为此必须大力发展节水农业和蓄水农业。节水灌溉是提高农业水资源利用效率的有效途径,世界各国在这方面已经摸索出了很多好的经验和做法。如以色列借助微灌系统,在干旱地区开发出高效农业生产体系;中国在过去10多年的时间里通过采取综合节水措施,使中国农业用水效率提高了10%。非洲可以借鉴世界其他国家好的经验,加快推广渠道防渗或管道输水、喷灌与滴灌及其他地面和田间的节水技术,包括尽快改变目前许多地区由于土壤耕层浅、结构不良,大量降水不能真正渗入土壤而白白流失的状况。今后应加强农田基本建设,保水蓄水,增加土壤蓄积降水的数量。在水资源日益紧张缺乏的形势下,改进作物栽培传统习惯,提倡采用高效用水、节水灌溉、精准灌溉等当今世界公认的农业可持续发展策略。[②] 发展节水和蓄水农业不仅是非洲有限水资源合理利用的有效措施,也是发展农业生产的重要保障,更是今后进一步开发利用各类土地、充分发挥当地土地资源潜力的前提条件。

在雨养生产系统下,通过改良作物品种可使作物利用储存在根区的水分;运用轮作深根作物,使作物适应后形成更强的深根习性,增加土壤蓄水能力;利用有机覆盖物来改善渗水能力,减少蒸发等。在大规模雨养生产系统中,实施作物生产可持续集约化所需投资较少,在完全灌溉系统中需要的投资多,这两者各自的优点需要在社会经济层面结合发展目标认真进行评估。而非洲由于财政投资不足,灌溉农业只占耕地面积的4%。

相对于雨养农业而言,灌溉农业就是利用人工灌溉措施,补充天然降水不足的

① 李志强,魏智敏.实施统一管理是保障水资源可持续利用的战略措施[J].河北水利水电技术,2003(B09):4-7.

② 王明湖,连瑛.节水农业与农业的可持续发展[J].植物医生,2010,23:51-52.

农业。① 其有以下几个特点:一是通过灌溉措施,满足植物对水分的需要,调节土地的温度和土壤的水分,以提高土地生产率。二是通过各种农用水利灌溉设施,满足农作物对水分的需要,调节土地温度、湿度和土壤空气、养分,提高土地生产能力。三是通过控制作物用水的数量和时间,灌溉推动和促进了集中投入,提高了土地生产率。② 如精准灌溉是以大田耕作为基础,按照作物生长过程的要求,通过现代化监测手段,对作物的每一个生长发育状态过程以及环境要素的现状实现数字化、网络化、智能化监控,采用最精确的灌溉设施对作物进行严格有效的施肥灌水,以确保作物在生长过程中的需要,从而实现高产、优质、高效和节水的农业灌溉。

需要注意的是,灌溉农业虽然能提高产量,但也会带来一些负面影响,如减少环境流,改变下游水的供应量,或缩小湿地范围等,这种负面影响有时甚至大于对产量产生的积极影响。因此,在发展节水和蓄水农业时,水土资源利用需要因地制宜,要充分考虑灌溉生产和雨养生产在不同种植环境条件下的区别,准确评估雨养生产和灌溉生产的相应作用。

4. 气候管理应对干旱

非洲是易遭旱灾国家,在干旱或者半干旱地区,农业从一开始就处于不利的地位。这类地区受制于越来越大的季度和年度雨量分布变化,可通过采取气候管理办法减轻干旱影响,具体气候管理办法可包括:① 防备干旱,在雨水丰富的年份建立缓冲库存;② 调整干旱,根据气候变动需要及时改变农作物布局;③ 适应干旱,方法是培育抗旱作物或者需水量大大低于传统作物的早熟品种,使耕作制度适应不断变化的条件;④ 对付干旱,有效利用土壤水分,选择最佳种植时间,实行作物保险,利用进口谷物来帮助农民度过青黄不接时期。

① 马伏龙,马瑞挺.我国节水灌溉农业机械化技术[J].农业化研究,2006,1:39-40.
② 何昌垂.粮食安全——世纪挑战与应对[M].北京:社会科学文献出版社,2013:79.

第五章

非洲干旱性气候与粮食安全

从全球范围看,旱灾影响面最广,造成经济损失最大,被认为是世界上最严重的自然灾害类型之一。[①] 干旱对水资源供应、牲畜养殖、农作物产量都有决定性的影响。干旱可能导致饥荒、流行病和大规模的人口迁移。[②] 1980 年和 1990 年非洲的农业干旱影响了非洲许多国家的人民,并且造成了近代史上最严重的干旱危机。[③] 国际灾难数据流行病学研究中心(CRED)报告,最近 30 年(1981—2010 年)非洲干旱大约造成 50 万人死亡和 25300 万人被影响(EM-DAT,2010)。[④] 开展干旱的评估、监测与预测研究,已成为政府和学术界高度重视的热点问题,且具有重大现实意义。

第一节　非洲干旱及时空特征

一、干旱及特征

何为干旱? 旱——久不下雨也,干旱则为因雨量不足致土壤、气候干燥。然而这仅是我们的先辈们对干旱的简浅认识,他们视干旱与干燥同义。随着科学技术的发展。人类对干旱的认识逐渐完善,已认识到干旱不仅仅与雨水丰亏有关,也与下垫面条件与需水要求等关联。[⑤] 干旱是指在相对广阔的地区,在长期无降水和少降水或降水异常偏少的气候背景下,水分供应严重不足的现象。本定义首先指出了干

① 郑远长.全球自然灾害概述[J].中国减灾,2000,10(1):14-19.

② Bartholomé E,Belward A S.GLC2000:a new approach to global land cover mapping from Earth observation data[J]. International Journal of Remote Sensing,2005,26(9):1959-1977.

③ Gommes R,Petrassi F. Rainfall variability and drought in Sub-Saharan Africa since 1960[J]. FAO Agrometeorology Series Working Paper(FAO).no.9.,1994.

④ Boko M,Niang I,Nyong A,Vogel C,Githeko A,Medany M,et al.(2007). Africa. InML Parry,Canziani O F,Palutikof J P,van der Linden P J,et al. Climate change 2007:impacts, adaptation and vulnerability[M]. Contribution of working group Ⅱ to the fourth assessment report of the intergovernmental panel on climate change. Cambridge University Press,Cambridge,2007.

⑤ Pardey P G. African agricultural productivity growth and R&D in a global setting[R]. Stanford Symposium Series on Global Food Policy and Food Security in the 21st Century. Stanford University,2011.

旱的地域性,即任何干旱都应是某一地区的,而且波及的地区都比较宽广(至少也是二三百公里)。这主要与造成干旱的大气环流有关,因为干旱都是由于干暖气团长期控制某地的结果。其次指出干旱持续时间长(一般为几十天,至少也是半月)的属性,因此它属于气候现象,从而区别于时间短的如干期(连续15天中任何一天的降水量均未超过1 mm),或地域时间界限都模糊的旱情(少雨和缺水的状况)、旱象(由于水分缺乏而形成的状态)。"干旱"一词有着不尽相同的含义,国际气象界一般将干旱定义为"长时期缺乏降水或降水明显短缺"或"降水短缺导致某方面的活动缺水"[①]。对干旱的上述定义虽然在一定程度上反映了引起干旱的直接原因,但由于干旱涉及的范围广泛、时空分布多样,以及人们对水资源的不同需求,使干旱的单一定义很难满足各行业、各部门的需求。归纳各种干旱定义可分为四类,即气象干旱、水文干旱、农业干旱、社会经济干旱。[②③]

气象干旱是指某时段内,由于蒸发量和降水量的收支不平衡,水分支出大于水分收入而造成的水分短缺现象。[④] 气象干旱主要研究天气的干湿程度,与研究区域的气候变化特征紧密相关,通常用某时段低于平均值的降水来定义。气象干旱指数,是指利用气象要素,根据一定的计算方法所获得的指标,用于监测和评价某区域某时段内因天气气候异常引起的水分亏欠程度。降水是气象干旱的主要影响因素,因此气象干旱指数多以降水量为基础而制定。常被用来描述气象干旱的指标有[⑤]:
① 雨量指标。用降水量频率为50%、75%、95%的相应降水量值;根据农谚或透雨量确定指标。② 降水距平、均方差法。③ 湿润度和干燥度指标。降雨量与蒸发能力之比称湿润度(蒸发与降水之比称干燥度),是一种表示水分收支的综合指标。气象部门对此研究很多,制定了许多湿润、干燥度模式(主要是确定式中蒸发能力项)。虽然该指标已考虑了下垫面条件,但从理论上讲该指标仅适合于讨论气象干旱问题。因为该指标中蒸发能力是指在充分供水条件下的土壤蒸散失量,不能反映作物的需水情况,以及土壤各时期可供水情况。④ 无雨日干旱指标。⑤ 帕尔默(Palmer)指标。帕尔默指标是一个被广泛用于评估旱情的指标。该方法引入了水量平衡概念,又考虑了供需关系,具有较好的时间、空间可比性,能够描述干旱形成、发展、减弱和结束的全过程。帕尔默方法的最大贡献是首先提出了当前情况下的气候上适应降水量概念,以及用气候特征权重因子修正水分异常指标,使得各代表站

① Heim Jr R R. A review of twentieth-century drought indices used in the United States[J]. Bulletin of the American Meteorological Society,2002,83(8):1149-1165.

② Wilhite D A,Hayes M J,Knutson C,et al. Planning for drought:moving from crisis to risk managementl[J].Journal of the American Water Resources Association,2000,36(4):697-710.

③ 李克让.中国干旱灾害研究及减灾对策[M].郑州:河南科学技术出版社,1999.

④ 张叶,罗怀良.农业气象干旱指标研究综述[J].资源开发与市场,2006,22(1):50-52.

⑤ 张叶,罗怀良.农业气象干旱指标研究综述[J].资源开发与市场,2006,22(1):50-52.

之间、各月之间的干旱程度可以比较。但是,用帕尔默指标讨论水文农业干旱有待商榷,因为该指标中有些假定不符合水文学中水平衡理论,如假定某月的可能降水是这个月正常降水的三倍具有相当的任意性。[①] 又因为该指标的适宜降水是建立在多年平均降水的基础上,与农作物需水联系甚微。

水文干旱指因降水长期短缺而造成某段时间内地表水或地下水收支不平衡,出现水分短缺,使河流径流量、地表水、水库蓄水和湖水减少的现象[②]。水文干旱主要讨论水资源的丰枯状况,但应注意水文干旱与枯季径流是两个不同的概念。水文干旱指数大多基于河流流量,一般以时段径流量小于某临界值来定义水文干旱,研究采用的流量资料依赖基流观测或某时段的平均流量(如月流量或年流量)。为了讨论水文干旱需要开展四项工作[③]:① 确定缺水的性质,可通过分析降水量、土壤含水量或河道流量与干旱的影响关系明确缺水的性质;② 分析确定时间的完整周期,它是确定实测水文资料中干旱事件次数的两个因素之一。在干旱分析中水文资料计算平均时段为小时、天、月、季节、年等。③ 确定截断水平,用以区分水文记录中干旱与其他事件,截断水平是干旱特性描述的另一决定性因子。依据其分析的目的确定,如着眼于消耗流域蓄水补给河川径流的极限,截断水平取各年径流量最小值中最大者,亦有截断水平用以反映现有可供水的社会经济要求,如年平均流量可以用来代表一个城市对现有河道流量的期望需要。④ 区域性分析方法的选择。由于单站水文资料太短,不能对干旱统计提出足够的估计,局限于单站的分析一般是不可行的,通过考虑不同地形的大面积水文资料间的相互关系,可扩大水文信息。

农业干旱指在作物生长关键期由于土壤水分持续不足而造成的作物体内水分亏缺,影响作物正常生长发育,进而导致减产或失收的现象[④]。农业干旱主要与前期土壤温度,作物生长期有效降水量以及作物需水量有关。农业干旱具有复杂、多变和模糊三个特性。研究农业干旱问题,常可见研究者借鉴气象干旱和水文干旱指标,如降水距平等方法讨论农业干旱问题。可以肯定用这些指标和方法能够描述一些农业干旱现象,但有些农业问题并不能解释清楚。由于农业干旱与气象、水文干旱既有联系又有区别,又因为农业干旱与降水、蒸发、下垫面、作物品种等因素有关,因此用气象、水文干旱指标分析农业干旱虽可以反映一些农业干旱状况,但不能全面地、客观地反映农业干旱问题。现存的指标为[⑤]:① 作物旱象指标,通过观察作物生长状况判定是否发生旱象。② 供需水关系指标。

① 孙荣强.干旱定义及其指标评述[J].灾害学,1994,9(1):17-21.
② 耿鸿江,沈必成.水文干旱的定义及其意义[J].干旱地区农业研究,1992,10(4):91-94.
③ 耿鸿江,沈必成.水文干旱的定义及其意义[J].干旱地区农业研究,1992,10(4):91-94.
④ 王密侠,马成军.农业干旱指标研究与进展[J].干旱地区农业研究,1998,16(3):119-124.
⑤ 王密侠,马成军.农业干旱指标研究与进展[J].干旱地区农业研究,1998,16(3):119-124.

社会经济干旱是指自然系统与人类社会经济系统中水资源供需不平衡造成的异常水分短缺现象。其指标常与一些经济商品的供需联系在一起,如建立降水、径流和粮食生产、发电量、航运、旅游效益以及生命财产损失等关系。社会经济干旱指标主要评估由于干旱所造成的经济损失。

二、非洲干旱及时空特征

(一)非洲干旱的起源

干旱是旱灾形成的因素,这是无可争辩的事实。但是如上所述,仅仅是干旱,并不一定会造成严重的旱灾。人们看到,在非洲许多情况下,正是由于人类对环境的滥用和破坏才使干旱演变成了旱灾。如在西非萨赫勒地带,气候有着固有的干湿交替波动性。因此,在干旱期到来前,总有一段湿润时期。在 1968—1973 年干旱期以前,就有一个长达十多年的相对湿润期。[①] 这一时期,该地带牧草生长繁盛。在人口增长压力下,牧民饲养的牲畜大增,并向北更干旱处扩展。同时,农业旱作也大规模由南面向该地入侵。表面看来,这个时期农牧业呈现兴旺繁荣的景象。但事实上,环境已经承受了过大的压力,干旱时期一到,这种过大的压力和脆弱的环境之间的矛盾立刻显露出来,植被破坏,土地荒芜,发生严重的荒漠化等灾害。该地带 1968—1973 年旱灾之所以如此严重,原因并不只是干旱,更主要的是和滥用环境有关。苏丹北部尼罗河流域一带也有类似的情形。[②]

近三十年来,由于非洲人口不断增加,许多地区缺乏适当的土地利用、管理和规划,土地和环境的压力大大增加。为了耕种,人们破坏森林和牧场;为了增加畜牧业收入,牲畜饲养量不断增加,牧场受到过度放牧,致使非洲生态环境严重恶化。在这些环境变化和环境破坏中,自然因素起着一定的作用,但它们主要是潜在的因素,人类的不适当的经济活动是激发的因素,因而是主要的原因。生态环境恶化的一个突出表现是大面积地区发生严重的荒漠化。非洲的荒漠化主要发生于干旱和半干旱区。据 FAO 估计,非洲约有 6000 万公顷土地(占非洲总面积 22%)面临着严重或较严重荒漠化的危险。在广阔的干旱、半干旱地区(约占非洲总面积 50%),约有 13%的面积已发生严重的荒漠化,其中大部分是分布于撒哈拉沙漠南北两侧的牧场和雨灌耕地。此外,北非的一些山坡地和平原地区也受到比较严重的影响。另一个突出表现是大片森林和草地植被受到破坏。关于非洲的森林面积,由于调查尚不全面和充分,目前还没有精确的数据。有科学家提出,原有非洲的森林面积为 2.36 亿公顷,

---

① Lamb H H. Some comments on the drought in recent years in the Sahel-Ethiopian zone of North Africa [J]. Drought in Africa,1977,2:33-37.

② Mattsson J O,Rapp A. The recent droughts in western Ethiopia and Sudan in a climatic context[J]. Ambio,1991,20(5):172-175.

而目前只有 1.46 亿公顷,即 62％左右,其中许多森林处于退化状态。而据其他科学家估计,目前非洲尚有 1.90 亿公顷的茂密森林,而原有的森林面积约为现有实际面积的两倍。另据有关文献,非洲热带雨林的面积为 2.16 亿公顷,约占全洲面积的7.28％。非洲的热带雨林是该洲最宝贵的植物资源。这些森林由高大的常绿乔木组成,种类十分丰富,结构极为复杂。每公顷胸径在 30 cm 以上的大树一般达 40～100种。由于人口增加,经济的发展对土地需求的增加,以及大规模的迁徙种植,热带森林正在以每年 133 万公顷的速度减少。尽管不同的科学工作者对非洲森林面积的估计有较大的差别,但一般认为,非洲森林已有 1/3 以上遭到砍伐或者被焚毁。埃塞俄比亚估计原有森林面积为 4500 万公顷,现仅存 400 万公顷。更加令人不安的是非洲森林目前仍在以极快的速度受到破坏,草地的破坏也相当严重。例如由于过度放牧,在西非许多牧场上,常常可以看到直径 10～15 km 无植被的所谓“光裸圈”或“樵采圈”。在一些道路两侧、小河附近及饮水点四周,植被常遭到毁灭性破坏。非洲生态环境的恶化还表现在严重的水土流失上。土壤侵蚀最严重的地区主要包括几内亚湾沿岸西段的几内亚、利比里亚和塞拉利昂,以及埃塞俄比亚高原、东非大裂谷沿线、东非德拉肯斯堡山、马达加斯加岛和中非西部地区,每年每平方千米侵蚀量在2000 吨以上。土壤侵蚀较严重地区有中非北部和西部地区,以及赞比亚和莫桑比克部分地区,每年每百公顷侵蚀量为 1000～2000 吨。在津巴布韦,科学工作者曾在该国就水土流失状况进行过较全面的调查,结果表明,该国平均每年因水土流失而大约损失 569 万吨有机质、160 万吨氮和 24 万吨磷。如果用化学肥料来补偿氮和磷的损失,该国每年得花费 15 亿美元。在肯尼亚,一位学者通过对观测资料的分析指出,在一块坡度为 8 度的 10 公顷咖啡田中,历时 30 分钟的一场 51 mm 的暴雨使之损失土壤将近 3500 吨。还有一位学者指出,在尼日利亚的中部地区偏东的地方,近年来估计由于侵蚀使土壤损失高达 1300 万吨,平均每年损失 300 万吨土壤。以上生态环境恶化的几种表现是相互关联的,常常密不可分。它们共同的结果都是植被的破坏和土地生产能力下降。在非洲许多地区,事实上,不管是不是发生气象干旱,只要是发生农牧业产品的严重损失,就认为发生了“旱灾”。即使并没有发生气象干旱,只要土地利用不合理,资源和环境受到破坏,特别是植被破坏,土壤遭到侵蚀,就可能发生上述灾难。为了说明这个观点,我们来分析一下尼日尔的阿加德兹和阿索德地区在 1968—1973 年期间发生的旱灾及其原因。这个地区位于尼日尔的中南部,面积为 1000 万公顷,年降雨量为 100～350 mm,地形以沙质平原为主。传统上,该地生产以粗放的游牧业为主,只有南部边缘才有少量的旱作农业活动。但在 1968 年前的10 年中,由于雨量较多,加上人口增长的压力,牲畜数明显增加,农耕活动向北扩展竟达 100 km 以上。然而到 1968—1973 年,发生了干旱,年降雨量大约只有多年平均降雨量的一半。牧草生物量因雨量偏少而减少,加上在牲畜集中的压力下大面积草场植被受到毁灭性的破坏,结果使牲畜发生严重损失。而本来不该在此地种植的庄稼也几乎完全没有收成。表面看来,这一期间的旱灾是气象干旱的结果。当然,不可否认,干旱在旱灾的形成中是起作用的。但是我们似乎可以认为,如果这一期间雨量不是减少到多年平均雨量的一半,而是大致等于多年平均雨量,也许仍然可能发生灾害,只不过严重程度可能有所减轻罢了。因为牲畜数量本来就超过了当地牧场的正常承载量,且该地区本来就不适宜种植庄稼,正常的雨量并不能防止发生灾害。通过以上分析可以看出,非洲的所谓"旱灾"虽然常常和气象干旱有关,但是有的并不是由于干旱造成的,而是由于不合理的土地利用及由此造成的环境破坏和环境变化所造成的。某种意义上说,旱灾与其说是天灾,不如说是人祸。

(二)非洲干旱的时空分布

非洲是一个不发达的大陆。不少国家政治不稳定,经济困难,灾荒频繁,尤以旱灾最严重。近几十年来,特别是近三十年来,非洲旱灾之严重,后果之惨烈,涉及面之广,死亡人数之多,远非其他大陆能比。

在非洲许多地区,历史上曾发生过多次周期性的不同程度的干旱和旱灾。但近几十年来,非洲发生了多次长期的旱灾,其严重程度和后果,远远超过了历史上的旱灾。1968—1973年年间,在西非,特别是地处撒哈拉沙漠南缘的萨赫勒地带,曾发生震惊世界的严重旱灾。此间该地区各国的年降雨量一般不到正常年份的一半。乍得湖由于水位降低而裂成若干小湖,大片耕地龟裂,庄稼失收,牧场草木大面积枯死,地面裸露,人畜大量死亡。据统计,在此次旱灾中,约有20万人丧生。1983—1985年,在西非大西洋沿岸到非洲之角,再向南直到南非的一些地区发生了不同程度的干旱和饥荒。至少有20个国家的3000万人挨饿,1000万人离家出走去寻找水源和食物。人们普遍认为,这是二次大战以来,地球上所发生的最大的灾害之一。在发生干旱和旱灾的国家中,最令人瞩目的是位于非洲之角的埃塞俄比亚。该国从1983年10月中旬开始,各地区广泛发生干旱,不仅长时间无雨,而且气温剧烈上升,致使地表、地下水明显减少。到1984年1月,该国仍然干旱无雨,为了寻找水源和饲草,一些农民开始离家出走。通常每年的二三月,由于印度洋暖湿气候的侵入,会形成一些降雨,但到1984年2月末,仍未见降雨。6月下旬,不少地区虽有一些短时间降雨,但由于错过了季节,高粱和玉米等主要粮食作物都已无法种植。在1984年以后的几年中,该国又持续发生严重干旱,成千上万的牲畜死亡或处于极其危险的境地。森林火灾四起,使该国以森林为基础的经济受到不可估量的损失。据估计,在这次旱灾中,有上百万人死亡,人口大规模地向南和向西南迁移,造成严重的难民问题。继1983—1985年大旱之后,非洲从1991年开始又不断发生干旱和旱灾。早在1991年6月18日FAO发表的一项报告中指出,3000万非洲人正处于严重营养不良和饥饿之中。据1991年12月8日法新社巴黎电,1991年年底饥荒又在威胁着埃塞俄比亚、苏丹、安哥拉和莫桑比克。FAO 总干事爱德华·萨乌马说,如果不采取广泛措施向受灾人口加速提供食品援助,人们将在现在至下一个收获季节的时间里看到大批人死于饥荒。据世界银行行长普雷斯顿说,非洲的这次干旱危机是几十年来最严重的一次,有 1.15 亿人受灾。据报道,1992 年初以来,埃塞俄比亚南部和肯尼亚北部约有 75% 的牲畜死亡。联合国于 7 月 24 日发出警告,非洲撒哈拉周围国家近 4000 万人由于干旱和内战面临着饥饿的危险。近两年来,索马里已有 30 万人死于饥荒,有 100 万人流落他乡。除上述国家外,非洲南部地区也出现了本世纪最严重的旱灾,1992 年南部非洲大多数国家谷物收获量减少一半。另据联合国 1992 年 7 月 24 日消息,FAO 的一份报告说,干旱已吞食了南部非洲的主要农作物,约 1800 万人急需救济。严重的旱灾加上持续不断的内战,使该地区 2000 万人急需 200 万吨粮食的救济。

（三）南非干旱时空分布的遥感监测

1. 研究方法

本研究采用 MODIS 数据进行农业干旱监测,这种数据适合连续动态的农业干旱监测。用于监测南非农业干旱的遥感数据是 2001—2010 年十年间的 240 景影像。每一景影像都是将 30 天的数据组合以进行农业干旱监测。

归一化植被指数($NDVI$)是计算植被供水指数的一个重要参数。在 MODIS 数据中,计算 $NDVI$ 的公式如下:

$$NDVI = \frac{\rho_2 - \rho_1}{\rho_2 + \rho_1}$$

其中,ρ_1 和 ρ_2 分别是 MODIS 第一波段和第二波段的反射率。

地表温度(LST)也是计算植被供水指数的一个重要参数。为了得到用于监测南非干旱的地表温度,我们根据 MODIS 数据相邻的两个热红外波段,采用 Qin Z. 等提出的劈窗算法进行地表温度的反演。[①] 劈窗算法十分适合 MODIS 数据的热红外温度反演。

植被供水指数($VSWI$)在农业干旱监测中已经得到了广泛的应用。$VSWI$ 是与植被冠层的温度和植被指数相关联的,计算公式如下:

$$VSWI = \frac{NDVI}{T_s}$$

其中,T_s 是研究区的植被冠层温度,可以认为是根据遥感影像反演得到的地表温度。考虑到研究区的气候因素,建立植被供水指数与对应的干旱程度关系需要进一步的

---

① Qin Z, et al. Derivation of split window algorithm and its sensitivity analysis for retrieving land surface temperature from NOAA-advanced very high resolution radiometer data[J]. Journal of Geophysical Research: Atmospheres(1984—2012),2001,106(D19):22655-22670.

改进以使得植被供水指数能够更好地监测南非地区的农业干旱。因此以下公式对植被供水指数取归一化以进行南非地区农业干旱监测：

$$SDI = \frac{VSWI - VSWI_d}{VSWI_w - VSWI_d} \times 100\%$$

$VSWI_d$ 和 $VSWI_w$ 分别是 $VSWI$ 取值的两个极值状况，分别代表了最干旱时的 $VSWI$ 和最湿润时的 $VSWI$。由于植被状况和覆盖度能够通过 $NDVI$ 值来反应，因此本研究中采用不同的 $NDVI$ 取值作为干旱监测的分级。将用于分级的 $NDVI$ 的步长设为 $d(d=0.05)$，因此一个分级区间内的 $NDVI$ 的取值便设为了 $n \sim (n+d)$，并且植被冠层温度的取值为 $T_1 \sim T_2$，因此我们能够得到 $VSWI_d = n/T_2$ 和 $VSWI_w = (n+d)/T_1$。$VSWI_d$ 和 $VSWI_w$ 的值能够计算出来，见表 5-1。

表 5-1 用于农业干旱监测的 $VSWI_d$ 和 $VSWI_w$

NDVI	$VSWI_d$	$VSWI_w$	NDVI	$VSWI_d$	$VSWI_w$
0～0.05	0	0.25	0.4～0.45	0.8	2.25
0.05～0.1	0.1	0.5	0.45～0.5	0.9	2.5
0.1～0.15	0.2	0.75	0.5～0.55	1	2.75
0.15～0.2	0.3	1	0.55～0.6	1.1	3
0.2～0.25	0.4	1.25	0.6～0.65	1.2	3.25
0.25～0.3	0.5	1.5	0.65～0.7	1.3	3.5
0.3～0.35	0.6	1.75	0.7～0.75	1.4	3.75
0.35～0.4	0.7	2	0.75～0.8	1.5	4

2. 南非干旱空间分布

采用上面提出的方法可以得到南非地区 2001—2010 年十年间每个月的干旱监测状况。图 5-1 显示了 2001—2010 年十年中月份间的干旱状况。

从图中可以看出，南非地区东部没有出现严重干旱，中西部地区十年间都是轻微的干旱状况。2001 年到 2002 年干旱面积增加，东部部分地区出现轻微的干旱状况；2003 年份干旱状况与 2002 年干旱状况相近，但中度干旱面积增加。2004 年比 2003 年有所好转，中度干旱面积减少并且正常条件的干旱面积相应增加。2005 年东部地区的干旱达到正常条件，但是中西部的轻微干旱面积增加。2006 年正常面积大量增加，中西部地区的干旱面积减少。2007 年中西部干旱面积基本没变，但东部正常面积相应减少。2008 年中西部干旱面积减少，南非北部和东部干旱面积减少。2009 年中西部干旱面积增加，并且部分区域出现严重干旱。2010 年干旱面积增加，东部轻微干旱面积增加，北部也出现中度干旱状况。

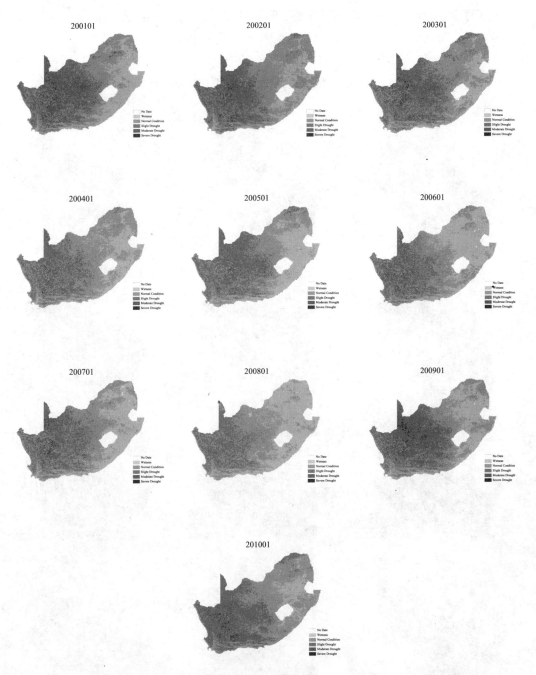

图 5 - 1　2001—2010 年南非十年干旱状况

南非地区中西部出现持续的干旱状况主要是由于南非降雨不均匀,中西部降雨全年稀少,导致中部植被覆盖率偏低。西部土地覆盖类型主要是沙漠,植被覆盖率极低并且降雨稀少。东部地区植被覆盖率高,全年降雨量高于中西部地区。

图 5-2 显示了南非 2002 年 12 个月份的干旱时空分布。从图上可以看出 2002 年 1 月份东部和南部干旱面积较少,西部大部分面积为中度干旱状况。2002 年 2 月

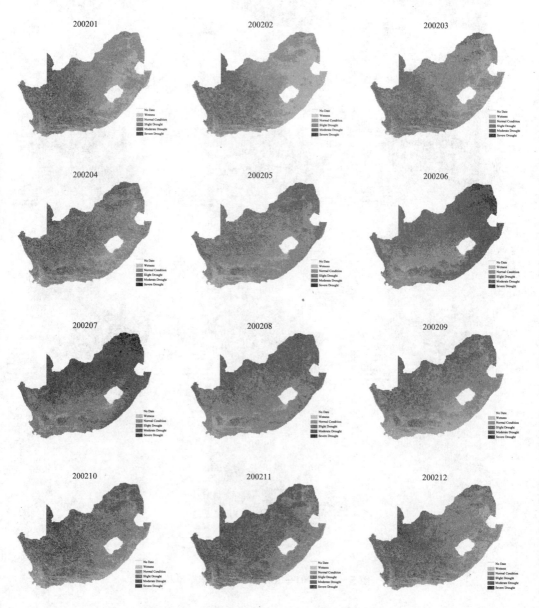

图 5-2 南非 2002 年 12 个月份的干旱分布

份东部干旱面积较少,中度干旱面积相应减少。3 月份南非干旱面积增加,东部干旱面积增加,并且在南非的东北部出现了中度干旱的状况。4 月份干旱面积增加,尤其是东部出现了大面积的干旱面积,但南非的南部干旱面积并没有增加。5 月南非干旱面积增加,东部出现了大面积中度干旱状况并且南部地区干旱面积增加。2002 年 6 月干旱面积达到了最大,东北部出现了严重的干旱状况,南非大部分地区出现了中度干旱状况,南非南部地区为轻度干旱。7 月份与 6 月份的干旱状况相似,中南部部分区域由中度干旱状况转变为轻微干旱状态,并且正常面积有相应增加。2002 年 8 月干旱状况减缓,中北部部分区域中度干旱面积减少。9 月份南非的干旱状况有所减缓,南部地区为正常状况,南非地区大面积区域为轻度干旱,中度干旱面积相应减少。10 月份南非干旱状况与 9 月份相似,但中度干旱面积有所增加,南部地区干旱面积有所增加。11 月份干旱状况加重,中度干旱面积增加,东部地区部分区域由中度干旱转换为轻度干旱。12 月份东部干旱面积较少,中部转化为轻微干旱,但中西部为中度干旱,西北部部分区域出现了严重状况。

由南非干旱季节性可以看出南非的干旱主要出现在秋冬两季,夏季东部地区很少有干旱状况,中部为轻微干旱状况,西部为中度干旱状况。这主要是由于南非地区的气候条件和南非内部景观格局决定的。南非雨季为夏季,但降雨分布十分不均匀,东部较多,西部稀少。这就导致了夏季南非东部干旱面积较少。干旱严重的季节为秋冬季,秋冬季降雨稀少,容易出现干旱状况。另外一方面,南非东部地区植被覆盖率较高,导致了夏季南非东部地区很少出现干旱,而中部地区植被覆盖率较低,主要表现为轻微的干旱,西部地区主要是沙漠地区,受气候条件的影响,西部地区一年四季都表现为轻微干旱和中度干旱。南非东北部在冬季出现了严重的干旱状况也主要是由于降雨和东部山地地形引起的。

第二节　非洲干旱对粮食安全的影响: 以南部非洲为例

一、南部非洲粮食生产率

农业是南部非洲大多数农村人口主要的经济来源。马拉维大约 39% 的 GDP 来源于农业;在津巴布韦,估计有 80% 的人口直接依靠农业为生;在赞比亚,农业贡献了 18% 的 GDP,而且小规模的农业占农业输出的 60%。在非洲地区,仅南非拥有包括商业农业和小规模农业在内的双重农业系统;这里农业贡献了南非 GDP 的 3%。在南非,大约有 50% 的农业土地种植了谷类、玉米,占农业总收入的 40%。南非是最大的玉米生产区域,根据产量的大小依次是津巴布韦、纳米比亚、斯威士兰;瓦茨瓦纳的玉米种植面积最小。南非同样有许多大尺度灌溉的玉米种植区域,然而另外一些国家灌溉玉米的种植规模都很小。南非主要农作物耕种面积见表5-2。

表5-2 2006—2008年南非主要农作物的平均收获面积 （单位:公顷）

国家	玉米	小米	水稻	高粱	小麦
总量	9199950	988690	250235	848518	811903
安哥拉	1113333	358333	13333	0	2467
博茨瓦纳	52333	1033	0	25833	383
莱索托	166990	0	0	36739	25519
马拉维	1525050	43452	57749	73115	1713
莫桑比克	1471333	59000	163333	342000	1967
纳米比亚	21635	245267	0	20000	2189
南非	2461082	21000	1400	65317	716500
斯威士兰	47264	0	50	1000	213
赞比亚	711330	44688	14119	24950	18549
津巴布韦	1629600	215917	250	259564	42403

来源:FAOSTAT(FAO2010).

许多的国家不能够通过国内的玉米和高粱生产来满足国内的需求;他们这些粮食赤字大多数都由南非的粮食来补充。南非小麦大都在雨水供养的方式下进行种植,并且这个国家的平均公顷产量最大,平均每公顷大于4吨(图5-3)。

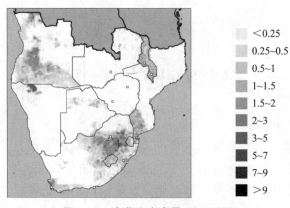

图5-3 南非小麦产量(吨/公顷)

在这一区域,小规模农场占这个地区农业的大多数。这使得这个地区的农业生产很容易受到干旱和气候变化的影响。快速增长的人口和相对较高的蒸散率(气温升高的结果)可以导致这个地区的水资源的短缺,这很容易造成该地区遭受干旱。

南非的大多数政府部门都致力于改善该地区的灌溉,培育耐干旱的作物,选择耐旱的牲畜品种。在这里鼓励多样性的农作物和牲畜养殖。这个运动旨在改变农业结构和推进好的种植技术,这将会提高作物和牲畜养殖的产值。

最近的 CGIAR 出版物《南非农业和气候变化》上给出了一些建议:

(1)结合气候变化制定长远的计划和发展战略,包括预算拨款适应气候变化战略。

(2)小规模农场拥有者针对脆弱的地区改善灌溉技术。

(3)在气候变化的背景下建立技术评估、计划和政策改善的技术和工具。

(4)通过提高人们关于气候变化的意识来获得更多来自部分政府、NGOS,以及私有和公有部分的支持。

(5)发展耐旱和耐热的农作物和牲畜品种,建立研究机构和扩展机构,快速地传递信息给农民。

(6)增加气候和天气信息的实用性。

他们的建议是关键性干预措施必须建立在以发展机构框架的行为,耐旱农作物培育,小规模农民水资源获取以及使人们适应气候变化的支持策略和扶贫策略之上。

二、作物产量

如图 5-4 所示,在中撒哈拉地区玉米、水稻和小麦大约占 12% 左右,然而在世界的其他地方,这些农作物的比例大约为 30%。相反,红薯在中撒哈拉大约占 30%,高于世界其他地方的 10%。

尽管有国际的支持,非洲的农业仍然表现不佳。中撒哈拉地区的人均产量从 1960 年开始就一直下降,并且远低于亚洲在内的其他地区[1](见图 5-5)。

如图 5-6 所示,玉米,水稻的人均产量在近几年有一个轻微的增长,然而小麦和大豆的人均占有量在 1961—2010 年基本保持不变。

农作物的产量存在很大的空间差异(见图 5-7)。玉米拥有很大的分布范围;不同于玉米,大豆和小麦在非洲的分布范围有很大的限制。

---

[1] Drechsler D.The future of African agriculture:can small holders be the answer? http://www.voxeu.org/article/future-african-agriculture-can-smallholder,2011.

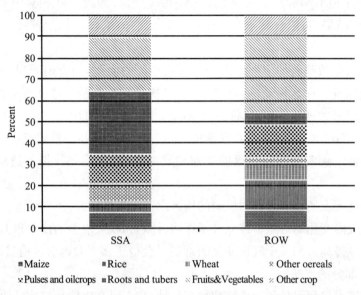

图 5 - 4 2008—2010 年中撒哈拉地区的(SSA)农作物产品组合和剩余世界的农作物产品组合图

来源：Pardey 2011[①]

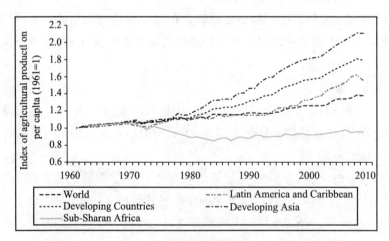

图 5 - 5 1960—2010 年非洲和世界其他地区的农业人均产量

数据来源：FAOSTAT

Pardey P G. African agricultural productivity growth and R&D in a global setting[R].Stanford Symposium Series on Global Food Policy and Food Security in the 21st Century. Stanford University,2011.

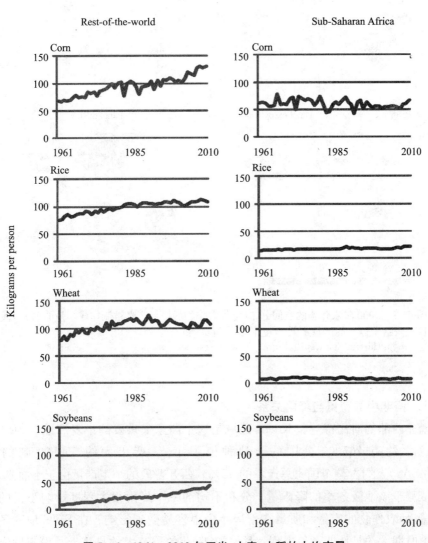

图 5－6　1961—2010 年玉米、小麦、水稻的人均产量

数据来源：FAO.

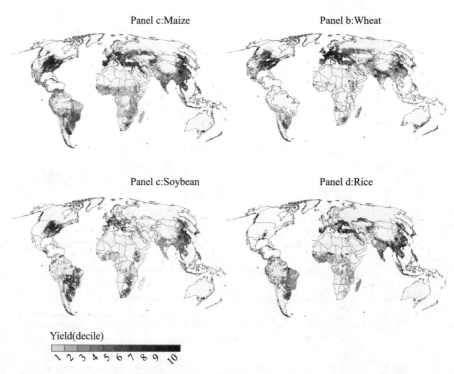

图5-7 2000年农作物的空间分布（每种农作物的原始产量被制作成产量的1/10,浅色代表这个像元的产量最低,黑色代表产量最高）

来源:HarvestChoice.2010 .http://www.harvestchoice.org.

三、南非小麦产量与降雨关系

南非西部的斯瓦特兰和 Ruens 区域是这个国家最重要的小麦产地。2010年这个国家大约有 265000 公顷的土地种植了小麦,产出大约 556500 吨的小麦(GrainSA),大约占整个国家总产量的35%。西开普敦的小麦产量由于不灌溉,所以严重依赖于该地区冬季的降雨量。分布不均的冬季降雨很大程度影响小麦的产量和质量,使农作物的产量和质量在干旱年份很容易受到影响。在 SWC 地区冬小麦的种植时期大约是从四月份末到六月份初,收获的季节大约是从十月份末到十二月份初。

南非的冬季降雨的一个主要特点是年内变化大。在过去10年里的大量的研究试图确定这种年内变化的机制。[1][2][3][4][5] 这样的变化同不寻常的生产和 1990 年农业部门的商业机制导致了显著的经济低附加值、高体积产生。结果是虽然在经济可行性的情况下整体农场的米昂及增加了,但是总的农民的数量降低了(Hardy1998;WWF2010)。图 5-8 显示了年降雨量如何与年产量没有直接的关系,本研究主要是着眼于季节性和半季节性的关系。

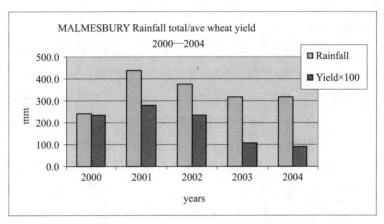

图 5-8 2000—2004 年斯瓦特兰的马姆斯伯里降雨量和产量图

注:一般平均降雨 360 mm,平均产量 2.9 t/ha。

(一)小麦产量

南非的小麦产量的减少导致了该国家小麦进口量的不断增加。[6] 2010 年为了满足需求,非洲进口了大约 160 万吨的小麦,大部分为南非进口。Hoffman[7] 揭示由于气候变化斯瓦特兰依靠中部地区的农作物产量大约会降低 10%~16%。这将会导

---

① Reason C J C, Rouault M, Melice J, Jagadheesha D. Inter annual winter rainfall variability in SW South Africa and large scale ocean-atmosphere interactions[J]. Meteorology and Atmospheric Physics, 2000, 8(1):99.

② Reason C, Jagadheesha D. Relationships between South Atlantic SST variability and atmospheric circulation over the South African region during austral winter[J]. Journal of Climate, 2005,18(16):3339.

③ Reason C, Rouault M. Links between the Antarctic Oscillation and winter rainfall over western South Africa[J]. Geophysical Research Letters, 20005, 32(7):4.

④ Blamey R, Reason C J C. Relationships between Antarctic sea-ice and South African winter rainfall[J]. Climate Research, 2007, 33(2):183.

⑤ Philippon N, Rouault M, Richard Y, Farve A. The influence of ENSO on winter rainfall in South Africa[J]. International Journal of Climatology, 2012,32(15):2333-2347.

⑥ Index Mundi 23 June—last update. South Africa Wheat Imports by Year. http://www.indexmundi.com/agriculture/? coutry=za&commodity=wheat&graph=imports.

⑦ Hoffmann W, Kleynhans T. Farm modeling for interactive multidisciplinary planning of small grain production systems in the Western Cape, South Africa[C]. The 55th Annual Conference of the Australian Agriculture and Resource Economics Society, Melbourne, 2011.

致 IRR 降低 17%～59%。

小麦的价格基本保持平稳,但是高成本将导致农民利润的降低。斯瓦特兰的小麦农场主不得不采取搜寻相关信息来确定改善利润的方法来改变环境和利益利润前景。今天,农民的决定受到从培育品种到国际市场价格在内的方方面面的影响。这些影响伙同气候变化使得农民做出一个有利于经济和可持续发展的决定十分困难。

季节性的预报具有提供给开普敦西部斯瓦特兰小麦种植者关于接近生长季节有关气候情况的有价值信息的潜力,从而,能够使农民做出有利于经济的决断。提供给农民专业的可信赖的预报是一个新的挑战。遗憾的是,由于大自然大气系统和南非冬季降雨的复杂性,季节性的预报模型在预测冬季降雨变化的时候并不是那么的可靠。①② 世界范围内的一项研究调查了农民如何利用天气和气候信息工具来更好地管理农业活动。③④ 然而,最近的一个研究展示了农业建议者提供建议给农民的价值和能力。⑤ 除了干旱和洪水的预测,这里很少有人利用指数进行预测。

(二)研究方法

在斯瓦特兰的一个关于降雨和产量数据的研究表现出了非常有趣的异常现象。该区域的冬季降雨数据和产量数据被用来做联合比较。结果显示季节性的总降雨并不是决定产量的最关键因素。

当一年的降雨量少于平均降雨量的三分之二的时候,这一年就可以定义为干旱年,2003 年和 2004 年的产量都明显低于正常年份,但是年降雨量少于平均年 20%的2000 年的产量却高于平均产量,然而同样湿润年的 2007 年和 2009 年的产量仅仅是等同于和少于平均产量。为了确定产量和降雨量分布之间的关系,确定种植需求,同农民以及农业组织交谈是必需的。

(三)结果-产量和降雨之间的关系

关于降雨和产量关系的研究着眼于季节早期和末期降雨的影响。四、五、六月

① Johnston P. The uptake and usefulness of seasonal forecasting products: a case study of commercial maize farmers in South Africa[M]. Germany, Lambert Academic Publishing, 2011.

② Hoffmann W, Kleynhans T. Farm modeling for interactive multidisciplinary planning of small grain production systems in the Western Cape, South Africa[C]. The 55th Annual Conference of the Australian Agriculture and Resource Economics Society, Melbourne, 2011.

③ PytlikZillig L M, Hu Q, Hubbard K G, et al. Improving Farmers' Perception and Use of Climate Predictions in Farming Decisions: A Transition Model[J]. Journal of Applied Meteorology and Climatology, 2010, 49(6): 1333-1340.

④ McCrea R, Dalgleish L, Coventry W. Encouraging use of seasonal climate forecasts by farmers[J]. International Journal of Climatology, 2005, 25(8): 1127-1137.

⑤ Prokopy L S, et al. Agricultural advisors: a receptive audience for weather and climate information? [J] Wea. Climate Soc., 2013, 25: 162-167.

份和七、八、九月份被看作是决定季节初期和末期的降雨以及影响产量的因素。对于 1994—2009 年,三个月份的降雨变量同产量数据一同被制作成表格。在表5-3中,降雨数据低于或者高于平均值 20% 分别为干旱或者湿润。

表5-3　三个月份期间降雨的异常值,农作物产量的异常值

年份	降雨(% of mean)			小麦产量
	AMJ	JAS	Total	
1994	34.2	−52.4	−10.7	18.0
1995	−34.9	−16.7	−25.5	10.6
1996	1.7	41.6	22.4	50.7
1997	16.4	−49.3	−17.7	−17.2
1998	−2.6	−35.7	−19.7	−0.3
1999	−19.6	−27.8	−23.8	38.3
2000	−57.9	15.8	−19.7	17.0
2001	−10.3	78.7	35.9	13.1
2002	−3.3	6.4	1.7	15.3
2003	−68.3	4.3	−30.6	−64.8
2004	−20.5	−32.8	−26.9	−51.8
2005	20.7	−12.0	3.7	−20.0
2006	22.2	−10.6	5.2	9.3
2007	90.9	3.6	45.6	−13.5
2008	−15.5	95.6	42.1	−9.3
2009	46.9	−8.7	18.1	4.6

对于这个表格,定义了 9 种不同的可能性组合,显示在表5-4中。每三个月份低的和高的降雨量和产量结果的组合被制成表格,并且每一年被分配为一个组合。从所有组合中挑选出的 6 种独特的组合作为关注的焦点:2003 年、2004 年(低产量)、1995 年、2007 年(正常年份)和 1996 年、1999 年(高产量)。

表5-4　2个季节中段可能的组合以及与产量的相关系数

降雨		产　量		
AMJ	JAS	低	普通	高
L	L	2004		
L	N	2003	1995,2000	

降雨		产　量		
AMJ	JAS	低	普通	高
L	H			
N	L		1997,1998	1999
N	N		2002	
N	H		2001,2008	1996
H	L		1994	
H	N	2005	2006,2007,2009	
H	H			

注:Low(L)<=-20%of mean；Neutral(N)-20%<N<20%；High(H)>=20%of mean

特别选择的年份以及中期季节的降雨在表 5-5 中显示。

表 5-5　季节中段的降雨异常值以及湿润的天数和 6 个选择年份的产量

总量		AMJ	JAS	Yield
1995	降雨量	-34.9	-16.7	N
	潮湿天数	13	17	
1996	降雨量	1.7	41.6	H
	潮湿天数	15	24	
1999	降雨量	-19.6	-23.8	H
	潮湿天数	15	19	
2003	降雨量	-68.3	4.3	L
	潮湿天数	7	18	
2004	降雨量	-20.5	-32.8	L
	潮湿天数	16	13	
2007	降雨量	90.9	3.6	N
	潮湿天数	16	19	
Mean	降雨量	140.5	151.6	
	潮湿天数	15.8	18.5	

（四）结论

从季节中期降雨的影响可以推断出以下的结论：季节初期降雨低、季节末期降雨正常将导致低产量（2003 年），然而每个季节轻微低的降雨量却导致了 1995 年正常的产量、1999 年的高产量。可以得出二者并没有明显的关系。需要确定的问题是,是不是在大洋或者大气的某些因子会通过降雨或者其他形式影响到产量。

对斯瓦特兰的气候因子和小麦产量的潜在预测能力的研究可以作为后续研究的基础。研究了斯瓦特兰的春小麦特定气候因子,并且确定了他们年内的变化以及包括干旱在内的大气动态理论的关系。

第三节　南非 Swartland 地区小麦特定气象指数和产量预测

一、研究区

研究区位于开普敦西南的斯瓦特兰区域的一个叫作穆利斯堡的一个小的农场城镇。本格拉寒流系统在这个区域登陆一直到开普敦好望角褶皱山腰带的西北部,平行于东海岸线。通过 Koppen 气候分类系统,这个地区是典型的地中海气候,有寒冷湿润的冬季和干旱炎热的夏天。这个地区的年降雨量在 370mm,80％的年降雨发生在四月到八月。降雨记录显示的明确的季节性使得研究能够着眼于南非影响冬季降雨大尺度大气系统、中纬度气旋,并且明显限制研究的夏季降雨的大气系统并不复杂。

二、数据

（一）降雨数据

这个研究使用了来自 SAWS 系统,坐落在穆利斯堡附近的三个气象站点的降雨数据。由于因素的限制,小麦的产量使用了来自于当地小麦农场合作者的数据。研究着眼于 1994—2010 年这 16 年的数据。每四天的降雨数据被组合在一起以获得研究区周围可信的降雨数据

（二）气候因子

文献中关于南非冬季降雨的不同的气候因子被用在了此项研究中。它们分别叫作:AAO(antarctic oscillation index),Nino3.4 Index,SOI(southern oscillation index),SAM(southern hemisphere annular mode index)。AAO、Nino3.4 和 SOI 指数通过气候预测中心获得,而 SAM 指数是 Marshall(2003)通过计算获得,可以通过网站 http://www.nerc-bas.ac.uk/icd/gjma/sam.html 下载使用。

另外的四个因子也被选用,它们是南大西洋海平面温度因子、南半球的波数指数、印度洋指数、安哥拉低指数。除了南大西洋海平面温度因子,这些额外气候因子并没有直接影响主要的因素,但是它们可能影响降雨或者通过它们的影响可以更好

地分析。

三、方法

1994—2009 年三个气象站点的降雨因子通过平均三个时期的叠加获得（四月到十二月）。对生成的结果因子进行了线性趋势分析。这一系列的显示考虑了贯穿整个冬季雨季的年内变化。这系列中标准误差低于（高于）平均值的叫作干旱（湿润）。同样的，平均的湿润天被定义。湿润天定义为日降雨量少于 2 mm 的天。同时获取全球的指数数据，然后与降雨数据以及湿润天数因子和小麦产量因子进行相关分析。本文计划在研究中增加其他的一些与小麦有特定关系的气候因子，这些因子可能描述了某些农民已经确定气候的阈值，这使得研究的相关性更加强。

四、初步结果

表 5-6 是气候因子、降雨因子和小麦产量相关性分析的一个示例。该表显示了相关降雨因子和全球气候因子以及产量数据的相关分析。

表 5-6　AOI 因子、降雨因子以及小麦产量的相关关系

		小麦产量	降雨量					
			AMJ	MJJ	JJA	JAS	ASO	SON
小麦产量		1.0000	0.1459	0.3162	0.0237	0.1493	−0.0946	0.2609
AAO	JFM	0.3770	0.0488	0.1320	−0.0895	−0.1557	−0.4254	0.1311
	FMA	0.3012	−0.1388	−0.1820	−0.4316	−0.2861	−0.4115	−0.0928
	MAM	0.1436	−0.3191	−0.4701	−0.5842	−0.3329	−0.1275	−0.0223
	AMJ	0.0480	−0.4968	−0.3589	−0.4724	−0.0410	0.0799	0.2101
	MJJ	−0.1505	−0.4387	−0.3799	−0.4448	−0.0264	0.1650	0.2696
	JJA	−0.3672	−0.3345	−0.2464	−0.2847	−0.0058	0.0260	0.1073
	JAS	−0.4756	−0.2239	−0.2047	−0.1778	−0.0792	−0.1174	−0.2420
	ASO	−0.1820	−0.0878	0.1370	0.2203	0.2388	−0.0395	−0.1151
	SON	−0.0067	−0.1811	0.1757	0.1750	0.3824	0.1374	0.1208

发生在六、七月的降雨与从二月到七月的 AAO 指数有显著的负相关关系。关系的峰值出现在三、四、五月份，这个峰值高于六、七、八月份降雨期的峰值。负相关关系意味着当 AAO 是负值（正值）的时候穆利斯堡地区将会有更多的降雨。可以在五、六、七月份和 AAO 之间发现一个显著并不强烈的负相关关系。

这个分析将会在更多的气候因子以及小麦相关的气候因子方面实施。

第四节　非洲干旱的应对措施

非洲干旱应对措施主要通过风险管理,配套各种工程措施与非工程措施,依靠经济、法律、技术、计划等多种手段实现,并在干旱监测、预警预报方面有较为先进的经验。建立起一系列的干旱减灾措施,包括干旱监测指标确定,降低系统脆弱性的风险管理,制定有效干旱管理计划的行动方案,建立国家综合干旱信息系统,研制出农业旱灾影响与脆弱性评估,确定可行的、效用合理的行动,降低旱灾风险。从危机管理向风险管理模式转变的抗旱工作是包括旱前预防、旱期抗灾以及旱后恢复的一个完整过程,主动预防可以取得事半功倍的效果。当前应着重改变过去以"抗"为主的被动管理模式,采取"预防为主、防抗结合"的抗旱工作方针进行旱灾风险管理,针对风险管理的各个环节开展研究,通过分析、预测干旱发生发展规律,评估其可能造成的影响,优化组合各类抗旱措施以求最大限度降低旱灾损失,并在干旱结束后对抗旱措施进行后评价[①]。

一、统一的干旱管理机构和法律支撑

北美洲各国国内形成了管理网,一般地区实行常态管理,旱灾多发区实行常态管理和应急管理并行展开的做法。同时,应对干旱灾害的相关法律也比较完善,基本上实现了国家层面上的法律与各地方法规条款互补的格局。美国的干旱管理机构主要是国家干旱政策委员会,它是在《国家干旱政策法》的引导下成立的,负责协调全国的干旱管理。各州也有自己的干旱管理机构,负责干旱的监测、预报,开展减灾行动等。此外,环境保护局也在各地干旱和水资源管理上扮演核心作用。应对旱灾的法律主要是《国家干旱政策法》、各种水资源法律及地方法规等。通过该项法案建立了综合性的国家干旱政策,根据法律条文批准了联邦抗旱领导机构,划分了协调和统一联邦抗旱援助的作用和责任。

二、干旱预防计划

注重利用干旱预防计划来减少干旱风险。干旱计划包括三个主要元素:监测和早期预警、风险分析、减灾和应变。美国的干旱计划从国家到各州政府都普遍采用。加拿大更加注重计划的时效性和地域性,各地干旱计划的制订遵循因地制宜、因时

---

① Wang Q, Yang D H. Response to drought disaster in North America and their experiences to China[J]. Arid Land Geography, 2010, 35(2): 332-338.

制宜的原则。利用干旱指标对干旱进行量化,是干旱监测的核心任务。不同程度的旱灾需要采取不同的对策措施,干旱计划中常针对不同程度的旱灾指明有关对策措施。利用干旱指数,确定旱灾等级,对干旱做出及时评价,采取对策措施。一般在干旱期,政府机构根据干旱防灾减灾组的调查评估结果,发布相应的干旱警报。相关部门及社会民众根据政府的呼吁,自觉主动或按要求配合有关部门采取减灾措施。

三、工程抗旱措施

北美地区水资源开发利用强度较大,水利工程项目多。虽然工程措施较为被动,但在与非工程措施结合共同抗旱方面的作用不可忽视。美国西部干旱区农业开发过程中,注重水资源的利用与开发。一方面大力开展水利建设,建库蓄水,跨流域调水,开发地下水,以弥补地表水源不足;另一方面,发展节水农业,开发先进灌溉技术,通过发展喷灌、滴灌、改良沟灌等措施,提高灌溉效率。加拿大注重土壤和水资源保护,通过改善灌溉条件、加强抗旱基础设施建设,促进水源、引水、蓄水、水库等水利项目建设。

四、干旱补贴和保险

经济手段应对干旱灾害具有优化社会资源配置的作用,北美洲国家注重利用干旱保险和补贴等经济手段来降低旱灾带来的损失,取得了显著效果。以美国为例,2005 年美国作物保险的赔偿金额超过 100×10^8 美元,从 1988 年开始抗旱费用为 300×10^8 美元。与干旱有关的美国农业补贴政策主要包括灾害补贴、作物保险补贴、农业资源保护和保护性利用补贴、土地休耕保护补贴、资源保育补贴等。2003 年农业援助法案又提出,向遭受与气候有关的灾害及其他紧急情况损失的生产者提供补贴,包括作物灾害计划、牲畜补偿计划和牲畜援助计划三种农业补贴政策。

五、旱期的节水管理模式

提高水资源利用率和效用一直是北美抗旱的长期政策,无论是美国还是加拿大都很重视水资源的合理、有效利用,尤其是在干旱灾害发生期,节水是首要措施。美国的干旱管理一般分为三级:初级阶段(drought watch)、次级预警阶段(drought warning)、应急响应阶段(drought emergency),在每一个阶段中都有非常明确的节水目标。例如,在初级阶段的节水目标是自愿减少用水 5%,次级阶段目标是自愿减少用水 10%～15%,应急响应阶段是强制节水 25%。在具体的法规和应急计划中,除了确保水源外,其他方面的中心工作都是围绕实现节水目标而进行的。例如,通过各种宣传措施鼓励公众实现自愿节水目标,通过法律的强制措施保障应急时期的节水目标。

六、国家干旱系统

（一）美国和加拿大收集和发布干旱信息，指导干旱管理

美国建立了国家干旱信息综合系统（NIDIS），系统结合了监测数据、预报和其他信息，评估潜在的干旱灾害影响和冲击，预测旱灾发展情势，为灾害应对提供依据。[①]系统主要包括：干旱的早期预警和预报系统、干旱影响识别和分析、干旱减灾信息、互动的干旱信息平台等。加拿大则将重点放在基础数据获得，即通过实时监测和模拟发布旱情信息，进行旱情分析和预测。[②]

（二）构建干旱指标体系

不同时期、不同地区、不同行业对干旱的界定是不一样的。在英国，干旱就是连续 15 天不下雨，或者在这期间，每天的降雨量不超过 1.25 mm。美国气象局对干旱的定义是持续 21 天或 21 天以上，降雨量低于该地区往年同期降雨量的 30%。在北非的部分地区，至少两年不下雨才算是干旱。在印度尼西亚的巴厘，6 天不下雨就构成一次干旱。气象干旱与降雨量、蒸发和温度等气候变量有关；农业干旱主要取决于干旱出现的时间、该地区的农作物类型以及降水量；水文干旱与地下水水位、径流变化、水库蓄水量、土壤湿度及积雪量等水系统变量有关；社会经济干旱主要取决于社会环境和经济环境。因此，构建一套适合的干旱指标体系，对于叙述干旱水平、持续时间、危害程度和分布范围，决定采取干旱对策的时机和响应级别，掌握和比较不同干旱事件的特征具有重要的指导意义。干旱指标应反映所关注的干旱类型，包括需水、供水、面对干旱表现出来的脆弱性和干旱潜在的影响。干旱指标的表现取决于数据的可获取性和数据质量，在应用于干旱前应该经过测试，在干旱后应该进行评价。干旱指标的选取必须考虑时间和空间的敏感性和特殊性，对不同时期和不同地区采用不同的干旱指标，还要综合考虑各类因素对干旱的影响，尽可能反映水循环及伴生过程中各组成部分之间复杂的相互关系及其影响，建立多指标的干旱指标体系。同时，还要确定与干旱水平在统计上具有一致性的干旱指标阈值，界定干旱的发展和消退。

抗旱模式从危机管理向风险管理转变，风险是指事件未来可能结果的发生以及结果带来损失的发生和大小的不确定性。而风险管理就是在对风险进行识别、预测和评价的基础上，优化各种风险处理技术，以一定的风险处理成本达到有效控制和处理风险的过程。其中干旱风险管理是在分析影响区域水安全的不确定因素的基础上，计算风险指标和干旱风险指数，综合分析和评价干旱缺水现象发生的可能性

---

① Smithers J, Blay-Palmer A. Technology innovation as a strategy for climate adaptation in agriculture [J]. Applied Geography, 2001, 21(2): 175 - 197.

② Smit B, Skinner M W. Adaptation options in agriculture to climate change: a typology[J]. Mitigation and adaptation strategies for global change, 2002, 7(1): 85 - 114.

大小、干旱历时长短、系统恢复正常供水的能力，以及干旱缺水的严重程度，进而为水资源管理和决策者提供科学的决策依据。对于由供水水源、供水设施和供水区域组成的供水系统，假定供水设施是可靠的，以及供水区域是限定的，这样供水系统的"失事"就可以简单地定义为供水水源不能满足供水要求，以至于出现干旱缺水现象。干旱风险管理要求我们有效整合社会资源，从各种抗旱措施中优选最佳方案或将各种抗旱措施有机结合起来，以最小的抗旱投入获得最大的减灾效果。基于物理机制统一的干旱预警预报模拟模型以及干旱指标体系，按照风险管理的理论准则绘制干旱风险图。干旱风险图是编制抗旱预案的一项重要内容，能直观反映不同干旱等级受旱范围、受旱面积、人口、旱情发展态势、干旱造成的损失以及抗旱工程分布等，能为抗旱决策提供必要的依据，是指导抗旱工作的一个重要手段。根据现有的地图、工程图、规划图和遥感影像图，以及各类有关文件、调查报告、统计数据（如经济数据、气象资料、水文数据和社会数据等），绘制干旱风险图，包括农田受旱面积分布图、农村饮水困难分布图、水利工程抗旱能力分布图、干旱对生态影响分布图和城市供水分布图等。加强干旱发生的不确定性研究，探讨干旱损失不确定性影响因素之间的相关性、时空变化规律及其耦合作用，进一步加强干旱风险分析理论与模型的研究，从而逐步建立一套涵盖社会合理性、经济合理性、生态合理性等多维分析指标的科学的干旱风险分析指标体系，绘制一套能够充分反映干旱危险性、环境脆弱性、承灾体易损性和旱灾损失程度的干旱风险图。同时，还要加强风险评估结果的可靠性研究，从而进一步推动干旱的风险管理。最后，根据干旱风险图提出相应的应对策略。例如：加强基础设施建设，增进水资源调配能力；强化非常规水源利用，实现多种水源综合配置；加强需水管理，全面建设节水型社会；实施最严格的水资源保护，维护水资源可再生能力；健全法规和制度体系，实施严格的水资源管理等。

七、加强水资源的合理开发利用

北美洲国家注重水资源的合理开发利用，这从他们先进的流域管理案例中就略见一斑。美国政府于 20 世纪 70 年代调整了水资源开发利用的思路，加强了水的立法管理。促使水资源利用从外延式开发向提高水资源利用效率转变，且加强了水资源保护，对各种用水户都提出了明确的法律要求。例如，1970 年国会通过《环境保护法》，1978 年通过《未来的水政策》，1995 年颁布《水质法》，以及 1997 年通过《土壤和资源保护法》。美、加两国联邦政府、地方政府的相关水法规还对农业灌溉水的生产、流通、分配、供应及保护等各环节都制定了严格的规范。美洲国家通过法律、行政和经济手段提高了农业水资源利用效率，把具体的水资源管理、分配、操作规程、应急行为、节水目标等规定得十分细致，具有很强的可操作性。

第六章

非洲土地制度与粮食安全

　　土地是各种形式的农业生产的关键资源,在大部分非洲国家处在社会、政治及经济的核心位置。尽管土地曾经被视为非洲一种取之不尽、用之不竭的资源,但是地缘政治因素、经济因素、人口增长及市场的发展使土地资源正产生越来越大的压力。尤其是殖民时期引入的土地产权制度及管理系统与非洲长期以来占主导地位的传统土地管理系统相互冲突,造成非洲诸多国家出现双重土地管理系统,城市及郊区范围内土地产权的不稳定,对土地投资及生产造成了很大的障碍。独立后的非洲各国在重新建立国家的过程中,土地改革及土地政策制定被作为重要的措施提上议案,以纠正殖民时期不公平的土地分配方式,充满歧视色彩的土地利用政策及不稳定的土地产权系统,促进农业生产发展,保障粮食安全。各个国家采取的解决方法、制度安排及改革力度各不相同,收效也不尽相同,部分北非国家在土地改革项目之后粮食生产有所提高,而大部分南非国家则收效甚少。

第一节　非洲土地制度改革的背景

　　仅从土地制度的角度来考察,非洲国家大体可以分为三种类型:① 北非的阿拉伯国家,如前苏丹和毛里塔尼亚等国,早在欧洲国家进入、占有并定居之前就在那里实行了殖民主义统治。这些国家目前的土地问题面临着严重的种族和阶级斗争,主要原因是不同种族在政治上和经济上的不平等,土地使用体制只是这方面其中的一个突出问题而已。② 北非和中非的一些国家,如加纳和尼日利亚等国,由于殖民主义者间接操纵和利用当地法律,关于土地权益和使用改革的斗争就涉及阶级、宗教和种族因素。③ 第三类国家包括中部和南部非洲的一些国家,如肯尼亚、津巴布韦和南非是典型的非洲定居者殖民地国家。在这些国家独立或解放后,土地改革的背景包括了土地分配在内的种族间的财富不平衡,一边是拥有大片土地的白人农场及其现代化的农业生产,一边是广大民众严重缺乏、甚至没有土地。这里主要介绍非洲土地制度改革的背景及方式。

　　土地的分配不均也是非洲农业生产面临的一大问题,在南部非洲表现尤为明显。少量的白人占有大量生产力高的土地,而大部分黑人仅能获得少量贫瘠的土地。[1] 例如,南非黑人仅拥有全国 13％ 的土地,其余的 87％ 土地则为白人私有或国家所有;20 世纪 90 年代的津巴布韦,1％ 的白人占据该国 70％ 的土地,90％ 以上的玉米均是在最贫瘠的土地上由黑人农民占有。白人不但在土地拥有的数量上远远超过黑人,且占有的土地质量最为肥沃,白人农场向来种植外销导向的经济作物,不利于粮食的发展和生产。

　　在土地重新分配项目实施过程中,地块的分割大小直接影响到粮食生产的效率,在西部非洲表现较为明显。例如利比里亚,占据人口 70％ 的小农家庭经营着全国 80％ 以上的耕地[2],相比大规模农场主,小农的生产方式仍然较为原始,传统农具的使用率非常高,且小农对土地资源利用非常不充分,导致土地闲置或者浪费,这种不成规模的土地利用方式严重制约了粮食生产的效率;埃塞俄比亚北部的土地重新分配的目标是确保人人拥有土地,但是改革中划分农场的地块过小而导致失去了经济利益。[3]

　　此外,土地重新分配项目实施后的后期支持亦影响到农业粮食生产。非洲部分国家采取的改革措施,主要集中在摧毁殖民统治、消灭剥削、实行平等和自由权利上,而较少涉及提高农业生产力,增强粮食安全,缺乏对于农民得到土地后进行耕种的后期支持。如自 2000 年津巴布韦启动"快车道"项目后,超过 140000 的家庭从"快车道"土地改革中获得了 800 万公顷土地,而土地后期生产支持的缺乏导致粮食生产水平迅速下降,甚至低于土地改革之前。

　　在现阶段影响非洲粮食生产的所有因素中,土地制度最为核心。有保障的土地产权是农业绩效好的必要条件,缺乏保障的土地产权是农业绩效差的重要根源;从缺乏保障的土地产权向着有保障的土地产权变迁,可以促进农业经济的明显增长。[4]非洲大部分土地问题均是殖民时期的遗留问题,主要反映在现行土地制度与传统土地制度的冲突以及土地的分配不均上。大部分独立后的非洲国家都进行了不同程度的土地制度改革,新出台的土地政策时常与非洲长期以来占主导地位的传统土地产权产生矛盾,造成非洲诸多国家出现双重土地管理系统,城市及郊区范围土地产权不明晰、不稳定,暴力事件时有出现,严重制约了农户投资。因此,非洲一些国家经济谋求土地制度改革。

---

① United Nations Economic Commission for Africa. African Review Report on Land.
② 李小云,齐顾波,唐丽霞,等. 小农为基础的农业发展:中国与非洲的比较分析[J]. 北京:社会科学文献出版社,2010:162.
③ Havnevik, K, et al. African agriculture and the World Bank: development or impoverishment? [M] Policy Dialogue No.1, The Nordic Africa Institute, 1998.
④ 杜建海,鲍素萍. 新中国 60 年土地产权制度的变迁与农业绩效——以宁波鄞州为例[C].2019 年全省党校系统理论研讨会,2009.

第二节 非洲土地改革进展

独立后,大部分非洲国家都开始进行土地及土地产权改革,希望增加土地分配的公平性,提高粮食生产,所采取的具体措施及机构调整因地区和国家而异,并且执行力度与所收获的效果也不尽相同。

一、地区尺度的土地改革情况

(一)南部非洲

南部非洲大部分国家都经历了长期的殖民统治和种族隔离,西方白人占领的大型商业农场与大部分黑人维持生计的公共土地差距明显,在南非、津巴布韦、纳米比亚、斯威士兰、马拉维及邻近国家表现尤为明显。目前,这些国家面临的问题在于土地产权中延续下来的种族不平等,大部分黑人聚集的公共土地生产力退化,多种多样的公共土地管理系统产生混乱等。二十世纪80年代时,斯威士兰、博茨瓦纳、津巴布韦对土地进行重新分配,根据市场地价对白人农场主失去的土地进行赔偿,但由于地价过高,收效甚微;尔后,马拉维、津巴布韦、纳米比亚、南非又通过冲突形式强行取得土地,但这种行为既没有改变殖民时期遗留下来的双重土地产权系统,亦没有提升传统土地制度的地位。[①] 土地重新分配政策的强制执行使得南部非洲的白人农场主不得不渐渐放弃土地,进入邻近国家甚至是东、中、西部非洲国家与当地政府、传统土地首领协商进行投资,建立有组织的农业企业,这已成为南部非洲一个重要的特征。[②]

(二)东部非洲

东部非洲主要面临殖民时期遗留下来的双重土地产权系统,所有国家都进行了一定的政策改革以解决这种问题。肯尼亚已经对部分白人的商业农场进行了重新分配,且通过土地登记程序将土地产权赋予农民,希望通过土地私有化鼓励农户对农田的投资;[③]埃塞俄比亚政府采用无偿收归国有、赎买和没收的方式,将封建主的土地转为国有,然后再分给无地和少地的农民,但是需要农民缴纳地价。

(三)西部非洲

大部分西非国家严重依赖土地进行农业生产,相比非洲其他地区,西部非洲现

① Union A. Land policy in Africa: a framework to strengthen land rights, enhance productivity and secure livelihoods[J]. Addis Ababa: African Union and Economic Commission for Africa, 2009.

② United Nations Economic Commission for Africa. African Review Report on Land. 2013.

③ Kleinbooi, Karin. Review of land reforms in southern Africa 2010[M]. Institute for Poverty, Land and Agrarian Studies (PLAAS), School of Government, University of the Western Cape (UWC), 2010.

存的土地问题主要在于土地产权的不稳定以及土地利用的低效性,而与殖民时期的土地掠夺关系较小。目前传统土地产权制度仍然是西部非洲主要的土地法律,传统头人(首领)为主要的土地拥有者。尼日利亚于2009年对土地制度进行了改革,方便了农民进行土地抵押、转租、转让,增加透明度的同时使得交易便利、高效,土地交易的手续和时间比以前大大缩减,大大节省交易成本,为投资者创造了更好的条件,增加了土地的利用效率。[①]

(四) 中部非洲

中部非洲亦面临殖民时期土地政策与传统土地政策冲突带来的问题,但中部非洲进行土地政策改革的国家并不多。在卢旺达、布隆迪等国家,生产性土地的稀缺已经成为冲突的主要来源。[②] 近年来,大批难民的遣返、持续的政治动荡都加剧了土地冲突,数量庞大的人口导致土地分配中每户可耕地数量极少。

(五) 北部非洲

大部分北部非洲国家都进行了较大程度的土地改革,埃及、阿尔及利亚、利比亚政府将殖民时期被殖民者及外国企业占用的土地国有化,然后分给无地农民、牧民,并积极进行土地分配后续支持工作,资助现代化农业投入、灌溉设施、基础教育,大大提高了农业生产力,降低了营养不良、没有土地的人口比例。[③④] 但是在土地分配过程中,乡村工人及妇女被排除在外,且20世纪七八十年代后,富裕的农民从农业生产中获得大量利润,贫富差距悬殊,八九十年代结构调整期内,政府支持的取消造成了农业土地生产力的下降。

非洲国家独立初的土改政策见表6-1。

表6-1 独立初部分非洲国家的土地改革

改革前的土地制度特点	典型国家	改革的主要内容
封建土地占有制	埃及、突尼斯、阿尔及利亚、埃塞俄比亚	政府对土地进行没收和赎买,对一般地主规定占地限额。然后将土地分配给小农,但小农需要分期支付土地费用

① 沈跃萍.英国统治时期尼日利亚土地制度的演变[J].西亚非洲,1989,5:1-7.

② Wurzinger M, Ndumu D, Baumung F. Comparison of production systems and selection criteria of Ankole cattle by breeders in Burundi, Rwanda, Tanzania and Uganda[J]. Tropical Animal Health and Production, 2006(7-8): 571-581.

③ Franklin Obeng-Odoom. Land reforms in Africa: theory, practice, and outcome[J]. Habitat International, 2012, 36(1): 161-167.

④ Stokes C S, Schutjer W A. A cautionary note on public policies in conflict-land-reform and human fertility in rural Egypt[J]. Comparative Politics, 1983, 16(1):97-104.

改革前的土地制度特点	典型国家	改革的主要内容
西方移民土地占有制	肯尼亚、南非、津巴布韦	政府对土地进行没收和赎买,然后将土地分配给小农,小农需要支付费用
部落村社所有制	几内亚、多哥、乍得、赞比亚、喀麦隆、坦桑尼亚、乌干达	政府宣布土地国有,然后分配给小农种植

二、典型国家土地改革情况

为了深入分析非洲国家土地制度改革的有关情况,这里对开展土地制度改革的非洲国家进行总结,并分析有关问题与进程,同时结合典型开展进行深入分析(见表6-2)。

表6-2 进行土地政策、立法及机构改革的部分非洲国家

国家	主要发展	目前的问题及进程
贝宁	1994年颁布《农村土地法案》	土地政策建立在村庄级别的土地利用规划及决策上,同时建立相关土地部门。目前贝宁的土地政策主要强调城市土地产权及区域规划
博茨瓦纳	1970年以来即建立土地分权管理系统;2002年政策修订;2003年形成《土地政策草案》	重新关注城市地区的土地政策,目前超过50%人口城市化;进一步发展地区土地管理部门及传统土地制度
科特迪瓦	1999年将1998年的《农村土地计划》纳入《土地法》	《农村土地计划》包含土地管理政策,建立土地分权管理方法,包括对于佃户及移民进行土地所有权及次级权利的系统登记。但是政策没有为长期移民及国民之间在土地所有权上的矛盾提供解决方法,导致更大程度的种族斗争
埃塞俄比亚	1993年和1997年的《土地法》	1997年《土地法》提出分权管理,允许各个州实行自己的土地政策与法律;在提格雷及阿姆哈民族地区得以积极实行
加纳	1999年颁布《土地政策》,旨在改善国家的土地管理,并认可传统土地产权中的权威在土地管理中的作用	倡议进行深入的法律及机构改革,形成新的单一的国家土地机构;采取措施解决法庭中大量遗留的土地问题,并引入"诉讼外纠纷解决方式"系统
肯尼亚	2003年颁布《土地政策草案》,2004年宪法修正案解决土地问题	政府承诺进行立法和机构改革,包括土地分权管理,取消土地分配的多重渠道;土地改革进程与宪法改革过程相关

国家	主要发展	目前的问题及进程
莫桑比克	1997 年《土地法》允许对集体土地进行划界；同时赋予权力，要求投资者必须与集体进行协商以获得土地；并建立地区土地法庭系统，接受口头证据	缺乏统一的地籍数据库，进展缓慢；目前通过一个集体土地资金捐赠款支持土地划界以及经济发展项目
马里	2000 年《土地法》，2001 年《田园宪章》	进行土地分权管理；根据地区土地产权管理经验，国家现存立法中对于牧民的规定、习惯，《田园宪章》允许牧民管理自己的土地，承认传统土地产权
纳米比亚	1995 年《商业土地法案》；1998 年《土地政策》；2002 年《公共土地改革法案》	通过政府强制性购买加速商业农场土地重新分配，建立土地税收系统；在城市和乡村公共土地建立新的分权土地管理系统，由当地首领控制管理土地分配
尼日尔	1993 年《乡村土地法案》实行土地分权管理，在各地建立自己的土地委员会，拥有土地规划和决策权力；同时将传统土地分配通过登记转变成私有权	1994 年开始普及土地法案中的分权管理，至 1998 年建立 11 个委员会，既包含官方代表亦包括选举代表。立法中还包括为新来的农户与传统土地拥有者之间的协议提供保护，允许新来农户进行长期的可持续的农业投资。1997 年为牧民出台补充法案
卢旺达	2003 年《土地政策》；2004 年出台《土地法》	发展一个全面的土地权利登记系统，建立地区政府的土地管理部门，采用传统机制解决土地争端，同时为回国难民及丧失土地的人进行安置、补偿；受到资助正在建立一个系统的路线图
南非	1994 年《土地政策框架》和《绿皮书》，大量后续立法包括 1994 年的《土地权利偿还法案》，1996 年的《公共产权相关法案》，1997 年的《产权稳定延伸法案》，2005 年的《公共土地法案》将公共土地的管理权交给传统权威或者其他当地管理部门	加速进行农村土地偿还及土地重新分配；目前的土地偿还和分配项目旨在刺激新的小规模商业农民的出现。由于机构能力有限，缺乏土地信息系统，需要公共土地的管理机制
坦桑尼亚	1999 年颁布《土地法案》及《乡村土地法案》，后者将土地分配及土地管理的权利下放给村集体	资金缺乏和机构能力有限导致大范围的执行受挫。2005 年根据对利益相关者的咨询起草了《实施策略计划》，提出了较多政策及实践建议，包括建立土地分权管理的服务机构、土地管理基础设施及地区土地委员会；强调男女平等；独立于《中期支出框架》的投资策略需求

续 表

国家	主要发展	目前的问题及进程
乌干达	在宪法中没有包括任何土地政策,仅包含一部分规则。1998年《土地法案》引进传统土地证书,进行土地分权管理,建立当地的土地管理部门及法庭	分权管理的执行需要高额花费,不充足的财政预算导致执行程度较低
津巴布韦	1990年《国家土地草案》;1992年修订《土地获得法案》;2005年《宪法修正案》	《宪法修正案》中规定《宪报》报道过的要进行重新分配的5256个农场成为国有土地;国家能够以任何目的取得农业用地;法庭的权利被限制在农业土地的赔偿问题上,不能够涉及土地争端的解决。在"快车道"项目下,至今已有150000个家庭被安置在原先5000个商业农场土地上

（一）肯尼亚

肯尼亚从 1895 年沦为英国"东非保护地"时起,肥沃土地逐渐被欧洲殖民者占有,黑人被赶到荒芜贫瘠的"土著保留地"。许多失去土地的黑人被迫到白人种植园和农场去当劳工。1952—1956 年开展的"茅茅运动"就是反映黑人土地要求的反英武装斗争。[1] 殖民地政府为了缓和土地问题上的矛盾,1954 年提出"斯温纳顿计划"。其具体措施是对土地普遍进行登记,承认个人的土地所有权,改变原有的土地村社集体所有制。这项方案没有从根本上满足广大农民对土地的需求,理所当然地遭到农民的反抗,难以得到推行。

1961 年又开始执行一项"土地转让计划",由政府出钱从欧洲移民手中赎买土地,然后转卖给当地黑人,但此项举措并没有动摇和改变殖民主义的土地制度,也不可能解决尖锐的土地问题。肯尼亚独立时,占国土面积 18％的优等可耕地,仍有约 1/4 为欧洲人所占有,而他们占肯尼亚总人口不到 1％。这些耕地主要分布在内罗毕以北的高原地带,被称为"白人高地"。[2]

1963 年 12 月肯尼亚摆脱殖民地统治,宣布独立。新政府着手对土地问题采取了一系列政策措施。一是扩大耕地面积,大力发展农业。为了解决迫切的土地问题,加快农业生产发展,政府采取了一些速效的做法:① 在比较肥沃的地区扩大耕地面积,鼓励开发闲置的土地,到 20 世纪 70 年代中期耕地面积增加了约 20％;② 取消殖民地时代限制黑人种植出口作物的禁令;③ 引进先进的生产技术,特别是优良作物品种。二是改革土地制度,进行大规模的重新分配土地计划,提出"耕者有其

---

① 高晋元."茅茅"运动的兴起和失败[J].西亚非洲,1984,4:79－87.

② 高晋元.肯尼亚民族独立运动的战斗历程[J].西亚非洲.1987.3.

田"的口号,除赎买欧洲人土地之外,还将他们的闲置土地加以没收卖给非洲人。政府在推行这项计划时坚持以下的原则:① 尽可能保留欧洲移民发展起来的高生产能力的农业;② 尽可能维持农业部门已有的基本合理的格局;③ 土地转让应当产生个人拥有的农场而不是集体占有,其规模应能生产经济作物供应出口和提供粮食作物供应市场;④ 提供土地买卖的自由市场,使经营不善的农场为生产效率高的农场所取代;⑤ 争取国际援助,大力兴办各类农场。三是推行"土地整顿和所有权登记计划",确定个人土地所有权。到 1984 年大约有 670 万公顷的土地完成了个人所有权登记,面积几乎为殖民地时代"白人高地"的一倍,包括全国大部分优质可耕地。得到地契的农民约 200 万户,约为独立初期"安置计划"受益户数的 50 倍。政府强调通过土地私有化鼓励土地私有者对农田的开发投资,地契可以抵押借款,促进了农业投资的发展。总之,独立后的肯尼亚政府采取了一系列有效新政策、新措施,重新合理配置土地,安置农民就业,大大促进了农业生产的发展,促进社会稳定,使农业成为国民经济主要支柱产业。

2003 年肯尼亚颁布土地改革草案,政府承诺进行土地改革,包括实行土地的分权管理及废除多渠道的土地分配方式。

(二)埃及

独立前的埃及,大部分土地集中在封建贵族、宗教寺院、地主富农和外国农场主手里,大部分农民仅拥有少量土地,或者没有土地,遭受残酷的剥削。

1952 年革命后,纳赛尔政权先后颁布了三个土改法,用 10 多年的时间逐步完成了土地改革:没收王室土地财产,对个人占有的土地进行限制,超额部分由国家征收,作价分给无地的农民。三次土改,私人土地占有的限额不断缩小,土地分配的状况得到很大的变化。到 1960 年,政府没收和征收的土地共计 54.4 万费丹,约有 16.3 万农户得到土地,但仍有 100 多万农户没有或缺少土地。土地改革后,埃及建立起了"耕者有其田"的政策指导下的小土地所有制,个体农户拥有土地,成为埃及土地关系中的主体。[①]

由于土地改革铲除了封建势力,获得了土地的农民发挥了其生产积极性,使农业生产有了较大的发展。1960 年期间,埃及农业年平均增长速度达到 3.5%。但是,随着社会经济的进一步发展,小土地所有制使得农户耕地面积缩小,土地被分割,越来越不适应生产力的发展,甚至成为生产力进一步发展的障碍。

20 世纪七八十年代,埃及实现了大量农业人口向非农产业的转移,工业化程度显著提高,商品经济有了较大发展,已经具备了适度扩大经营规模的条件,出现了土地集中化的趋势。1970 年萨达特政府上台后执行"经济自由化"政策,逐渐放松了土

① 王京烈. 埃及的小土地所有制及其对农业发展的影响[J]. 西亚非洲,1989(4):15-16.

改法令的一些限制。① 1974 年最高法院宣布国家将对地主进行补偿并承认后者拥有完整产权,1975 年议会提高地税并将地租定为 10 倍于地税。

1981 年穆巴拉克继续推进土地私有化。1985 年执政的民族民主党要求提高地租并允许地主出售佃耕地。到 20 世纪 90 年代初,埃及经济面临困境,提供经援的国际货币基金组织和美国政府也力促埃及实现农业自由化,当时的穆巴拉克政府决定进行"新土改"。

1992 年 6 月 24 日,埃及议会通过第 96 号法令,即"地主与佃农关系法"。法令规定:首先,上调地租数额。将固定货币地租增至 22 倍地税;允许实行五五分成制地租,使地主获得更多利润。其次,租佃关系自由。1997—1998 年租佃契约均被终止,之后完全由地主和佃农谈判决定租佃关系的废除或延续;但地主有权随时出售地产。最后,适度补偿佃农。在契约到期前每年补偿 40 倍地税,这只相当于地价的 2%～10%。②

由于工业发展缓慢,佃农的非农收入大受局限,第 96 号法令将他们赶向竞争激烈的就业市场。在农村取消永佃权、推动地权私有、放松价格控制,使农业剩余控制权很快从政府转移到地主手中。

(三) 卢旺达

1962 年前卢旺达被殖民,实行西方土地私有制。1962 年卢旺达独立。1973 年哈比亚利马纳政变,建立卢旺达第二共和国,进行土地改革。卢旺达第二共和国的土地制度是一种把西方土地私有制和卢旺达传统土地制度结合起来的土地制度:所有土地属于国家,农民享有土地的使用权,严格限制土地买卖。一方面,承认"家庭个体土地制",给予各家各户限定的土地所有权(或半所有权),允许有条件的土地买卖等,反映出殖民统治时期西方土地私有观念的某种影响,也表明哈比亚利马纳政权决心在生产资料私有制为基础的经济制度的前提下解决土地问题的决心;另一方面,氏族部落或家族、国家掌握土地的虚有权,把土地的享有权或使用权给予其成员则反映了卢旺达独立之后传统习惯对现实生活的影响。③

2003 年政府颁布《国家土地政策》,2004 年通过《土地法》。土地政策主要围绕以下三个方面。

(1) 加强妇女享有的土地权利:卢旺达政府在土地法中规定妇女也有继承土地的权力,夫妻双方都必须被登记为土地所有者。

(2) 进行土地整理:卢旺达政府认为卢旺达是非洲人口密度最大的国家,但城市

① 张士智.埃及土地问题初探[J].西亚非洲,1983(6):43-49.
② 刘志华.19 世纪以来埃及土地制度与政治权力关系考辨[J].西亚非洲,2010,9:25-28.
③ 张鬵.卢旺达的土地制度[J].西亚非洲,1980,4:43-52.

化程度最低。

（3）对所有土地进行登记：在过去的几十年中卢旺达内战的爆发及20世纪90年代初的屠杀造成大量卢旺达人移民到其他国家或者失去土地，卢旺达政府希望通过对所有土地进行登记加强土地产权的保障，并促进土地市场的发展。但是由于普通的卢旺达人并不能够支付土地登记的花费，为了避免大量穷人的土地被富人通过登记所占用，卢旺达政府出台了双重政策，即对于商业农场主、企业家、城市居民等能够支付起登记费用的群体实行国家层面上的土地登记系统，要求更细致的文本及测量精度；对于自给农户、半城市化居民、非正式城市居民实行当地地区层面上的登记系统。这样的双重土地登记系统要求建立地区土地管理机构，通过这两种方式登记的土地都受到国家的保护。

（四）津巴布韦

1980年津巴布韦独立，在1980年独立时，6000名大型白人商业农场主控制1550万公顷土地（大概是津巴布韦所有农地的一半面积），而84000名公共区域小农仅耕种1640万公顷土地。此时当地并存着三种土地产权系统：42%的土地属于公共用地，41%的土地为私人所有，16%属于国家所有。

1980年津巴布韦独立后按照"愿买愿卖"的原则实行土地改革，希望从白人手中收回土地，分给无地的黑人耕种。[1][2] 土地改革的推进速度十分缓慢，因为英、美等国迟迟不予兑现提供给津巴布韦政府用以购买白人土地的资金，白人农场主则抓住《宪法》中"愿买愿卖"的条文，要求政府出高价才愿意卖地。至1998年，政府将360万原先被私人所拥有的土地分给了70000个家庭，主要是在独立后的前五年内完成的。

2000年2月28日，津巴布韦长期遭受贫困折磨的黑人刮起了抢占白人农场主土地的风潮。对此，政府持默许态度。

2000年6月，津巴布韦启动"快车道"土地改革，规定白人农场主只能拥有1个农场，其余农场没收后分配给无地黑人和退伍军人[3]。在2000年至2007年，超过140000的家庭从"快车道"土地改革中获得了800万公顷土地。在重新分配土地的过程中，大量的农场入侵和土地征用被用来获得先前白人拥有的土地，并通过对立法的改革将土地侵占的行为合法化。

2005年《宪法修订案》中，《宪报》刊登的5256个农场成为国有土地，要进行重新分配，国家能够随意获得农业土地，法庭仅仅能够处理农业用地的补偿问题，不能处

---

① 何丽儿.津巴布韦的土地问题[J].西亚非洲，1982，3：3－10.
② 王兵，常伟，程艳军，徐珍源.津巴布韦的土地改革[J].世界农业，2010(4)：54－56.
③ 李新烽.津巴布韦土改进入攻坚阶段，几大难题亟待解决.http://www.sina.com.cn/w/2002－08－23/1545686973.html.

理土地获取等相关问题。对于在"快车道"土地改革之下获得的土地没有补偿,但是,在取得土地后如果土地相比取得之前有所改善,则可获得补偿。

这样的行为引起了西方国家的不满,随着津巴布韦政府与西方国际机构之间关系的破裂,津巴布韦逐渐被国际所孤立,导致了津巴布韦的经济危机。经济上的困难又对刚刚获得新土地的人们造成了影响,主要反映在他们有效发展耕种他们刚获得的土地的能力上。因此,虽然对土地进行了重新分配,但是津巴布韦的农业产量并没有恢复。虽然主要粮食作物如玉米、小麦等土地收成良好,但干旱、农业投入的难以获取以及新安置农民的能力问题均导致了粮食的低产量。

2008 年 9 月津巴布韦非洲民族联盟与两个津巴布韦民主变革运动党派进行商谈,希望能够缓解津巴布韦与强大北方政府之间的关系。但是,这个全球政治协商进行得十分缓慢,导致关系改善进度甚微。毫无疑问,土地问题仍是津巴布韦与其他主要国家进行协商的主要争端,对于失去土地的白人农场主进行赔偿这一问题最为棘手。

目前津巴布韦的政治局势仍不稳定,过渡时期的动乱、干旱以及疲弱的经济都为津巴布韦粮食增产带来了巨大压力。但是,值得一提的是这并不意味着津巴布韦整体农业的垮塌,而是古老、传统的商业农业经济的倒塌。

（五）南非

在殖民统治时期,白人通过掠夺、战争、欺骗等手段占领了南非大部分土地,广大黑人缺地、少地,土地分配极端不公平、不合理,这些都成为了新南非沉重的历史包袱。[①] 这种不公平、不合理现象,主要是由于种族歧视和种族隔离制度造成的。

1913 年的《土地法》规定,全国土地的 87% 为白人所有,13% 为黑人所有;黑人不允许建立自己的家园,白天可在白人的土地上劳动,但不能过夜。土地所有权很大程度上取决于肤色,最后形成一种"二元的土地制度":在"最终实现南非白人国家所有"的大框架下,一方面,白人社会内部基本上按英国传统建立了私有权制度;另一方面对黑人却强化了部落集体下的家庭"份地"平均使用制,严格禁止黑白间的土地交易和租佃,在黑人内部,当局也只能承认部落土地所有制,不承认黑人家庭的私有制,并以法律"限制个人对土地的权利","限制个人土著土地拥有量"。

1994 年曼德拉上台后,废除了种族歧视和种族隔离制度,先后制定了《临时宪法》和《南非正式宪法》。[②] 新宪法规定,不分种族、性别、宗教,人人享有平等的权利;本着协商与和解的精神,运用法律手段和市场机制,采取和平赎买方式,使白人土地回到黑人手中。南非的土地市场非常活跃,且拥有一个较为完善的市场基础设施,

① 夏吉生.新南非十年土改路[J].西亚非洲,2004,6:45 - 50.
② 夏吉生.南非临时宪法的特点和作用及新宪法的制定[J].西亚非洲.1996,5:7 - 12.

为土地获取提供了许多机会。但是,市场机制下的土地获取亦存在明显的缺点,包括供给买卖的土地质量问题、地价很高、拨款程序的拖延。

1997 年 4 月,南非前土地管理部门在《南非土地政策白皮书》上提出了土地改革政策的框架,主要包含三个子项目:(1) 土地偿还,为 1913 年后土地被剥夺的人提供土地或者补偿;(2) 土地重新分配,提供适当补助帮助特定人群通过市场获得土地;(3) 土地产权改革,保护受到过去歧视性法律、习惯危害的农民土地产权。南非政府希望通过土地重新分配实现公平、高效。在 1994 年,政府为土地重新分配计划设定了一个目标,希望在 1999 年前将 30% 的商业农业用地(2460 万公顷)分配给黑人,改变种族隔离时期土地占有和使用的不公平、不平等等状况,使黑人拥有自己的土地,促进国家和谐与稳定,推动经济增长,改善农民福利和减少贫穷,后来又将日期延至 2014 年,再后来又延至 2025 年。至 2009 年 3 月,仅 530 万公顷土地(原先 2460 万公顷土地目标的 5.2%)实现了重新分配,且其中包括了土地偿还。至 2009 年,超过 4000 起土地偿还申诉尚未处理,偿还项目面临诸多土地问题,尤其是附加值高的土地。不充分的预算拨款、不现实的改革目标以及对于土地改革中分得土地的农民缺乏充分的后期支持均阻碍了土地改革计划中的再分配及偿还部分。且 1994 年以来农民的土地产权并没有得到保护或加强,基于市场的这种土地改革政策导致失去土地产权的农民比例多于获得产权保护的农民。在土地重新分配中,许多家庭为主的贫困小农户没有足够的资金,所以不得不与其他类似的农户组成集体,这种集体土地拥有权本身并没有问题,只是许多农户被迫选择这种方式,土地(质量、远近)并不适合他们。

2004 年出台的《公共土地权利法》是改革公共用地的主要工具,公共用地约占南非 13% 的面积,但是却是 30% 人口的居住地,住有 2000 万黑人。但该《公共土地权利法》存在诸多争议最终被指无效,需要重新进行修订。

南非大部分民众均认为这项土地改革计划处在危机之中,不太可能实现其平均分配土地的目标。缺乏明确的农业转型目标是导致土地改革失败的重要原因。对于祖玛领导之下的政府,发展农村、减少贫困俨然是重中之重,但是经济的萧条却制约了政府实现这项宏伟的目标。有迹象表明南非政府希望从基于市场的"愿买愿卖"以获得土地转变为一个更加激进但狭隘的政府手段,从 2006 年提出的《积极的土地收购策略》中可以明显看出,该项策略允许国家通过与土地拥有者进行协商或者通过征用主动获得土地。2007 年又提出《土地农业改革项目》,将 500 万公顷白人拥有的农业用地分配给 10000 个新农户。如果政府采取更主动的方式获取土地,政府就能够获得更多种多样的地块来满足不同农民的不同需求,而不受到市场提供的限制;并且,政府获取这些土地成为直接所有者,更加有权力对这些土地进行重新分配,解决了市场机制下土地愿买愿卖带来的问题。

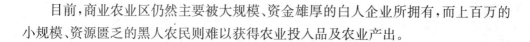

目前,商业农业区仍然主要被大规模、资金雄厚的白人企业所拥有,而上百万的小规模、资源匮乏的黑人农民则难以获得农业投入品及农业产出。

第三节　非洲土地改革主要措施

从 20 世纪 50 年代后期到 20 世纪 90 年代,非洲国家相继从欧洲殖民中取得独立。在重新建立国家的过程中,土地改革及土地政策制定被作为重要的措施提上议案,以纠正殖民时期不公平的土地分配方式,充满歧视色彩的土地利用政策及不稳定的土地产权系统。经归纳,主要的三种土地改革措施为土地分权管理改革、产权明晰化改革及土地市场改革。

一、土地分权管理改革

在非洲的土地改革进程中,许多国家,如肯尼亚、乌干达、纳米比亚、马达加斯加、尼日尔、卢旺达等,均相继采取了分权化管理的政策措施(见表 6-3)。分权化管理指将土地的分配、管理及决策权从中央政府转移给地区或当地执行,同时亦可包含其他行为主体,如非政府组织、其他民主社会组织、用户联盟、村委会、传统机构及私人机构。[1] 土地分权管理主要用于土地登记,在国家统一执行土地管理权时,土地产权登记的巨大需求与土地机构稀少之间的矛盾、国家土地法与地方传统法律的不一致问题均加大了土地登记的成本;而相比国家集中管理土地,分权化管理在时间成本及花费成本上均有明显减少。[2] 同时,土地分权管理拉近了土地管理与土地之间的关系,各地区能以相对熟悉的传统土地管理习惯进行管理,且为各地区提供了"因地制宜",而非统一遵循国家政策的裨益。[3] 因此,通过土地分权管理的实行,个人、家庭或村庄、氏族更易进行土地登记,获得更加稳定的土地产权,而土地产权的稳定则会大大促进农业生产。非洲联盟在《非洲土地政策:增强土地产权、提高生产力、安全生计》的报告中即指出土地分权化管理是消除腐败、提高粮食生产的最有效途径;同时,土地分权带来的稳定土地产权不仅有利于广大农民,尤其是依赖于各种传统土地产权系统对非洲粮食进行耕种的妇女,还有利于国外或当地商业机构进行

---

① Kleinbooi K. Review of land reforms in Southern Africa. 2010.

② Teyssier A, Rivo A R, Razafindralambo R, et al. Decentralization of land management in Madagascar: process, innovations and observation of the first outcome.

③ United Nations Economic and Social Council. African Review Report on Land.

大规模粮食种植,能够大大促进农业生产力及粮食安全的提高。[①]

表 6 - 3　进行土地分权改革的非洲国家

地区	国家	政　　　　策
东非	埃塞俄比亚	1997 年《土地法》中提出土地分权管理,允许各个州实行自己的土地政策与法律
	肯尼亚	2003 年颁布《土地政策草案》,政府承诺进行立法和机构改革,包括土地分权管理,取消土地分配的多重渠道
	乌干达	1998 年《土地法案》引进传统土地证书,进行土地分权管理,建立当地的土地管理部门及法庭
	坦桑尼亚	1999 年颁布《土地法案》及《乡村土地法案》,后者将土地分配及土地管理的权力下放给村集体
南非	纳米比亚	2002 年颁布《公共土地改革法案》,在城市和乡村公共土地建立新的分权土地管理系统,由当地首领控制管理土地分配
	莱索托	1979 年《土地法》提出各地区的土地委员会执行土地管理权
	马达加斯加	2005 年国家将土地的集中管理权力分配到各地区进行管理
西非	尼日尔	1993 年《乡村土地法案》实行土地分权管理,在各地建立自己的土地委员会,拥有土地规划和决策权力;1994 年开始普及土地法案中的分权管理,至 1998 年建立 11 个委员会,既包含官方代表亦包括选举代表
	马里	2000 年颁布《土地法》,开始实行土地分权管理
中非	卢旺达	2003 年颁布《土地政策》;2004 年出台《土地法》;发展一个全面的土地权利登记系统,建立地区政府的土地管理部门,采用传统机制解决土地争端

二、土地产权明晰化改革

除了分权化管理,诸多非洲国家还对产权进行了明晰化改革,产权明晰化改革主要包含土地私有制、土地国有制、对于传统土地产权的认可,此外在土地登记和管理制度上做出更加清晰和法制化的安排(见表 6 - 4)。产权的明晰化对于提高农民农业产出和生计安全具有重大意义,而产权制度的选取则依赖于国家的特定环境与生产系统。[②]

在整个非洲,国家仍然是土地资源最主要的拥有者和管理者,尽管土地国家所

---

① Union A. Land policy in Africa: a framework to strengthen land rights, enhance productivity and secure livelihoods[J]. Addis Ababa: African Union and Economic Commission for Africa, 2009.

② Union A. Land policy in Africa: a framework to strengthen land rights, enhance productivity and secure livelihoods[J]. Addis Ababa: African Union and Economic Commission for Africa, 2009.

有这一制度为非洲历史的延续,但目前的研究表明这种制度已经严重限制了土地的有效及可持续利用;同时,国家并没有能力对所有土地进行有效管理,亦制约了农业生产,因而一部分国家开始探索实行土地私有制及承认传统土地产权制度的改革措施。[①] 传统土地法律采取通俗易懂的语言让每个人都能够理解土地法的含义,不需要额外的经验或培训,除了这种透明性,传统土地法律主要基于个人关系、社会地位以及协商。传统土地法律认为所有土地都有拥有者,事实上,所有土地都有好几个拥有者,部落首领持有最高权力,部落中许多其他的土地拥有者拥有占有权、使用权或转让权。这种将个人权利嵌入集体或二级权利的形式也许是传统土地制度与西方土地产权最大的区别。[②]

对传统土地产权制度的认可被认为是一项重要的改革措施,同时在管辖权范围内加强土地的划分、地界确认、产权登记,保证土地产权具备排他性,某种程度上可以提高小农生产的积极性。非洲国家独立后统一颁布的土地法与各地区长期习惯的传统土地制度存在许多冲突,造成土地产权的混乱,在未来的改革过程中,克服殖民时期遗留问题,摒弃传统土地制度中歧视妇女的僵硬死板的规定,建立包含传统土地产权概念及原则的具有非洲农业特点的土地产权系统将成为一项重要措施。

表 6-4　进行土地产权明晰化改革的非洲国家

产权明晰化改革	国家	政　策
土地私有化	阿尔及利亚	1980—1984 年的五年计划中,开始实行土地私有制,居民享有永久拥有权
	马拉维	2002 年国家土地政策意在将全国超过 70% 的传统土地私有化,使人们拥有土地产权
	马达加斯加	2005 年政府在《土地政策白皮书》中规定,所有经过开发、耕种、或有人居住的土地,即使没有经过产权登记,也不再属于国家所有,属于土地使用者私人所有
土地国有化	厄立特里亚	1994 年颁布《土地公告》,规定土地属于国家,农民享有使用权
	索马里	1975 年引入新的《土地登记法》,土地归国家所有
	乌干达	1975 年颁布《土地改革法令》,规定土地属于国家,农民享有使用权
	埃塞俄比亚	1975 年将所有农村土地转为国有,高度集中(产量大减)
	马里	自 1960 年独立至 2000 年土地属于国家,1990 年立法格外强调国家对土地的所有权

①　United Nations Economic and Social Council. African Review Report on Land.

②　Atwood D A. Land registration in Africa: the impact on agricultural production[J]. World Dev. 1990, 18(5):659-671.

产权明晰化改革	国家	政 策
认可传统土地产权	莫桑比克	1997 年《土地法》对传统土地区域进行划界,承认了部落、氏族这种传统土地权利
	乌干达	1998 年立法充分承认传统土地权利
	坦桑尼亚	1995 年《国家土地政策》承认传统土地权利
	加纳	1999 年颁布《土地政策》中认可传统土地产权中的权威在土地管理中的作用
	马里	2001 年《田园宪章》中承认传统土地产权

三、土地市场化改革

20 世纪 90 年代,许多非洲国家通过了新的土地法案,经历了一段时期的自由化、市场化的土地分配项目,但是这些市场化改革的实施力度不够大。到了 21 世纪,不少非洲国家意识到土地市场对于粮食生产效率的影响,开展了与跨国企业的合作、土地经营权的转让等土地市场化的改革模式,市场公平程度的不断提高,狭小而分散的市场逐渐走向联合,促进了更加平等的竞争,更加有效率的土地资源分配。

市场化的改革在土地产权的体现上主要是租赁和租约两种形式。租赁是指长而受限的国有或私人土地租赁合同(通常为 25 年、50 年、99 年),受到国家保护,并在市场上进行运作,这种方式在非洲相比土地私有权更加普遍,尤其是通过租赁方式分配土地或者将租赁作为传统土地登记方式的国有土地。租约合同,通常存在私人之间,有可能并不被正式法律所认可。

一般来讲土地租赁规则由政府通过法律制定。[①] 莱索托在城市土地利用中建立了租赁制度,农民可以申请租赁持有土地(lease title),该制度提高了土地资产的安全性,同时提供了更为方便的融资方式。2009 年通过的土地法案,对不使用的或者不依法使用的土地产权进行撤销,符合规定的外商企业和非公民能够通过相关程序,对这些土地获得正式的登记持有权,并统一实行租赁制度。这项法案的实施有助于莱索托土地市场的发展。赞比亚在 1995 年通过的土地法对市场化改革也做出了安排。允许个人和企业租赁传统产权的土地,最多可以拥有 99 年的使用权,形成了高度开放的土地市场。在高价值的土地上,个人以及国内、国外企业都能去竞争土地的所有权和经营权,破除了原本大范围的土地资源不平等,获得利益的同时对土地进行了较好的管护。

---

① 武翠.租赁土地使用权法律制度研究[D].厦门大学硕士论文,2009.

　　土地市场化改革的主旨在于对小农以及弱势群体的扶持,致力于增加农业产量,节约资源并提高乡村地区的社会平等程度。马拉维三分之二的农业产出都由小农贡献,小农是该国主要的土地使用者。在农业政策和土地政策方面,马拉维针对公共投资改善小农的市场条件,保护他们的土地权利,提高他们的生产能力。纳米比亚针对黑人中产阶级农民,提出了以市场为导向的扶持行动贷款计划,将白人的土地转移到黑人手中,以减轻农村的贫困,减少无地的黑人。这个计划预计四倍多于政府的安置计划转移的白人土地。这个计划于2002年开始实施,虽然它的减贫效果并未起到太大作用,却推动了纳米比亚的土地市场活力提升。为了改善南非普遍的贫穷和严重的不平等,南非于1994年就通过了以市场化为基础的土地改革政策,但效果不尽如人意。之后,南非的土地再分配改革推行了酌情补助金制度,协助部分公民通过产权市场收购土地。在2007年关于土地改革的全国会议上,政府希望建立"愿买愿卖"的自有意愿土地交易市场。

　　对于施行过土地分权化改革的国家,市场化开放程度会有不同的安排。例如,在斯威士兰有两种土地制度并存,即:斯威士国家土地(Swazi-nation land)和有地契的土地(title-deed land),[①]传统的土地产权仅允许农民进行很小范围的商业活动,土地不能用于从金融机构贷款的抵押品和担保物,这意味着土地产权处在一个相对较低的安全性级别,而有地契的土地即私有化土地产权,人们可以自由地在土地市场运作。

　　有的国家放宽市场准入门槛,非公民、企业甚至是跨国企业都可以对土地投资和使用。例如,莫桑比克在1992年建立了一个开放的市场体系,以促进经济的自由化。土地资源的冲突使得莫桑比克迅速地制定和推动了新的政策,土地私有化之后不仅可以由佃农经营,也能交由商业化的企业来进行投资。

　　当然,土地的商业化也造成了不同程度的问题。例如,马拉维在土地商业化改革之后,土地上冲突增加,不平等的现象变得严重,虽然租金和销售量均有增加,但这不能说明马拉维的土地市场变得更加有效。

　　虽然市场化改革在非洲土地制度变迁过程中取得了不小进步,但市场化改革的普及程度不如土地分权式改革和土地明晰化改革。土地市场化改革在非洲还有着更大的需求和潜力。

　　根据以上对土地分权化管理及产权明晰化改革理论分析,我们认为这两项政策改革均对粮食生产提高有促进作用,为验证该假设,从全非尺度及区域尺度上进行实证分析。鉴于土地市场化改革年份数据收集有限,本研究并未对市场化改革进行

---

① Sifhole V M, Apedaile L P. Factors influencing the reduction of maize acreage on Swazi-nation land[J]. Agricultural Administration and Extension,1987,27(4):201-213.

实证性分析。

第四节　非洲土地制度改革对
粮食安全影响的实证分析

　　为了实证分析非洲土地制度改革对于非洲粮食安全的影响,这里引入柯布-道格拉斯生产函数模型进行实证分析。

一、计量经济模型构建

　　这里对粮食生产效率进行实证分析所选用的基本模型是柯布-道格拉斯生产函数(C-D函数)。根据对这一函数的基本定义,影响产量的因素主要有土地、劳动力、资本和技术。考虑到农业生产的特点、非洲的农业现状以及土地制度政策演变对粮食生产效率的影响,在理论分析的基础上归纳出下面的计量经济模型:

$$Y=f(土地,劳动力,资本,技术,土地改革)$$

其中,Y表示粮食总产量,土地用粮食的播种面积(A)反映,劳动力用农村从事经济活动的劳动力(L)反映,资本用粮食生产化肥投入(F)和粮食生产的农业机械数量(T)表示。对于非洲的农业生产,由于其技术还处在发展不高的阶段,原始或传统的耕作模式普遍存在,新技术上的变迁在最近几年才开始引进和推广,因此这里不考虑技术进步的原因。对于土地改革,总结近30年发生的土地制度变迁状况,这里采用了分权式改革(poc_1)和产权明晰化(poc_2)两个政策变量,均采用虚拟变量,从改革的年份起赋值为1,以前各年赋值为0。因此上述模型可以写为如下形式:

$$\ln Y=C+a_1\ln A+a_2\ln L+a_3\ln F+a_4\ln T+a_5 poc_1+a_6 poc_2+e_i$$

其中,C为常数项,$a_1,a_2,\cdots,a_6$为各项变量的系数,e_i为随机扰动项。

　　本文所使用的数据主要来自联合国粮农组织的统计数据,部分化肥的数据来源于世界银行,2004—2008年农业机械数据是通过1980—2003年数据进行移动平均法进行趋势外推预测得到。分权化改革及产权明晰化这两个虚拟变量的改革年份通过查阅相关文献资料整理得到。

二、全非尺度分析

　　为了验证上述理论分析,我们选取了遍布非洲大陆各区域的20个具有明显土地制度变迁的典型国家(见表6-5)1980—2008年的面板数据(panel data)对上面的理论分析进行实证检验。

表 6-5　分权式改革和产权明晰化发生年份

国家	分权式改革	产权明晰化
马达加斯加	—	2005 年
莫桑比克	1995 年	—
博茨瓦纳	1992 年	—
科特迪瓦	1999 年	1999 年
加纳	1999 年	
肯尼亚	2003 年	1984 年
马里	2001 年	—
尼日尔	1994 年	—
坦桑尼亚	2005 年	1999 年
马拉维	2002 年	—
乌干达	1999 年	
卢旺达	—	2003 年
布基纳法索	—	1990 年
赞比亚	1980 年以前	1995 年
布隆迪	1980 年以前	1986 年
尼日利亚	1980 年以前	
莱索托	—	
纳米比亚	2002 年	
南非	—	
津巴布韦		

这里借鉴微观计量经济统计方法的最新进展,克服时间序列分析受多重共线性的困扰,上述计量经济模型分别运用面板数据的固定效应模型(fixed effects,FE)和随机效应模型(random effects,RE)进行估计(见表 6-6、表 6-7)。

表 6-6　全非尺度固定效应模型估计结果

R-sq:	within=0.5349		$F(6,554)=106.21$	
	between=0.9079		Prob>F=0	
	overall=0.8865			
lnY	Coef.	Std.Err.	t	$P>\lvert t\rvert$	[95% Conf. Interval]

续　表

lnA	0.724116	0.04492	16.12	0.000	0.635882	0.812351
lnL	0.156669	0.084833	1.85	0.065	−0.00996	0.323303
lnF	0.008651	0.010142	0.85	0.394	−0.01127	0.028573
lnT	0.086926	0.03862	2.25	0.025	0.011067	0.162786
poc_1	0.221148	0.037496	5.9	0.000	0.147496	0.2948
poc_2	0.100143	0.045467	2.2	0.028	0.010835	0.189452
_cons	1.730635	0.701582	2.47	0.014	0.352549	3.108721
sigma_u	0.589983					
sigma_e	0.241713					
rho	0.856275	(fraction of variance due to u_i)				

F test that all u_i=0： F(19,554)=69.41　　　Prob>F=0.0000

表6-7 全非尺度随机效应模型估计结果

R-sq:	within=0.5334		Wald chi2(6)=865.13			
	between=0.9119		Prob > chi2=0.0000			
	overall=0.8910					
lnY	Coef.	Std.Err.	t	$P>\|t\|$	[95% Conf. Interval]	
lnA	0.772687	0.0415554	18.59	0.000	0.6912398	0.8541341
lnL	0.2136985	0.0673081	3.17	0.001	0.081777	0.3456199
lnF	0.0149218	0.0099395	1.5	0.133	−0.0045593	0.0344028
lnT	0.0872524	0.032182	2.71	0.007	0.0241769	0.150328
poc_1	0.1857517	0.035699	5.2	0.000	0.115783	0.2557204
poc_2	0.0859986	0.0435587	1.97	0.048	0.0006251	0.1713721
_cons	0.5480401	0.5749671	0.95	0.341	−0.5788748	1.674955
sigma_u	0.390563					
sigma_e	0.241713					
rho	0.723057	(fraction of variance due to u_i)				

随机效应模型的 Hausman 检验： chi2(6)=222.40　Prob>chi2=0.000

从两个计量经济模型的估计结果来看,固定效应模型和随机效应模型估计的 R^2 值都比较显著,且各自对应的 F 检验和卡方检验都在 1% 水平上显著。所有被估计自变量系数符号都为正向。为了确定哪个模型的估计结果更加准确合适,引入了 Hausman 检验来进行判断。从随机效应模型的 Hausman 检验结果来看,检验的 P 值为 0,所获得的卡方统计检验值拒绝原假设,随机效应模型的假设无法满足,所以在这一模型的估计上,采用固定效应模型比较合适。

从固定效应模型的估计结果来看,影响粮食生产效率的传统要素播种面积、农业劳动力和农业机械投入对粮食产出均具有显著影响,且估计系数符号为正。这表明研究中所选取的非洲的 20 个典型国家,粮食播种面积、农业劳动力和农业机械投入均能够促进粮食生产效率;其中以粮食生产播种面积影响最为显著,粮食生产播种面积增加 1% 将促进粮食产量提高 77.27%;其次以农业劳动力的影响最为显著,农业劳动力每增加 1%,粮食产量将增加 21.37%。尽管化肥使用量亦对于粮食生产有正向影响,但影响并不显著,这一方面与数据的波动太大有关,另一方面可能由于数据口径不一致,影响估计准确性。

从政策角度来看,分权式改革和产权明晰化均对粮食生产具有显著的影响,且系数为正,说明这两项政策对于粮食生产有促进作用,这与之前的假设一致。同时,分权式改革不仅在显著性上高于产权明晰化,在影响系数上也明显高于产权明晰化。

分权式改革的实行允许各地区在国家政府的支持下自行管理土地,减少了中央政府统一执行土地权利的漫长等待时间;同时,该政策的实行有效弱化了非洲各地区/氏族传统土地管理习惯与国家统一颁布的新土地法之间的矛盾,减少了土地产权引起的冲突问题,促进了产权稳定。在产权稳定的前提下,农民对土地投入的积极性提高,同时,土地生产的周期更为稳定,提高了粮食生产效率。产权明晰化改革过程中,国家通过政策颁布确定了土地私有制、国有制、集体制或其他制度,固然也对土地产权稳定有所促进。但进行产权明晰化改革后,通常还需要通过土地登记程序才能真正获得稳定产权,而正是对于土地登记的强烈需求促使了土地分权管理的出现。高昂的成本及复杂的程序强烈阻碍了土地登记程序的正常进行,花费近 10 年的时间完成土地登记全过程的例子在非洲国家并不少见,分权式改革的实行则大大促进了产权登记。因而,分权式改革对于粮食生产的促进作用大于产权明晰化的促进作用。

三、土地分权化改革的区域实证分析

从全非尺度上探讨了分权化改革及产权明晰化对粮食生产的影响,为了进一步揭示非洲大陆不同区域的土地制度改革对生产效率的影响状况,从东部非洲、南部非洲及西部非洲的区域尺度上选取了几个典型国家,将土地分权化和土地产权明晰化作为独立政策变量放入面板数据模型中,研究其对粮食产量的影响。

(一) 东部非洲

东部非洲主要面临殖民时期遗留下来的双重土地产权系统,所有国家都进行了一定的政策改革以解决这种问题,其中分权化管理为较普遍的一种措施。东部非洲选取了土地分权化改革的典型国家肯尼亚、乌干达和坦桑尼亚进行估计(见表6-8)。根据随机效应模型和固定效应模型的估计结果,R^2非常显著,且对应的 F 检验和卡方检验在1%水平上显著,通过 Hausman 检验结果来确定使用哪一个模型更加合适。从 Hausman 检验结果来看,P 值为0.2669,固定效应模型不显著,不拒绝随机效应模型的假设。因此这里更适合采用随机效应模型进行估计(见表6-8)。

表6-8 东部非洲典型国家土地分权化改革估计结果(随机效应模型)

R-sq:	within=0.7303			Wald chi2(5)=806.39		
	between=0.9994			Prob > chi2=0.0000		
	overall=0.9087					
lnY	Coef.	Std.Err.	t	$P>\lvert t\rvert$	[95% Conf. Interval]	
lnA	0.608018	0.069653	8.73	0	0.471501	0.744534
lnL	0.255115	0.104761	2.44	0.015	0.049786	0.460444
lnF	0.021003	0.013152	1.6	0.11	−0.00478	0.046782
lnT	0.114512	0.074757	1.53	0.126	−0.03201	0.261032
poc_1	0.059142	0.043986	1.34	0.179	−0.02707	0.145352
_cons	2.490046	0.763482	3.26	0.001	0.993648	3.986444
sigma_u	0					
sigma_e	0.241713					
rho	0.132775		(fraction of variance due to u_i)			
随机效应模型的 Hausman 检验:				chi2(5)=6.43 Prob>chi2=0.2669		

lnyCoef.Std.Err.t$P>\lvert t\rvert$[95% Conf. Interval]

随机效应模型结果显示,分权管理政策对东部非洲粮食生产虽然具有促进作用,但不是非常显著,系数仅为0.059,且 P 值为0.179,显著水平不足。究其原因,政治、资金、技术及主观因素等造成了制约作用。肯尼亚政府于2003年颁布的《土地政策草案》中承诺进行分权管理,但是由于肯尼亚政党就草案中与总统权利相关的条款及与总理权利相关的条款不断进行激烈斗争,尤其针对土地行政管理争执不断,严重阻碍了草案的执行。

坦桑尼亚于1999年颁布《农村土地法案》,在农村地区进行分权管理,但由于基础设施落后,受教育程度低,要顺利进行各地区土地分权管理,国家土地部门不得不花费大量的资金及时间在建立村庄、地区级别的土地登记处,培训管理人员,同时在各地区进行讲座,向村民宣传土地分权管理化改革措施,延缓了法案实施的进程。

乌干达于1998年颁布《土地法案》,宣布进行分权管理,但是该项法案的透明度很低,缺乏前期与群众的交流沟通,大部分群众并没有参与到改革的实施中,很少有群众知道这项法案正在实行,更少的一部分人了解法案所包含的内容;同时,在各地区建立的分区土地管理部分缺乏行动的动力,中央政府缺乏明确的方向与高效的执行力,地区更加难以大力推行改革;此外,建立土地分权管理系统的成本远远超过了现有预算,均对改革的执行造成了很大障碍。[①]

根据以上分析,造成东部非洲国家分权化管理改革效果不明显的主要原因在于法案颁布后执行力的不足,政治、资金、技术、公众参与度及行动效率等因素起到了较大的制约作用,而分权化改革措施执行力的滞后则直接导致粮食生产改善效果不显著。

(二)南部非洲

南部非洲选取了纳米比亚、莱索托和马达加斯加作为分权化改革的典型国家进行估计。同样地,对随机效应模型和固定效应模型进行 Hausman 检验确定更加适合此处估计的模型。检验结果的 P 值为0,所获得的卡方统计检验值拒绝原假设,随机效应模型的假设无法满足,因此采用固定效应模型估计(见表6-9)。R^2 为0.6454,较显著。莱索托改革时间不在研究时段1980—2008年范围内,影响了模型估计的准确性,变量 f 和 t 都与经验性的结果相反,无法解释。

表6-9 南部非洲典型国家土地分权化改革估计结果(固定效应模型)

R-sq:	within=0.4381			$F(5,79)=12.32$		
	between=0.6534			Prob>F=0		
	overall=0.6454					
$\ln Y$	Coef.	Std.Err.	t	$P>|t|$	[95% Conf. Interval]	
$\ln A$	0.963015	0.159755	6.03	0	0.64503	1.281
$\ln L$	0.482263	0.400996	1.2	0.233	−0.3159	1.280426
$\ln F$	−0.03716	0.024695	−1.5	0.136	−0.08632	0.01199
$\ln T$	−0.29716	0.626767	−0.47	0.637	−1.54471	0.950389

① Adams M, Palmer R. Eastern and Southern Africa[J]. Independent Review of Land Issues, 2006 - 2007.

poc_1	0.228997	0.158629	1.44	0.153	−0.08675	0.544741
_cons	−0.82152	3.426238	−0.24	0.811	−7.64128	5.998235
sigma_u	1.089365					
sigma_e	0.231115					
rho	0.956929	(fraction of variance due to u_i)				

F test that all u_i=0: $F(2,79)=23.06$	Prob>F=0.0000
随机效应模型的 Hausman 检验:	chi2(5)=47.25 Prob>chi2=0.0000

lnyCoef.Std.Err.tP>|t|[95% Conf. Interval]

分权化改革的政策变量 P 值为 0.153,显著水平不足,但系数显示分权化改革对南部非洲粮食生产效率的提高有正向的影响,且影响系数远远高于分权改革对东部非洲粮食生产的影响系数,达到了 22.90%,说明分权化改革的实行大大促进了南部非洲粮食生产量的提高。

莱索托于 1979 年颁布《土地法》[①],规定在农村与城市地区分别建立土地委员会,实行分权化改革,各地区土地部门完成了一个相对平稳的转变,共形成 128 个社区土地委员会。尽管各地区的传统首领或头人不再拥有土地管理的权利,但他们通常对社区土地委员会进行支持,促进了分权化改革实施的效率。

纳米比亚的公共土地拥有更充足的降雨及更肥沃的土地,且居住有大部分人口,因而公共土地的有效管理将对纳米比亚粮食生产有巨大促进作用。纳米比亚在2002 年颁布的《公共土地改革法案》中提出在城市和乡村公共土地建立新的分权土地管理系统,由当地首领控制管理土地分配。但各地首领并未有效执行《公共土地改革法案》中对所有传统产权进行登记,对所有地块颁发土地登记证书的要求,而认为自己拥有公共土地的管理权。因此,纳米比亚的分权化土地管理虽然有所效用,但各地行政部门的低效率严重阻碍了其所应发挥的效用[②]。

马达加斯加于 2005 年将国家对土地的集中管理权力分配到各地区进行管理,该项改革得到了广大社区、市镇的支持,美国千年挑战集团及世界银行为马达加斯加提供了 90% 的资金援助。各地区土地管理办公室被授予采取一种小型文件的方式进行土地登记的权利,在 2008—2009 年,通过当地土地办公室获得这种小型文件,进行土地登记的居民数量超过了过去 30 年的总和。相比过去 507 美元的土地登记费

---

① Christopher A J. Land law in Lesotho:the politics of the 1979 land act-Franklin, AS[J]. Land Use Policy, 1997, 14(1):79 − 79.

② Vires W D, Lewis J. Are urban land tenure regulations in Namibia the solution or the problem? [J]. Land Use Policy, 2009,26(4):1116 − 1127.

用,小型文件仅需 9 美元,相比过去长达 6 年的等待时间,仅需要 6 个月。虽然 2009
年 7 月起,土地分权化管理的所有外部资金援助停止,但 2 个月后,2/3 的地区土地
办公室即能自行运营。[①] 自 1961—2009 年来,马达加斯加的粮食产量一直处于平稳
上升阶段,而自 2005 年开始施行分权化管理之后,粮食产量的增加率显著提高,因
而,分权化管理的有效执行大大提高了居民的积极性,促进了粮食生产(见图6‑1)。

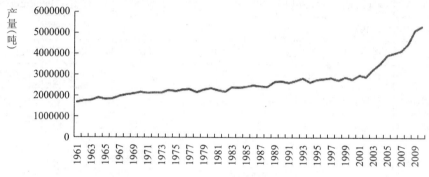

图 6‑1　马达加斯加粮食产量曲线

　　综上所述,南部非洲分权化改革对粮食生产提高有较为显著的作用关键在于改
革的有效执行、较高的民众参与度、充分的资金技术支持以及政府自身努力,保证了
外来资金停止时持续运营。当然也有个别国家,如纳米比亚,尚未充分发挥分权化
改革的效用,各地土地管理部门有待进一步协调。

　　(三)西部非洲

　　在 20 世纪 90 年代早期,分权化管理在许多西非国家出现,被认为是最合适的管
理方法。但是,对于分权化管理的定义,甚至分权化管理的作用仍存在许多争议。

　　西部非洲选取了尼日尔和马里两个国家作为典型样本进行估计。同样,对于西
部非洲典型国家的两种模型进行 Hausman 检验。检验的结果 P 值为 0.9999,固定
效应模型非常不显著,几乎可以完全接受随机效应模型的假设。因此这里更适合采
用随机效应模型进行估计。R^2 接近 0.8,估计结果拟合度好(见表 6‑10)。

　　估计结果来看,耕地面积、劳动力、化肥和机械等基础变量的显著状况良好且方
向符合预期。分权式改革的变量估计结果不显著,且符号为负向影响。一方面原因
是只选取了两个改革状况明显的国家,样本太少导致面板数据估计结果不能解释改
革对粮食生产效率的影响。

---

①　Kleinbooi, Karin, ed. Review of land reforms in southern Africa 2010[M]. Institute for Poverty, Land and Agrarian Studies (PLAAS), School of Government, University of the Western Cape (UWC), 2010.

表6-10 西部非洲典型国家土地分权化改革估计结果(随机效应模型)

R-sq:	within=0.7909			Wald chi2(5)=198.3		
	between=1.0000			Prob > chi2=0.0000		
	overall=0.7922					
lnY	Coef.	Std.Err.	t	P>|t|	[95% Conf. Interval]	
lnA	0.497524	0.129796	3.83	0	0.243128	0.75192
lnL	0.889117	0.28125	3.16	0.002	0.337877	1.440357
lnF	0.028405	0.039895	0.71	0.476	−0.04979	0.106599
lnT	0.194799	0.048767	3.99	0	0.099218	0.290381
poc_1	−0.06561	0.098097	−0.67	0.504	−0.25788	0.126659
_cons	−1.26663	1.790385	−0.71	0.479	−4.77572	2.242461
sigma_u	0					
sigma_e	0.181345					
rho	0	(fraction of variance due to u_i)				
随机效应模型的 Hausman 检验:				chi2(5)=0.08 Prob>chi2=0.9999		

lnyCoef.Std.Err.tP>\|t\|[95% Conf. Interval]

尼日尔1993年出台的《乡村土地法案》提出实行土地分权管理,在各地建立自己的土地委员会,拥有土地规划和决策权力。尽管尼日尔进行各地区分权化管理的政策引起了大范围的兴趣,但尼日尔国内的权利现状复杂化了这一措施。目前改革仍处在最后一个阶段,即进行当地选举。但不仅参选人员对传统社区了解不深,难以支持政府管理当地,希望获得权力的政党也并不明确分权制度在政治及行政改革上的重要性。为防止自身权利受到削弱,传统政权领导人不希望进行行政区重划,而相反的权利体则表明希望参加地区选举,而不愿参加立法选举,因为地区选举监督不严格,可进行行业操作。尼日尔的土地分权化改革已经演变成各方政党权利斗争的主要政治工具。[①]

马里在2000年《土地法》中正式宣布进行分权化管理,目前,马里的分权化管理作为一个兼具技术属性及政治属性的问题,正处于抉择的十字路口,其中的政治问题作为推动分权化管理的基础,正变得越来越难以解决。大部分西非国家习惯于重视分权化管理的技术方面,而忽略了更为重要的政治方面。比如,分区管理的权限

---

① Tidjani, Mahaman S. Decentralization in Niger: an attempted approach. http://www.ciesin.org/decentralization/English/CaseStudies/Niger.pdf

尚未明确,各地区时常不理解他们代表政府执行的权利范围;将政府的职责及资源分配到各地时存在诸多限制等。此外,分权化改革的实施受到所谓的欧洲及北美技术、财政伙伴的制约,这些资金捐赠者时常对马里的国民经济及政治选举施加巨大压力。[1]

西部非洲分权化改革未能对粮食生产起到促进作用关键在于该项举措并未被切实执行,而是沦为政治斗争的主要工具;同时,各地区管理部门代表中央政府执行土地管理职责的权利范围缺乏明确性,效率低下也制约了分权化改革对粮食生产的促进作用。

四、土地产权明晰化改革不同区域实证分析

在非洲摆脱殖民统治获得独立的初期,许多非洲国家开始重建国家,如建立独立的政治体系,颁布包括土地改革等在内的政策及发展策略。为解决殖民时期遗留的土地分配不平均、土地歧视政策及不稳定的土地产权等问题,土地产权明晰化改革从 20 世纪 50 年代开始,60 年代后开展更为蓬勃。产权明晰化的土地改革包含了私有制、国有制等传统意义上的土地制度变革,针对非洲土地的特点,也包含了对传统土地产权的认可和权利主体的明晰。针对不同的政策措施,分别做出其对粮食产量的实证分析。由于土地国有化改革的年份在 20 世纪 70 年代,限于数据不全,没有对土地国有化改革进行定量分析。

（一）土地国有化改革

部分非洲国家,如埃及、阿尔及利亚、利比亚、坦桑尼亚、赞比亚、莫桑比克、安哥拉等通过将殖民者占有的土地国有化进行土地重新分配,这种方式相比政府通过赎买方式收回土地,成本更低。马里、索马里、乌干达等国最初的土地法令都明确规定了土地归国家所有,而在 20 世纪 70 年代,坦桑尼亚的"乌贾马运动"、莫桑比克的"公社村"、几内亚的"农村集体化"等土地改革都是以土地公有制为基础的农业集体化、合作化的土地制度安排,将分散、落后的小农经济改造成规模较大的集体经济。

但目前研究表明国有化改革并没有对粮食生产产生积极作用,且这种制度已经严重限制了土地的有效及可持续利用;同时,国家并没有能力对所有土地进行有效管理,亦制约了农业生产,因而一部分国家开始探索实行分权改革、土地私有制及承认传统土地产权制度的改革措施。[2] 成功解决土地分配不均问题,实现土地重新分

---

① Cheibane Coulibaly. Decentralization in Mali: a constrained "responsibility transfer" process[J]. Pedagogic Factsheets, 2010. [Online] http://www.agter.asso.fr/article591_en.html.

② United Nations Economic Commission for Africa. African Review Report on Land.

配从而促进粮食生产的关键在于民众对政府的信任以及土地国有化改革后土地重分配项目的切实执行。而土地收归国有进行重新分配时,通常政府采取的行动并不符合最初的目标,为了追逐经济利益及促进自身发展,大部分地方政府将一部分土地,通常为最优土地留作经济发展,将部分土地重新租给私人或者农场主,通常为白人农场主,而广大黑人农民即使分得了土地,土地肥沃程度、水热条件通常也较为次等。[①] 索马里 1975 年将所有土地收为国有,宣布农民可以通过登记程序获得稳定产权,国家成为土地的拥有者,因而大部分从祖先或者原先氏族部落分得土地的农民丧失了对土地的拥有权,难以支付高昂的土地登记费用;相反,经济实力雄厚的商人或政客则能通过登记程序获得大量合法土地。因此,这种土地国有化的改革非但没有促使土地平均分配,稳定产权,反而导致社会结构更加不平等,小农生活更无保障。[②]

因而,大部分进行土地国有化改革的非洲国家后来又转而实施其他更为有效的土地制度,包括实行各地区土地自行管理的分权制度,将国家权利分配到各地执行;实行私有制,甚至是混合土地制度。

(二)土地私有化改革

经历了 20 世纪 80 年代的粮食产量下跌,部分非洲国家学习西方发达国家土地制度,在保留原本土地国有化制度的同时,开始探索土地的私有化改革。这里选取阿尔及利亚、马拉维和马达加斯加作为私有化典型国家进行实证分析。

同之前的估计方法相同,通过 Hausman 检验结果来确定使用随机效应模型还是固定效应模型。这里的 Hausman 检验结果,P 值达到 0.9995,几乎可以完全接受随机效应模型的假设(见表 6 - 11)。可决系数 R^2 超过 70%,回归模型卡方在 1% 效果上显著,因变量用模型来解释效果较好。

表 6 - 11 非洲典型国家土地私有化改革估计结果(随机效应模型)

R - sq:	within=0.6613			Wald chi2(5)=222.89	
	between=1.0000			Prob > chi2=0.0000	
	overall=0.7335				
lnY	Coef.	Std.Err.	t	$P>|t|$	[95% Conf. Interval]

① Greenberg S. Land nationalisation. http://sacsis.org.za/s/story.php? s=592.
② Deherez D. The scarcity of land in Somalia. Natural resources and their role in the Somali conflict. http://www. bicc. de/publications/publicationpage/publication/the-scarcity-of-land-in-somalia-natural-resources-and-their-role-in-the-somali-conflict-267/.2009.

续　表

ln$A$	1.091928	0.117442	9.3	0.000	0.861747	1.32211
ln$L$	0.678078	0.130912	5.18	0.000	0.421496	0.934659
ln$F$	−0.17838	0.03906	−4.57	0.000	−0.25494	−0.10182
ln$T$	0.024438	0.026957	0.91	0.365	−0.0284	0.077273
poc_2	0.058831	0.084809	0.69	0.488	−0.10739	0.225054
_cons	−4.90475	2.159195	−2.27	0.023	−9.13669	−0.67281
sigma_u	0					
sigma_e	0.225904					
rho	0	(fraction of variance due to u_i)				
随机效应模型的 Hausman 检验：				chi2(5)＝0.16　Prob＞chi2=0.9995		

between＝1.0000 Prob＞chi2=0.0000

估计结果里,耕地面积、劳动力、化肥模拟结果非常显著,其中耕地面积和劳动力呈正向相关,符合预期;而化肥施用量与粮食产量呈相反方向,这可能与这几个国家化肥利用率低以及盲目施肥有关。土地私有化的政策变量的 P 值为 0.488,显著性不高,仅能从符号上判断土地的私有化改革促进了粮食产量的提升。

阿尔及利亚在 1980—1984 年的五年计划中进行了重大改革,从根本上重视国有农场转变为私人管理的系统。政府将近 700000 公顷土地分给农民,使私有土地增加到 500 万公顷。同时,阿尔及利亚政府开放土地市场,允许农产品自由交易,并对节约型农业予以奖励。农民对土地的所有权稳定且可以流转,但流转时土地不能分割,以此保证了农民的耕种规模,并且新的土地所有者能够拥有流转前的所有设备,为农民个体提供了有效的激励,这种新的系统有效提高了粮食产量。[①]

马拉维 70％的国土面积实行传统土地产权,小农维持生计的农业生产土地均来自于传统产权土地,但为解决传统土地产权中首领、头人对传统土地不恰当的经营方式,政府在 2002 年《国家土地政策》中意将占全国土地 70％的传统土地私有化,并以个人名义登记,此举引起了众多传统首领的争议,担心该项改革会削弱自身权利。因而,目前该项改革的支持性框架仍在利益相关者之间进行讨论,传统首领仍然在土地政策的关键问题中扮演着重要角色。马拉维政府于 2004 年实行的《基于集体的农村土地改革项目》主要为支持小农生产,为没有土地或很少土地的小农提供土地,受到了世界银行的资助,该项目实行前后玉米的平均产量从 219kg 上涨到 1411kg。

---

① Algeria land tenure and reform. http://www.country-data.com/cgi-bin/query/r-402.html 1993.

因而,马拉维的粮食产量提高并非来自土地私有化的贡献,而是政府对小农的大力支持。[①]

马达加斯加政府 2005 年在《土地政策白皮书》中规定,所有经过开发、耕种,或有人居住的土地,即使没有经过产权登记,也不再属于国家所有,而属于土地使用者私人所有,并对产权登记系统进行了改革,允许各地区成立当地土地办公室采取成本较低的一种方式授予产权,大大提高了产权登记的效率,稳定了农民对土地的产权,提高了粮食产量。[②]

以上分析表明土地私有制改革对粮食生产固然有促进作用,但还需依赖一些其他手段,如采取简单易行的方式对土地进行登记以进一步巩固农民享有的土地产权稳定性,同时对土地分配时或后续流转时地块大小进行规定,防止地块被分割过小导致经营不成规模,经济效益过低。此外,政府对小农生产的自主亦是促进农业生产所必不可缺的一部分。

(三)认可传统土地产权的改革

非洲国家仍然存在着许多以家族和部落为纽带的生活群体,独立后非洲国家纷纷建立新的土地制度,但仍受到殖民时期的影响,新的土地制度的确立影响了部族对土地的支配,造成了现有土地产权与传统土地产权的冲突。传统的土地产权制度无法得到认可,人们长期以来习惯的土地产权制度与现有制度不符,产生混乱,造成诸多土地争端,挫伤了农民的生产积极性,因此对传统土地产权制度的认可,产权主体明晰化的土地制度变迁对粮食产量的变化应存在积极影响。本研究选取了莫桑比克、乌干达、坦桑尼亚、加纳和马里五国作为典型国家进行实证分析。

从 Hausman 检验的结果来看,卡方值为负,Hausman 检验的随机效应模型基本假设得不到满足,原因可能是有遗漏变量,或者某个变量是非平稳变量。为了进一步确定此处估计所应采用的模型,使用 Hausman 命令中的 sigmaless 和 sigmamore 命令进行修正后的检验,降低卡方值为负的情况。经过 sigmaless(采用一致估计量的协方差矩阵)和 sigmamore(采用有效估计量的协方差矩阵)的检验,卡方值 chi2(4)分别为 242.95 和 89.35,P 值均为 0。所获得的卡方统计检验值拒绝原假设,随机效应模型的假设无法满足,因此采用固定效应模型估计(见表 6 - 12)。

---

① hinsinga B. "Land reforms in Malawi: where are we?" Malawi's The Nation (July29, 2009.). [Online] http://www.ippg.org.uk/papers/Land%20Reforms%20in%20Malawi%20—%20Nation%200709.pdf.

② Kleinbooi, Karin, ed. Review of land reforms in southern Africa 2010[M]. Institute for Poverty, Land and Agrarian Studies (PLAAS), School of Government, University of the Western Cape (UWC), 2010.

表 6-12　认可传统土地产权典型国家的产权明晰化改革估计结果（固定效应模型）

R-sq:	within=0.7434			$F(5,135)=78.23$		
	between=0.2226			Prob>F=0		
	overall=0.3150					
lnY	Coef.	Std.Err.	t	$P>\|t\|$	[95% Conf. Interval]	
ln$A$	0.543273	0.130219	4.17	0	0.285739	0.800806
ln$L$	1.02542	0.195133	5.25	0	0.639508	1.411333
ln$F$	−0.02578	0.0168	−1.53	0.127	−0.059	0.007446
ln$T$	0.138489	0.115972	1.19	0.235	−0.09087	0.367846
poc_2	0.057311	0.064147	0.89	0.373	−0.06955	0.184173
_cons	−3.14368	1.544617	−2.04	0.044	−6.19846	−0.08891
sigma_u	0.72128					
sigma_e	0.20125					
rho	0.92777	(fraction of variance due to u_i)				
F test that all u_i=0:　$F(4,135)=60.74$　　　　Prob>F=0.0000						
随机效应模型的 Hausman 检验:	chi2(4)=−65.89　chi2<0.0000					
	Sigmaless:　chi2(4)=242.95;　Prob=0					
	Sigmamore:chi2(4)=89.35;　Prob=0					

　　从估计结果来看,传统的生产要素耕地数量和劳动力对产量正向影响作用明显,化肥和机械影响的显著程度不高,化肥施用量的符号为负,机械使用量的符号为正。对于改革的政策变量,P 值为 0.373,显著度尽管不是太高,但优于土地私有制改革的模型显著度,从符号上判断对传统土地产权认可的土地改革政策对提高这些国家和地区的粮食产量具有促进作用。

　　莫桑比克 1997 年《土地法》中认可了传统土地产权,但并没有将集体土地与商业土地分割,并为投资者从已有产权的土地获得产权提供了一定机制,投资者必须与集体就希望得到的土地进行协商,达成一致意见。原则上,协议应保证当地人民可以因向投资者出让土地产权而获得经济或其他的收益,同时,投资者必须提交一个项目报告,如果没有执行,则撤销土地产权出让的协议。但是,莫桑比克的投资者主要制造生物燃料及林业种植,近年来还开始为其他国家种植粮食,尽管对莫桑比克的经济有所促进,但并未真正意义上对本国的粮食生产有所促进。

　　乌干达 1998 年《土地法》中正式认可传统土地产权作为乌干达土地持有的一种方式。大部分乌干达人持有的土地均为传统产权土地,这项法律保证了其产权稳定性,乌干达人可以获得传统土地拥有证明,该项证明可被转变成地产完全拥有证。同时,《土地法》赋予传统土地拥有证额外价值,允许传统土地转让、抵押,农民可以通过该途径获得信贷用于农业生产。但是,乌干达该项政策的普及率仍然不够高,45 个社区仅 10 个社区有所了解此政策;同时,乌干达缺乏一个全面的国家土地政策确定目标、防止冲突并指导土地法的实行。

坦桑尼亚包含"授予土地占有权"及"传统产权"这两种土地权利,其中"授予土地占有权"得到官方认可,"传统产权"没有被认可,直至 1995 年《国家土地政策》中正式给予传统土地产权认可,《国家土地政策》的颁布为《土地法》指明了方向。1999 年《土地法》主要针对"授予土地占有权",而《乡村土地法》则主要针对"传统产权",即传统产权仅在乡村适用。但是在《乡村土地法》的执行过程中,乡村土地管理成员对于管理地区的传统土地法律并无任何经验,而传统土地法律并无成文记载,因为大量依赖长者的口述。同时,尽管传统土地产权得到认可,但是并没有法律努力去保护传统产权:传统土地产权拥有者即使在《乡村土地法》的支持下也不能够得到任何正式信贷,如果城市化项目拓展,传统产权将随之消失,传统土地占有权更加便宜等。当农民手中的传统土地收入已经增加到能够使其拥有更大土地进行商业种植时,该传统土地产权将转为"授予土地占有权"。因此,坦桑尼亚并未做到真正认可并保护传统土地产权。

加纳于 1999 年颁布《土地政策》中认可传统土地产权中的权威在土地管理中的作用。Kludze 称在认可传统土地制度的过程中,对于首领角色的任何形式的改革都应将其纳入当前政府的机制结构中。大部分非洲国家的土地产权改革总习惯于关注认可传统土地权利的问题,而忽略了传统土地制度中权威(首领、头人)在传统土地机制中的重要角色。加纳前土地林业部长指出,尽管传统权威并非总令人满意,尤其在城市及半城市化地区,但是他们仍然是土地管理的唯一选择,因为国家的管理系统更加昂贵、复杂且腐败。因此,单纯认可传统土地制度是远远不够的,合理发挥传统权威在土地管理上的作用才能有助于解决争端,促进农业生产。

综合以上分析,在传统土地产权制度改革过程中,政府出于好意的政策措施时常会因为考虑不当而加剧传统土地制度与国家法令制度之间的冲突。成功将传统土地制度与国家正式法令制度融合的关键在于传统首领(拥有传统土地法的知识及权威)、政府官员(拥有正式认可的权利)及群众(权利受到直接影响)的平衡关系,需要仔细审慎的考虑。对于传统土地产权的认可仅仅是改革的一部分,将传统权威纳入土地管理机制中,扩大民众对法令的了解度,同时从真正意义上保护传统土地产权才能缓解传统土地制度与国家法令制度之间的冲突,促进粮食生产。

五、土地重新分配的区域实证分析

土地的重新分配改革主要涉及南部非洲的大部分国家,种族的不平等在土地产权中表现得尤为突出,西方白人的商品农场和黑人维持生计的公共土地在数量和质量上都具有较大的差异。为了破除多年来的种族隔离制度,南部非洲的部分国家开始探索土地重新分配的机制,力图保证土地产权的公平以及土地产量的逐步提升。政府通过立法或采取其他措施,在尽可能的情况下,创造条件使公民在平等的基础上获得土地。

土地重新分配改革的目的在于向处在劣势的穷人提供获得住宅和生产所用土地的途径,提高生活水平。优先被照顾的对象包括:生活在贫困边缘的人,尤其是在南部非洲普遍受到歧视的妇女;有政策支持的快速项目,比如有经济和社会发展能力的项目、有计划的土地使用、有市场和就业机会的项目。从 20 世纪 80 年代开始,纳米比亚、南非、津巴布韦等国家均开始进行土地重新分配改革,将白人农场主的土地有偿或者无偿收回,重新进行分配。

图 6-2 是根据联合国粮农组织的数据绘制的 1980—2008 年南部非洲五国的粮食单产图。从图上可以看到,斯威士兰和津巴布韦在 20 世纪 90 年代后期改革之后,经历了很长一段时间的粮食产量减少,其影响到 2008 年还未得到消除。博茨瓦纳和纳米比亚两个国家农业相对落后,生产粮食作物的土地质量一般,粮食产量水平一直以来处在较低的水平,每公顷产量不足 500 公斤。南非作为非洲唯一的发达国家,农业技术较发达,土地利用效率高,其产量一直位于较高水平,进入 21 世纪之后,南非的粮食单产大幅度增长,到 2008 年已经达到了 4061.5 公斤/公顷,远远高于其他南部非洲国家。

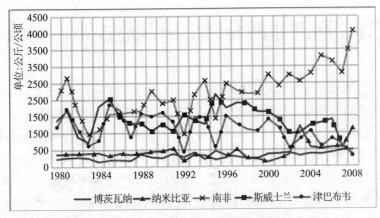

图 6-2　南部非洲土地重新分配国家粮食单产曲线图

津巴布韦独立后,国内经济尤其是农业由极少数白人控制,因此土地重新分配的改革若触犯了白人的利益,很难得到持久性的推行。先前的土地改革方案和政策因不切合实际而屡遭失败,政府收归的许多土地又落到了政府官员、内阁部长以及执政党的党务大员手中。土地改革对广大穷人来说,进展缓慢,收效不大,粮食产量主要与当年的自然气候状况息息相关。针对老战士和民众对土地的要求,1997年11月,政府宣布将白人农场收归国有用于重新分配。但是,这一计划遭到西方社会,尤其是西方经济援助国的反对,津巴布韦的经济也开始滑坡。2000年,津巴布韦开始推行"快车道"项目改革,将无偿收归农场的条款写进宪法草案,黑人暴力抢占了白人农场,4500个白人农场全部没收,分配给没有土地的黑人。政府未对土地做任何赔偿,仅仅对农场土地上的一些建筑设施,诸如房子等,按照政府的评估予以赔偿,而津巴布韦每年外汇收入的40%来自这些白人农场。当地黑人由于对农业技术掌握不足,未对农场进行合理的看管,导致土地产量在2000年后一直呈现下降趋势。津巴布韦这种激进的、急风暴雨式的改革加剧了土地各权利主体的矛盾,通过剥夺的手段,短时间完成土改,但最终吞噬了国家之前数年的发展成果。

南非种族隔离制度的长期存在使得土地制度也呈现二元的产权状态。随着20世纪90年代种族隔离制度的破除,南非领导人认为,土地改革是实现社会稳定、消除贫困、缩小黑白差距的一种手段,因而土改必须全面展开,政府必须尽力推动,提出了土地快速重新分配的土地改革方案。由于在实践中遇到了各方面的阻力,粮食产量经历了一次大滑坡。到21世纪初,南非吸取了邻国改革政策的一些不足之处,尤其是津巴布韦土地改革的失败教训,结合国内实际情况,转为采取较为缓慢、温和的土地重新分配改革,虽然最初的改革目标还未最终达成,但南非的土地单产大幅度增长。土地改革正沿着既定的方针加快步伐,有望早日见效。

第五节　推进非洲农村土地制度改革的对策建议

非洲的土地改革不仅关系非洲农村的发展,还关系到整个非洲大陆的发展。随着全球粮食危机的深化,非洲有利的农业发展资源未来不仅可以为非洲人提供粮食,还可为世界其他国家的人口提供粮食,因此非洲土地分配与利用问题具有全球意义。在改革过程中,除了明确土地产权和责任,做出有利于提高生产力和促进发展的战略和决策,亦应该吸取某些国家土地改革失败的历史教训,避免重蹈覆辙。到21世纪初,非洲粮食安全问题仍然未能得到有效解决,许多非洲国家的谷物自给率已降到了50%以下,粮食进口逐年增加。随着非洲人口不断增长,非洲粮食安全面临更加严峻的挑战,要实现2015年联合国千年发展目标中消灭极端贫穷和饥饿的道路还任重而道远。为此,就如何通过改革非洲土地制度促进非洲粮食安全,提出如下建议。

一是深入农业援非内涵,从粮食、技术援非,向粮食、技术、制度援非并重。长期以来,中国一直注重粮食、技术对于非洲粮食安全的作用,但在一定的技术经济水平以及农业生产经济社会环境条件下,制度变革对于粮食生产将发挥十分重要的作用。就如中国在 20 世纪 70 年代末和 80 年代初的农村家庭联产承包责任制的改革,快速地解决了中国人有饭吃的问题一样,这一改革在非洲的实践也表明,科学、合理的土地制度变革对于非洲粮食安全能力的提升是有积极意义的。因此,建议结合非洲土地制度的现状及粮食安全特征,总结提炼中国农村土地制度改革的成功经验或做法,并积极向非洲政府、部落、农民等加以介绍与宣传。

二是合理选择土地制度。非洲国家各地区土地制度复杂而不一致,且自独立以来土地产权上的遗留问题数量巨大,以及土地登记以稳定产权的需求强烈,促使土地分权管理作为一种有效的措施出现。在各地区设立土地管理部门负责当地土地管理、登记等程序,分权式改革的实行允许各地区在国家政府的支持下自行管理土地,减少了中央政府统一执行土地登记等程序的漫长等待时间及高昂成本。同时,该政策的实行有效弱化了非洲各地区/氏族传统土地管理习惯与国家统一颁布的新土地法之间的矛盾,能够减少土地产权引起的冲突问题,促进产权稳定,增加农民生产积极性,有助于农业生产。但是,非洲当前的情况容易使分权化改革成为政治斗争的工具,从而丧失其本来的意义,因而,在改革过程中,应当警惕此类现象。同时,资金技术的支持、民众的了解与支持也是改革能否得以成功实施的关键。

三是建立农村土地制度改革试验区。结合中国在非洲的农业开发项目以及非洲有意向合作的农场、部落等,因地制宜地开展农村土地制度改革,从而为周边地区乃至有关国家推行农村土地制度改革提供借鉴。同时,也可以通过农村土地制度改革试验,总结、提炼符合当地实际、有利于改善民生、促进农业发展的农村土地制度。

四是加强非洲农村土地制度研究。要真正形成有利于非洲粮食安全的农村土地制度,结合非洲农村土地制度改革实践以及试验区农村土地制度改革成果,提出适合非洲当地文化以及经济社会发展背景的农村土地制度改革模式与措施,从而为推进非洲土地制度改革,实现粮食安全提供决策参考。尤其是结合一些改革国家的典型做法,组织专题研究与南非农村土地制度改革研究等。

五是积极营造推进土地制度改革的良好环境。尽管非洲的土地制度改革已取得不少成绩,但总体上看,进展还不够理想,对粮食安全的发展推动力不足,同时也存在不少困难和问题。这与非洲法理上的和实际中的土地改革与发展战略严重脱节不无关系,主要是改革产权的目标没有整合到综合发展战略中,进行土地重新分配没能与必要的基础设施、服务和其他投入相联系来提高土地生产力。

六是建立包容性土地制度。非洲国家,尤其是撒哈拉以南非洲国家,将传统土地政策与现代土地政策相结合已成为今后土地改革的一个重要方向。在认可传统土地制度的过程中,应滤除其中歧视妇女的规定,改善传统土地制度安排;另一方面,应当充分承认并切实保护传统土地产权的合法性,寻求国家现行土地政策与传统政策之间的平衡;此外,由于传统首领或头人等权威对传统土地法律有更深厚的经验及了解,应当得到认可并发挥积极作用,避免管理部门与传统法律认知的脱节。

七是引导土地市场化配置。适当的市场自由化亦是推进农业生产的一项重要措施,通过土地的自由买卖、流转及抵押租赁,农民更易获得支持农业生产的资金,阿尔及利亚则是土地市场自由化的成功范例。但是,在土地市场自由化的过程中,应对买卖或流转地块的大小进行限制,避免地块被分割过小而难成规模。

八是补充非洲人力资源培训内容,加强对非洲官员及技术人员有关中国农村土地制度改革内容的介绍与培训。主要是将中国30多年来农村土地制度改革的经验纳入非洲官员及技术人员的培训内容,通过培训,使这些人员充分认识到土地制度改革对非洲粮食安全的重要意义,从而为他们借鉴中国农村土地制度改革的经验与做法,结合各国、部落特色,形成有利于提升粮食安全的农村土地制度提供参考。在加强对非洲官员及技术人员来华进行有关农村土地制度改革培训的同时,还需要通过与当地政府、部落等合作开展培训。此外,组织考察中国安徽小岗村、江苏苏州农村土地股权化改革、四川成都农村土地确权、江苏宿迁建设用地地票制度等典型案例,并通过有关地方政府官员及专家的讲解,深化其对农村土地制度改革重要意义,尤其是对经济社会发展推动粮食安全问题解决的认知。

第七章

中国非洲购地与农业援非

农业援助是增强非洲粮食安全能力的重要路径。本章主要是阐述中国农业援非的发展及其效率,并结合当前中国非洲购地的"非议"分析,提出中国非洲土地开发的对策建议。

第一节 中国农业援非的发展

非洲农业的发展面临着诸多的实际困难,农业援助一直以来是国际社会对非洲进行援助的重要途径。非洲国家由于经济能力有限,难以依靠自身的财政来促进农业的发展,对非洲进行农业发展援助是非常必要的。尤其是近年来,在非洲新伙伴关系框架和世界银行的推动下,农业援助又再次成为国际社会关注的焦点,国际社会开始重新定位对非洲的农业援助行动,越来越多的援助机构开始重新审视对非洲农业援助,流向非洲的农业援助资金的额度也开始呈现出上升的趋势。[①] 中国是农业援非的主要国家之一,这里主要介绍中国农业援非的发展。

一、中国对外援助的历史

中国作为一个发展中国家,多年来在致力于自身发展的同时,始终坚持向经济困难的其他发展中国家提供力所能及的援助,承担相应国际义务。

中国对外援助从帮助周边友好国家开始起步。1950 年,中国开始向朝鲜和越南两国提供物资援助,从此开启了中国对外援助的序幕。1955 年万隆亚非会议后,随着对外关系的发展,中国对外援助范围从社会主义国家扩展到其他发展中国家。1956 年,中国开始向非洲国家提供援助。1964 年,中国政府宣布以平等互利、不附带条件为核心的对外经济技术援助原则,确立了中国开展对外援助的基本方针。

[①] 李小云,武晋.中国对非援助的实践经验与面临的挑战[J].中国农业大学学报:社会科学版,2009,26(4):45-54.

1971 年 10 月,在广大发展中国家的支持下,中国恢复了在联合国的合法席位,中国同更多的发展中国家建立了经济和技术合作关系,并援建了坦赞铁路等一批重大基础设施项目。[①]

1978 年中国实行改革开放后,同其他发展中国家的经济合作由过去单纯提供援助发展为多种形式的互利合作。中国根据国情适度调整了对外援助的规模、布局、结构和领域,进一步加强对最不发达国家的援助,更加注重提高对外援助项目的经济效益和长远效果,援助方式更为灵活。为进一步巩固已建成生产性援助项目成果,中国同部分受援国开展了代管经营、租赁经营和合资经营等多种形式的技术和管理合作。一些已建成援外生产性项目通过采取上述合作模式,在改善企业经营管理和提高生产水平等方面,取得了比传统技术合作更为显著的成效。经过调整巩固,中国对外援助走上了更加适合中国国情和受援国实际需求的发展道路。

20 世纪 90 年代,中国在加快从计划经济体制向市场经济体制转变的过程中,开始对对外援助进行一系列改革,重点是推动援助资金来源和方式的多样化。1993年,中国政府利用发展中国家已偿还的部分无息贷款资金设立援外合资合作项目基金。该基金主要用于支持中国中小企业与受援国企业在生产和经营领域开展合资合作。1995 年,中国开始通过中国进出口银行向发展中国家提供具有政府援助性质的中长期低息优惠贷款,有效扩大了援外资金来源。与此同时,中国更加重视支持受援国能力建设,不断扩大援外技术培训规模,受援国官员来华培训逐渐成为援外人力资源开发合作的重要内容。2000 年,中非合作论坛成立,成为新形势下中国与非洲友好国家开展集体对话的重要平台和务实合作的有效机制。通过这一阶段的改革,中国对外援助的发展道路进一步拓宽,效果更加显著。[②]

进入新世纪特别是 2004 年以来,在经济持续快速增长、综合国力不断增强的基础上,中国对外援助资金保持快速增长,2010 年至 2012 年中国对外资助资金无偿援助、无息贷款和优惠贷款三种方式分别增长 36.2%、8.1%、55.7%,总金额近 900 亿元人民币。[③] 中国除通过传统双边渠道商定援助项目外,还在国际和地区层面加强与受援国的集体磋商。中国政府在联合国发展筹资高级别会议、联合国千年发展目标高级别会议,以及中非合作论坛、上海合作组织、中国-东盟领导人会议、中国-加勒比经贸合作论坛、中国-太平洋岛国经济发展合作论坛、中国-葡语国家经贸合作论坛等区域合作机制会议上,多次宣布一揽子有针对性的对外援助政策措施,加强在农

---

① 中华人民共和国国务院新闻办公室.中国的对外援助. http://www.gov.cn/zwgk/2011 - 04/21/content_1850553.htm

② 赵超,陈炜伟.64 年中国援外历程中的四次转变. http://news.xinhuanet.com/2014 - 07/10/c_1111559547.htm.

③ 中华人民共和国国务院新闻办公室.中国的对外援助(2014)白皮书,2014.

业、基础设施、教育、医疗卫生、人力资源开发合作、清洁能源等领域的援助力度。2010年8月,中国政府召开全国援外工作会议,全面总结援外工作经验,明确了新形势下进一步加强和改进对外援助工作的重点任务,中国的对外援助进入新的发展阶段。

二、中国农业援非概况

作为负责任的发展中大国,中国历来把共同发展列为国家外交政策的重要内涵,始终坚持向发展中国家提供力所能及的支持和帮助,受到了广大发展中国家和国际社会的欢迎和赞誉。截至2009年底,中国累计向161个国家以及30多个国际和区域组织提供了援助,经常性接受中国援助的发展中国家有123个,其中亚洲30个、非洲51个、拉丁美洲和加勒比18个、大洋洲12个、东欧12个。亚洲和非洲作为贫困人口最多的两个地区,接受了中国80%左右的援助。[①]

中国作为一个拥有13亿人口的发展中大国,始终高度重视农业农村发展。特别是改革开放30多年来,中国农业农村发展取得了巨大成就,用不足世界9%的耕地成功解决了近21%世界人口的吃饭问题,不仅为维护全球粮食安全作出了重大贡献,也为广大发展中国家发展农业提供了可资借鉴的宝贵经验。[②] 所以,促进发展中国家的农业和农村发展、减轻贫困也是中国对外援助的优先领域。

其中,对非洲的援助是我国对外农业援助的重要组成部分。为了解决非洲国家的吃饭问题,中国一直比较重视对非洲农业的援助,这也与西方国家对非援助形成互补。

1959年,我国向刚刚获得独立的几内亚无偿提供粮食援助,这是中非农业合作的最早起点。[③] 20世纪60年代,非洲许多新的独立国家迫切需要发展农业生产,我国先后帮助几内亚、马里、坦桑尼亚、刚果、索马里、毛里塔尼亚等国建设了农业技术试验站和推广站、农场,帮助发展水稻、茶叶、甘蔗等作物的生产。到20世纪70年代末,我国向非洲大多数国家都提供了农业援助,除农业技术试验站、推广站外,还援建了一批规模较大的农场,如坦桑尼亚姆巴拉利农场和鲁伏农场、索马里费诺利农场、乌干达奇奔巴农场、几内亚科巴甘蔗农场、马里两个甘蔗农场、毛里塔尼亚姆颇利水稻农场、塞拉利昂甘蔗农场、尼日尔4个垦区、多哥甘蔗种植园、扎伊尔甘蔗农场

---

① 中华人民共和国国务院新闻办公室.中国的对外援助.http://www.gov.cn/zwgk/2011 - 01/21/content_1850553.htm

② 韩长赋.中非合作论坛序言. http://www. moa. gov. cn/ztzl/zfnyhzlt/zhongguo/201008/t20100806_1613860.htm.

③ 唐正平. 前景广阔的中非农业合作[J]. 西亚非洲,2002,6:15.

等。这类项目有 87 个,种植面积为 4.43 万公顷。[①] 这些项目促进了受援国农业生产的发展,增加了粮食和经济作物的产量,并为发展轻工业提供了原料。我国在提供农业项目援助的同时,还根据受援国的实际需要,帮助建设相应的加工工业,如碾米厂、糖厂、卷烟厂、茶叶加工厂等,促进了当地民族工业的发展,减少了有关产品的进口。

2000 年,中非合作论坛成立,成为新形势下中国与非洲友好国家开展集体对话的重要平台和务实合作的有效机制。中非合作论坛的成员国包括中国,与中国建交的 50 个非洲国家一级非洲联盟委员会。这 50 个国家分别为:阿尔及利亚、安哥拉、贝宁、博茨瓦纳、布隆迪、喀麦隆、佛得角、中非、乍得、刚果(布)、科摩罗、科特迪瓦、刚果(金)、吉布提、埃及、赤道几内亚、厄立特里亚、埃塞俄比亚、加蓬、加纳、几内亚、几内亚比绍、肯尼亚、莱索托、利比里亚、利比亚、马达加斯加、马拉维、马里、毛里塔尼亚、毛里求斯、摩洛哥、莫桑比克、纳米比亚、尼日尔、尼日利亚、卢旺达、塞内加尔、塞舌尔、塞拉利昂、索马里、南非、苏丹、南苏丹、坦桑尼亚、多哥、突尼斯、乌干达、赞比亚、津巴布韦。

自中非合作论坛成立以来,分别于 2000 年、2003 年、2006 年、2009 年和 2012 年举办过 5 届部长级会议。第一届部长级会议通过了《中非合作论坛北京宣言》和《中非经济和社会发展合作纲领》,为中国与非洲国家发展长期稳定、平等互利的新型伙伴关系确定了方向。第二届会议回顾了第一届会议后续行动落实情况,通过了《中非合作论坛——亚的斯亚贝巴行动计划(2004—2006 年)》。中国政府宣布在论坛框架下继续增加对非援助,3 年内为非洲培养 1 万名各类人才等举措。第三届会议通过了《中非合作论坛北京峰会宣言》和《中非合作论坛——北京行动计划(2007—2009 年)》,决定建立和发展政治上平等互信、经济上合作共赢、文化上交流互鉴的中非新型战略伙伴关系,胡锦涛代表中国政府宣布了旨在加强中非务实合作、支持非洲国家发展的 8 项政策措施,将进一步多层次开展中非农业交流提上日程。第四届会议通过了《中非合作论坛沙姆沙伊赫宣言》和《中非合作论坛——沙姆沙伊赫行动计划(2010—2012 年)》两个文件,规划了此后 3 年中非在政治、经济、社会、人文等各领域的合作,温家宝在开幕式上代表中国政府宣布了对非合作新 8 项举措,农业援助和农业合作是其中重要的内容之一。第五届会议通过了《中非合作论坛第五届部长级会议北京宣言》和《中非合作论坛第五届部长级会议——北京行动计划(2013 年至2015 年)》两个文件,全面规划了今后 3 年中非关系的发展方向和中非合作的重点领

---

① 外经贸部援外司.南南合作政策报告.http://www.ecdc.net.cn/newindex/chinese/page/Bulletin/01. htm

域,并决定于 2015 年在南非举行第六届部长级会议。①

中国对非洲国家的农业援助一直是中非合作论坛的重点内容之一,《中国对非洲政策文件》中明确表明我国将继续开展多层次、多渠道、多形式的中非农业合作与交流。重点加强在土地开发、农业种植、养殖技术、粮食安全、农用机械、农副产品加工等领域的合作;加大农业技术合作力度,积极开展农业实用技术培训,在非洲建立农业技术试验示范项目;加快制定中非农业合作规划等。

除了传统的农业援助外,中国还积极援助受灾中的非洲国家。2010 年以来,"非洲之角"地区遭遇最近 60 年不遇罕见旱情,持续数月的粮食危机不断恶化,大面积饥荒引起国际社会广泛关注。为缓解东非国家粮食危机,我国政府宣布将向非洲之角国家提供价值 5.332 亿元人民币的紧急粮食和现汇援助,中粮集团承担粮食援助任务。② 此外,由中国政府与联合国国际减灾战略秘书处共同建立的国际减轻旱灾风险中心,也针对非洲旱灾快速启动灾害遥感制图服务机制,及时为非洲国家提供灾害监测与产品评估。

长期以来,中国一直致力于帮助非洲国家加强粮食安全能力建设。中国同非洲国家在农业领域开展了形式多样、内容广泛的合作。中非合作论坛将农业列为重点合作领域,出台了支持非洲农业发展的多项举措,为促进非洲国家粮食安全做出了重要贡献,也得到了非洲国家的认同,体现了中非真诚友好、患难与共的兄弟情谊。

第二节　中国农业援非的粮食安全效应

从上文中可以看到,中国政府和企业为非洲农业发展和粮食安全保障做出了长足贡献。正如我国外交部非洲司司长卢沙野在 2011 年 8 月 16 日接受新华网记者采访时表示的,"中国开展对非农业合作出发点是提高非洲粮食生产能力,促进非洲的粮食安全,而不是为了保障自身的粮食安全,中国没有从非洲拿走一粒粮食。"为了进一步量化各项农业援助对非洲粮食安全的影响,本节将就非洲各国粮食安全保障度和中国农业援助各项指标的关系进行深入探讨。

一、主要参数

涉及的四个参数分别为:粮食安全保障度(Y)、农业技术示范中心援建程度

---

① 中华人民共和国外交部.中非合作论坛.http://www.focac.org/chn/

② 王立彬.我国援非粮食物资 10 月底将全部运抵.http://news.xinhuanet.com/world/2011 - 10/16/c_122164266.htm.

（A）、派遣专家力度（B）、农业直接投资力度（C）。其中，Y、A、B、C 的赋值规则如式（7 - 1）—式（7 - 5）所示。

$$m_i = \frac{\dfrac{U_{i2012}}{P_{i2012}}}{\dfrac{U_{i1993}}{P_{i1993}}} \qquad (7 - 1)$$

$$Y_i = \begin{cases} 1, & m_i \geqslant 50\% \\ 0.5, & 0 < m_i < 50\% \\ 0, & m_i = 0 \\ -0.5, & m_i < 0 \end{cases} \qquad (7 - 2)$$

其中，U_{i1993} 是第 i 个非洲国家 1993 年饥荒人口数，P_{i1993} 是第 i 个非洲国家 1993 年国家总人口数，U_{i2012} 是第 i 个非洲国家 2012 年饥荒人口数，P_{i2012} 是第 i 个非洲国家 2012 年国家总人口数，m_i 是第 i 个非洲国家从 2012 年饥荒人口占国家总人口比率比 1993 年饥荒人口比率下降的百分比。若 $m_i > 50\%$，则认为该国家饥荒减少成效显著，即粮食安全保障度显著提升，取 $Y = 1$；若 $0 < m_i < 50\%$，则认为该国家饥荒减少开始出现成效，即粮食安全保障度得到提升，取 $Y = 0.5$；若 $m_i = 0$，则认为该国家饥荒减少成效不明显，即粮食安全保障度没有提升，取 $Y = 0$；若 $m_i < 0$，则认为该国家饥荒程度加重，即粮食安全保障度有所下降，取 $Y = -0.5$。

$$A_i = \begin{cases} 1, & p_i \text{ 进入技术合作期} \\ 0.5, & p_i \text{ 即将进入技术合作期或因战乱终止} \\ 0.3, & p_i \text{ 进入建设期} \\ 0, & p_i \text{ 进入考察期或未建立} \end{cases} \qquad (7 - 3)$$

p_i 为中国在第 i 个非洲国家建立的农业技术示范中心的运营状态。

$$B_i = \begin{cases} 2, & q_i \geqslant 100 \\ 1, & q_i \in (50, 100) \\ 0.5, & q_i \in [1, 50] \\ 0, & q_i = 0 \end{cases} \qquad (7 - 4)$$

q_i 为 1993 年以来中国在"南南合作"项目框架下向第 i 个非洲国家派遣的农技专家数量。

$$C_i = \begin{cases} 2, & I_i > 5000 \\ 1, & I_i \in (500, 5000] \\ 0.5, & I_i \in (50, 500] \\ 0, & I_i \leqslant 50 \end{cases} \qquad (7 - 5)$$

I_i 为 2003 年至 2011 年中国对第 i 个非洲国家直接农业投资流量之和，单位为万美元。

二、数据分析

选取了非洲 42 个国家 1993 年和 2012 年饥荒人口数和当年国家总人口数,数据来自联合国粮农组织官网(www.fao.org),中国对非洲农业援助数据中,农业示范中心状态和派遣专家数量来自中华人民共和国农业部亚非处,对非洲国家直接农业投资额来自 2011 年度中国对外直接投资统计公报,采用中国对非洲农林牧渔业投资额占总投资额百分比 5‰对各国农业投资额进行估算。

本节将首先对非洲各国粮食安全度和中国对非洲农业援助程度进行相关性检验。将矩阵$[Y_i, A_i, B_i, C_i]$($i=1\sim43$)输入 SPSS,对四个参数进行 Pearson 相关性检验,得到如表 7-1 的结果。

表 7-1　对 Y、A、B、C 进行 Pearson 相关性检验结果

		Y	A	B	C
Y	相关性系数	1	0.338*	0.263	0.461**
	显著性水平		0.028	0.092	0.002
A	相关性系数	0.338*	1	−0.098	0.042
	显著性水平	0.028		0.539	0.792
B	相关性系数	0.263	−0.098	1	0.325*
	显著性水平	0.092	0.539		0.036
C	相关性系数	0.461**	0.042	0.325*	1
	显著性水平	0.002	0.792	0.036	

* 表示相关性系数在 0.05 显著性水平(双尾)上可信,** 表示相关性系数在 0.01 显著性水平(双尾)上可信。

由表 7-1 可见,A、B、C 三个变量之间的相关性不显著,Y 和 A 及 Y 和 C 变量间相关性显著,其中 Y 和 A 在 0.05 显著性水平相关,Y 和 C 在 0.01 显著性水平相关。表明中国援助非洲建设农业技术示范中心和对非洲进行直接农业投资对提升非洲粮食安全保障度有显著的相关性,中国对非洲国家派遣农业技术专家与提高非洲粮食安全保障度相关性不显著。且对非洲农业直接投资的援助对提升非洲国家粮食安全保障度的相关性达 46.1%,对非洲援建农业技术示范中心对提升非洲国家粮食安全保障度的相关性达 33.8%。

三、解释与讨论

目前掌握的中国对非洲援助的几项工作上,对非洲农业进行直接投资对加强非

洲粮食安全保障有较为显著的效果,其次是援助非洲国家建设农业示范中心,向非洲国家派遣专业农技专家对直接提升粮食安全保障度没有显著效果。以上结论与现实情况存在一致性。

就对非洲国家农业进行直接经济投资而言,首先,从援助实施效果来说,这是对非援助支持力度最大、受众最多、辐射最广、持续时间长、专业性弱的援助手段。力度大体现在直接经济投资的规模一般都以万美元为单位计算;受众多体现在投资覆盖了种植业、林业、畜牧业和渔业等各农业领域;辐射广体现在资金流向不受空间位置固定性影响;持续时间长体现在一笔资金投入能连续对投资项目产生效用;专业性弱体现在这些投资往往是直接的经济投入,对提升非洲农业耕作水平和种植专业化的帮助不显著。其次,从援助来源获取看,对非洲农业的直接经济投资的来源广泛,不仅有中国中央政府和地方政府的援助,还有来自中国各行业、企业的经济投资,来源的广泛性在一定程度上也决定了该项援助较大的援助力度。最后,从援助主导机制看,对非洲农业进行直接经济投资是将市场机制引入了援助系统,通过中非国家间的一些优惠投资政策的调控,吸引中国企业和政府的投资,并在市场选择的过程中筛选出最适合当地发展的农业项目,不仅能为投资商带来利润,更重要的是为当地扶持优势农业产业提供了良好的发展平台。

就援助非洲国家建立农业技术示范中心看,首先从援助实施效果上呈现专业性强、持续时间长的优势,但也存在援助力度中等、受众和辐射面较小的缺点。具体来说,援建农业技术示范中心对于提升非洲国家的整体农技水平和农业专业化水平有明显的作用,且一般来说农业技术示范中心建立后将持续运营较长时间,可以充分发挥传播农业技术、培养当地农业人才的优势。但由于农业示范中心的空间固定性和人员的有限性,在一定程度上导致其受众不如直接经济投资的受众广,辐射和影响范围也相对较小。其次,从援助来源获取和主要援助机制看,中国在非洲援建的农业技术中心主要来自中国政府的行政命令或行政目标,如在 2009 年第四届中非合作论坛部长级会议上,前国家总理温家宝就宣布将建设援非农业示范中心 20 个。

就向非洲国家派遣农业技术专家看,从实施效果上呈现专业性强的特点,但也存在援助力度小、持续时间短、受众少的缺点。由于农技专家多以短期访问和技术交流的形式外派,且由于行程安排等各项因素一般只会访问少数有项目合作的非洲国家,这就导致了该项援助效果不能从数据上显著体现。援助来源还是以政府、科研院所和企业为主,援助机制多为上级下达指示后外派。

各方式对比见表 7-2。

表 7-2　中国对非洲不同援助方式比较

主要指标	对农业进行直接经济投资	援建农业技术示范中心	派遣农业技术专家
援助实施效果	力度大,受众多,辐射广,持续时间长,专业性弱	专业性强,持续时间长,力度中等,受众少,辐射较小	力度中等,受众少,辐射较小,持续时间短,专业性强
援助来源获取	中国中央政府,地方政府,国有企业、民营企业	中国中央政府	中国中央政府,地方政府,科研院所,企业
援助主导机制	市场竞争,行政命令	行政命令为主	行政命令为主

从以上三方面的比较分析中可以看出,事实上对非农业援助的各项措施中,最能直接提升非洲粮食安全保障的援助是对非洲农业进行直接经济投资,其次是援建农业技术示范中心,派遣农业技术专家的成效较为间接。但以上结论并不表示为进一步加强非洲粮食安全保障,我国就要强化经济投资、弱化专家派遣。因为从短期看(1993—2011 年),大量资金的注入确实会显著拉动农业快速发展,更多的农业项目和农业投入必然会带来农业人口收入上升、农业设施水平提高和农业产量的提高,但是如果在当地农业生态链还未完全发育成熟前,一旦资金失去了这些来源,将可能导致受援助地的农业发展陷入后退甚至回到原来的水平。如果说对非洲农业的直接经济投资解决了"授人以鱼"的问题,那么援建农业技术示范中心和派遣农业专家则解决了"授人以渔"的问题,通过培养农技人才,让受援国首先摆脱农业技术依赖,通过示范中心的运营,让当地百姓了解并亲身参与到农业规模化经营中。这一过程是对非农业援助关键的人文技术环境养成,其成效是一个长期缓慢的过程,尽管在短期内效果不显著,但对全面优化受援国农业机械化环境和培养农业技术骨干有不可或缺的作用。

总的来说,就目前看,中国对非洲的三项主要农业援助——直接经济投资、援建农业示范中心、派遣农技专家,对保障非洲粮食安全有着明显的相关性。从短期(1993—2012 年)来看,前两项援助的见效相对较快,适合在援助初期大力投入,以刺激受援国农业快速成长;专家派遣援助见效相对慢,但是其对于提升受援国农业技术水平有显著作用,需要长期连续投入人力支持才能显现明显效果。在中国农业援非策略选择中,将"授之以鱼"的农业经济投资和"授之以渔"的农业技术培育相结合,才能真正做到引导非洲农业逐渐形成自给自足的农业现代化体系,从而摆脱援助依赖,形成可持续的粮食安全保障系统。

第三节 中国非洲购地的非议及对策建议

伴随着中国对非援助不断取得新成就,中国的援非工作也遭遇了前所未有的挑战。首先,西方对中国援非的"新殖民主义"诟病。由于中国对非援助不附加政治条件,在一定程度上使得非洲国家摆脱了多边组织所附带的各种严格条件,这引起了西方国家的强烈不满。其次,非洲民间对中国援外的微词。中国的一些援建企业过度重视非洲国家政府的需要,而忽略了非洲的民意,导致了非洲民间的误会和非议。西方媒体和非洲民间的议论多集中于中国在非洲购地的主题,相关"中国阴谋论"和"非洲圈地论"也逐渐风行。①②

但实际上,随着全球化发展,尤其是 2008 年粮食危机之后,海外购地业已十分普遍。根据世界银行③、联合国粮农组织④、国际粮食政策研究所⑤等分析报告,近年来各国海外购地总规模业已达到 7874.34 万公顷。由此,海外购地问题也引起了广泛关注。特别是中国海外购地更是受到了前所未有的关注与质疑。这里,主要分析当前各国海外购地的基本状况,重点分析中国非洲购地及其引起争议的原因和应对策略。

一、海外购地基本情况:全球及中国

根据世界银行、联合国粮农组织等机构的报告显示,截至 2012 年 5 月欧洲是全球最大的海外购地者。欧洲投资者购地总面积最大,高达 5260.57 万公顷,占海外购地总量的 66.81%;其次为亚洲人投资,购地 1408.47 万公顷,占 17.89%;第三为北美人,购地 253.58 万公顷,占 3.22%。南美人和非洲人对外国的土地投资最少,分别为 0.56%(43.95 万公顷)和 0.44%(34.70 万公顷)。其他未知的投资者购地占11.09%(873.07 万公顷)。这里的"购地"是指购买土地获得土地产权,不包括短期租赁海外

---

① 曹晋丽,宋微.对非援助我们可以做得更好[N].国际商报,2012.http://ibd.shangbao.next.cn/a/118688.html.

② Hall R. The next great trek? South African commercial farmers move north[C]. International Conference on Global Land Grabbing, 2011.

③ Deininger K, et al. Rising global interest in farmland:can it yield sustainable and equitable benefits? [R].The World Bank, 2011.

④ Cotula L, et al. Land grab or development opportunity? Agricultural investment and international land deals in Africa[R]. IIED/FAO/IFAD,2009.

⑤ Ruth M D, et al. 'Land grabbing' by foreign investors in developing countries:risks and opportunities [R].IFPRI,2009.

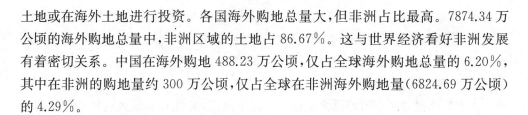

土地或在海外土地进行投资。各国海外购地总量大,但非洲占比最高。7874.34万公顷的海外购地总量中,非洲区域的土地占86.67%。这与世界经济看好非洲发展有着密切关系。中国在海外购地488.23万公顷,仅占全球海外购地总量的6.20%,其中在非洲的购地量约300万公顷,仅占全球在非洲海外购地量(6824.69万公顷)的4.29%。

二、中国海外购地争议多及其主要看法

(一)中国非洲购地的媒体批评最多

为了从总体上了解中国在非洲的土地交易受到媒体的批评程度,采用"Land grab"和"in Africa"两个词为固定搜索关键字,再变换国家名字的搜索变量,分别利用谷歌搜索媒体对中国(China)、印度(India)、沙特阿拉伯(Saudi Arab & Gulf States)、韩国(Korea)、新加坡(Singapore)、欧洲(Europe)和美国(America)等在非洲"土地掠夺"报道的数量进行统计。截止2013年11月报道总数为6065万条,其中涉及中国的最多,达1970万条,占32.5%;其次为美国,占28.9%(如图7-1)。

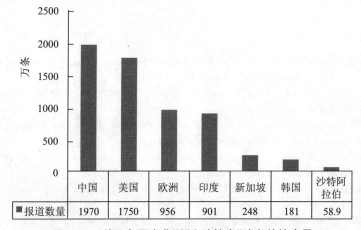

	中国	美国	欧洲	印度	新加坡	韩国	沙特阿拉伯
■报道数量	1970	1750	956	901	248	181	58.9

图7-1　关于各国在非洲"土地掠夺"消息的搜索量

根据大量阅读海外媒体报道文章、博客和机构研究报告所得出的结论,对中国在非购地的评论主要来自非洲居民和地方官员以及西方媒体和中非研究报告两个方面。

(二)非洲居民和地方官员的主要意见

非洲当地居民对中国的批评主要集中在以下几方面:① 中国派遣人员缺少和当地居民和官员的交流,未能有效帮助当地农业发展;② 中国企业或组织低价甚至免费占用非洲土地,却不给当地带来经济效益,未能改变贫困现状;①③ 雇佣当地劳工没有合同保障,且劳工收入低下;②④ 生产的农产品不知去向,当地居民没有因农作物产量提高而获益;③⑤ 部分合作耕种的土地仍处于闲置状态。

(三)西方媒体及专家的主要意见

西方媒体报道对中国的批评主要可以汇总为:① 中国在非洲大规模的圈地和资源掠夺是对非洲进行新殖民主义的表现;④⑤② 中国援非项目和公司以个人利益最大化为目的发展,忽视当地经济发展的带动,忽视非洲发展中的环境保护和资源管理;⑥③ 中国在非洲生产的农产品大多进口回国,为了保障国内日益增长的粮食需求,却忽视当地仍存在饥荒;⑦⑧④ 中国在非洲的土地交易仅有少部分用于生产粮食,其他的大部分为生物燃料的种植,影响了当地粮食供给,未对非洲饥荒缓解有所帮助;⑨⑤ 一部分土地交易中涉及的土地闲置现象,可能是一种对土地增值预期的投机行为;⑩⑥ 中国的交易主体多为国有企业,这就代表中非合作不仅是单纯的双方利益寻求的行为,更多可能是出于某种政治利益;⑦ 中国在非洲的土地交易信息多是不公开且不易调查的,这种缺乏透明性的处理方式有可能隐藏了中非交易不为人知的目的。⑪

① Buckley L. Eating bitter to taste sweet: an ethnographic sketch of a Chinese agriculture project in senegal[C]. International Conference on Global Land Grabbing, 2011.

② GRAIN. Unpacking a Chinese company's land grab in Cameroon[EB]. 2010. http://iamafarmer. blog. 163.com/blog/static/1823414642011370239112/.

③ Lavers T. The role of foreign investment in Ethiopia's smallholder-focused agricultural development strategy[C]. International Conference on Global Land Grabbing, 2011.

④ Bulkan J. 'Red star over Guyana': colonial-style grabbing of natural resources but new grabbers[C]. International Conference on Global Land Grabbing, 2011.

⑤ Anoymity. A new colonial carve-up? [M]. Geographical, 2011. http://www.geographical.co.uk/Magazine/Dossiers/Land_grabs_-_Aug_11.html.

⑥ Nonfodji P. China's farmland rush in Benin: toward a win-win economic model of cooperation? [C]. International Conference on Global Land Grabbing, 2011.

⑦ Vidal J. Fears for the world's poor countries as the rich grab land to grow food[EB]. The Guardian, 2009. http://www.theguardian.com/environment/2009/jul/03/land-grabbing-food-environment.

⑧ Bunting M. How land grabs in Africa could herald a new dystopian age of hunger[EB]. The Guardian, 2011. http://www. theguardian. com/global-development/poverty-matters/2011/jan/28/africa-land-grabs-food-security.

⑨ Olivier De Schutter. UN expert calls for guidelines to protect vulnerable people against 'land grabs' [EB]. The Guardian, 2011. http://www.theguardian. com/global-development/2011/oct/06/un-land-deals-governance-talks

⑩ Palmer R. Would Cecil Rhodes have signed a code of conduct? Reflections on global land grabbing and land rights in Africa, past and present[C]. International Conference on Global Land Grabbing, 2011.

⑪ Wily L A. Nothing new under the sun or a new battle joined? The political economy of African dispossession in the current global land rush[C]. International Conference on Global Land Grabbing, 2011.

三、改善媒体评价的有关建议

面对来自国际、国内的多重挑战,中国对非援助工作将如何应对? 本文认为可以从以下几个方面着手改善中国援非工作,以便更好地帮助非洲实现发展。

（一）加强援非人员的文化及语言培训

一些研究学者也发现,由于语言障碍,妨碍了中国农业技术人员与当地农民的交流。此外,中国农业技术人员对非洲农民"半工半歇"的作业方式也有不理解。而且,一些中国农业技术人员认为,其职责是传授和演示种植技术,故而缺乏与非洲农民的社交。因此,这需要中国企业从长期发展角度考虑,加强对于非洲从业人员的文化与语言培训投入,促进与当地农民及技术人员的交流与合作。

（二）加强技术人员的政治敏感性教育

有的非洲研究学者发现,一些中国农业技术人员对待带有不友善态度的采访时,如面对带有"批判性殖民主义角度"（critical colonial angle）的外媒采访时,往往采取不回应的措施,这种在中国传统文化中的"独善其身"和"做好自己该做的事"的态度,在外媒眼中则被理解为"不配合采访"及"面对问题不正面回答"甚至是"无可奉告"。因此,为使得技术人员掌握与西方或当地媒体的沟通技巧,还需要加强援非技术人员如何与西方或当地媒体沟通的培训。

（三）加强非商业机密的信息公开

政府信息公开不够及时,尤其是非洲购地企业更关注企业自身利益,还没有认知到政治环境对其长期发展的影响,从而更加不够重视信息公开。据此,政府在加强信息发布的同时,也可以将政府了解的有关企业投资信息一并发布；当然,更重要的是引导企业对非商业机密信息的发布与公开。

（四）加强非洲问题研究投入

与中非合作快速发展不相对称的是,中国非洲问题研究相对滞后,从而难以为决策提供有效的科研支持。更重要的是在西方学者对中非合作"指手画脚"时,中国学者也没有相应的研究成果"应对",更多的是官方"回应",这更显得不对等和尴尬。因此,迫切需要通过加强非洲问题研究投入,以增强中国与西方学者在非洲问题上的认知与沟通能力。

（五）进一步扩大对非援助规模,增加民生工程项目

最近几年我国的对非援助虽有所增加,但是占国内生产总值的比例仍然比较低。随着我国经济总量的增长、综合国力的增强及对非工作的实际需要,适度扩大对非援助的规模是十分必要的。可以考虑通过提高无偿援助和无息贷款的比例,实施对非优惠贷款的倾斜政策,采取拓宽资金渠道和减免债务等方式,推动对非援助规模的低速增长。在新增项目设置上,应进一步扩大对非洲农业的援助,为非洲经济社会发展提供粮食安全保障。通过扩大贸易、投资、援助、技术合作等多种方式,帮助非洲国家提高粮食生产和加工能力。进一步增加援非农业示范中心建设,继续向非洲国家派遣农业技术组,传授农业生产技术和经验,在力所能及的范围内向非洲国家提供紧急粮食援助。

（六）在国际媒体平台宣传中国援助成果

面对西方国家的误解和批评,中国的新闻媒体应加大力度宣传,同时敦促发达国家兑现对非洲国家的援助承诺。对于非洲民间的误解,应鼓励中非双方新闻媒体人员交流互访,支持双方新闻机构互派记者。非洲由于其传统的部落制社会结构,传统组织和其他非政府组织相当庞大,他们与民众的纽带更为紧密,也比政府更有话语影响力。因此我们既要倾听非洲当地政府的意见,也要努力了解草根大众的需求,尊重非洲民意。此外,我们还应坚持组织通报、解释、介绍、研讨,利用多种形式让国内民众真正了解中国的援非政策,争取民众对政府政策的支持。

第八章

非洲粮食安全的土地可持续利用对策

非洲至今被西方人士称为"饥饿的大陆",其粮食问题日益突出,引起了国际上的广泛关注。1982年6月下旬举行的第八届世界粮食理事会的主要议题之一,就是非洲的粮食问题。会上有36个理事国的代表就这个问题进行了认真的讨论。十多个非洲国家也派出代表列席会议。大会强烈呼吁国际社会帮助非洲人民摆脱目前缺粮的苦难。[①] 而增强非洲土地资源可持续利用能力,是提升非洲粮食安全的根本保障。为此,本章结合非洲粮食安全的总体特征及发展趋势,阐述提升非洲粮食安全能力的土地可持续利用对策建议。

第一节　非洲粮食安全的总体特征及发展趋势

尽管国际社会为实现非洲的粮食安全做出了持续不懈的努力,但目前进展情况并不令人乐观。其中根据联合国粮农组织最新统计[②],2012年非洲尚约有2.39亿营养不良人口,约占非洲人口总数的22.9%,比1990年的营养不良人口比例27.3%有所下降,但营养不良人口数比1990年的1.75亿有所增加。总体来看非洲不仅可能难以实现1996年世界粮食首脑会议提出的到2015年将1992—1993年饥饿人口数量减半的目标,甚至可能难以实现2000年联合国提出的到2015年将饥饿人口比例减半的千年发展目标。在未来50～60年内,甚至更长时期,众多人口的吃饭问题将始终困扰着非洲。

非洲的粮食安全受多种因素的影响,包括人口、经济、粮食生产、粮食价格、历史、政治、战争、基础设施、自然资源、生态环境、接近市场的有效途径以及获取粮食

---

① 庄仁兴.非洲的粮食生产与发展[J].西亚非洲,1984,3:38-46.
② FAO, Statistic Yearbook, 2013.

的能力等。①②

一、人口增长仍是粮食安全面临的难题

从人口发展趋势看,在巨大人口压力背景下,未来非洲粮食安全仍然面临着巨大压力。从图 8-1 可以看出,非洲人口在过去三十年一直增长,2012 年,非洲人口有 10.7 亿,约占世界总人口的 15%。非洲是世界上人口增长最快的地区,1983—2012 年非洲的人口翻了一番,平均每年增长近 2000 万人,人口年均增长率达 2.5%。

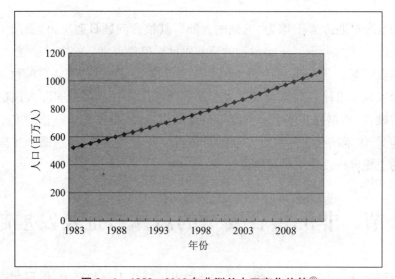

图 8-1 1983—2012 年非洲总人口变化趋势③

从图 8-2 可以看出非洲人口分布极不平衡,非洲人口密度为每平方公里 23 人,尼罗河流域是世界上人口最密的地区之一,而广大的撒哈拉沙漠地区平均每平方公里还不到 1 人,是世界人口最稀少的地区之一。总的来讲,非洲人口分布为东非、西非与北非人口较多,中非与南非人口较少。2012 年,东非地区人口约 3.4 亿,中非地区人口约 1.3 亿,北非地区人口约 2.2 亿,南非地区人口约 0.6 亿,西非地区人口约 3.2 亿。中非地区的人口增长率最高,在 1983—2012 年,其人口增长率高达2.8%,比世界平均水平约高出一倍;南部非洲的人口增长率最低,为 1.7%,但仍高于世界平

---

① Mwaniki A. Achieving food security in Africa: challenges and issues. http://hqweb.unep.org/traning/programmes/znstructor%20Version/Part-2/Activities/human-societies/Agriculture/supplemental/Achieving%20_Food security_in_Africa.pdf.

② Mbow C, Noorrdwijk M V, et al. Agroforestry solutions to address food security and climate change challenges in Africa[J]. Current Opinion in Environmental Sustainability, 2014, 6: 61-71.

③ 数据来源:FAO 数据库.

均水平。

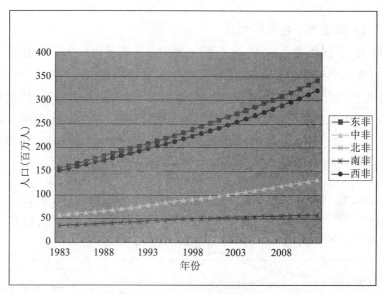

图 8 - 2　1983—2012 年非洲分地区人口变化趋势①

　　人口增长对粮食问题的解决将是一个巨大的挑战②。首先,人口增长将导致土地人均占有量减少,对粮食、水、耕地以及燃料等其他生活资料的需求猛增。人口增长过快是引起非洲的粮食问题的主要原因之一。其次,人口增加使得大规模的农业活动不断破坏森林资源,特别是在较为贫困的乡村地区这种现象尤为明显。森林破坏将导致土地荒漠化、水土流失、水资源短缺、自然灾害加剧、生物多样化减少。随着人口迅速增加,为了粮食增长,人们把更多的不适于发展农业的土地开采出来,撂荒和休闲期缩短,同时又不注重施肥,使得耕地贫瘠化问题日益严重,滥垦、滥牧、滥伐造成水土流失,导致土地质量逐年下降,进而影响到粮食产量。许多以农业为生的人在日益退化的土地上付出更多的代价来维持生存,如在埃塞俄比亚的青尼罗河流域,每年地表流失的土壤厚度达到 1 cm。在西非热带草原带,地表土层流失后,结合层裸露地表,在氧化作用下形成硬壳,使水分难以渗入,作物不能生长。

　　贫穷的非洲人口保持高速增长的水平,加剧了粮食危机的发生风险。例如,尼日尔的人口从 1950 年的 250 万增长到 2010 年的 1500 万。根据一些研究预测,非洲如果保持现在的人口增长速度,到 2050 年非洲只能满足 1/4 人口的粮食需要。因此今后应制定适当的人口政策,合理控制非洲人口增长速度,努力提高人均粮食单产,

---

　　①　数据来源:FAO 数据库.
　　②　杜志鹏,赵媛.非洲粮食问题的时空演化研究[J].世界地理研究,2012,21(2):47 - 54.

促进解决非洲粮食安全问题。

二、粮食产能远低于世界平均水平

近些年来,非洲粮食生产取得了不少进步。从图 8-3 可以看出非洲粮食在 2000—2009 年总体趋势是上升的,但在有些年份出现减产,2007 年的产量仅为 1.32 亿吨,甚至低于 2005 年的粮食产量。非洲的粮食产量增长并不稳定,这给粮食安全带来了一定的不确定性。粮食总产量最高的是西非地区,占非洲总量的 1/3 以上,是最少的中非地区的 9 倍。北非的粮食总产量占非洲总产的比重接近 1/3,南非和东非所产粮食分别将近非洲的 1/5。

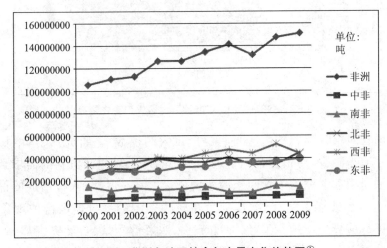

图 8-3 非洲各地区粮食年产量变化趋势图①

就人均产量而言,从图 8-4 可以看出,2001—2009 年南非地区的人均粮食拥有量最高,但是年际间波动比较大,2001 年最高人均粮食年产量达到 290 kg,2008 年最低人均粮食年产量仅为 173 kg。中非缺粮最严重,人均粮食年产量最低在 50 kg 左右徘徊。东非的人均产量也较低,和中非共同低于非洲人均产量的平均水平。高于非洲平均水平的地区除南非外,还有北非和西非。从图 8-5 可以看出非洲平均每人每年约合粮食为 150 kg,远低于世界其他各个大洲,即使是人均年产量最高的南非也仅和人口最多的亚洲的人均年产量持平。2009 年非洲的粮食人均年产量为 151.33 kg,北美洲是其 9 倍,大洋洲是其 6.8 倍,欧洲是其 4.5 倍,南美洲是其 2.4 倍,亚洲是其 1.6 倍。世界粮食安全的标准是人均年粮食产量达到 400 kg,非洲的粮食人均年产量距离 400 kg 还差 250 kg 左右,可

① 数据来源:FAO 数据库.

见虽然非洲的粮食增长较为明显,但是由于非洲人口增长迅速,依然面临着严重的缺粮问题。

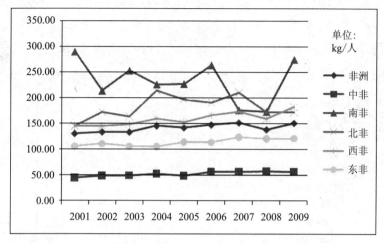

图 8－4　非洲各地区的人均年粮食变化趋势对比分析图①

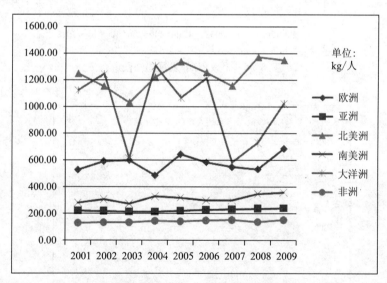

图 8－5　世界各大洲的人均年粮食变化趋势对比分析图②

---

① 数据来源:FAO 数据库.
② 数据来源:FAO 数据库.

三、经济不发达难以保障粮食安全

从图 8-6 和图 8-7 可以看出非洲的 GDP 和人均 GDP 发展趋势相似,都在曲折中增长。非洲 GDP 从 2000 年的 595923 百万美元增长至 2010 年的 1703593 百万美元,几乎翻了 3 倍。人均 GDP 从 2000 年的 735 美元增长至 2010 年的 1667 美元,也翻了 2 倍多。尽管非洲的经济在增长,但是与世界其他地区相比,非洲仍然是经济不发达地区。

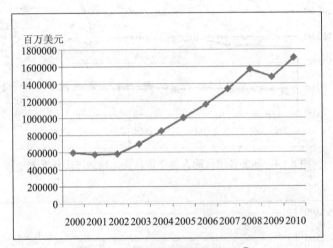

图 8-6 非洲 GDP 发展趋势图[①]

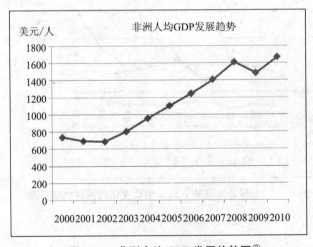

图 8-7 非洲人均 GDP 发展趋势图[②]

[①] 数据来源:2009—2012 年非洲统计年鉴.
[②] 数据来源:2009—2012 年非洲统计年鉴.

非洲作为世界第二大洲,面积仅次于亚洲,但经济上,却是各大洲中最落后的大洲。直到 2011 年非洲没有任何国家加入发达国家行列,全部为发展中国家。2012年世界银行公布的 40 个重债穷国中 33 个是非洲国家,相当于非洲 3/5 的国家都极度贫困。

从表 8-1 中可以看出,统计的非洲 53 个国家中仅有 3 个国家的人均 GDP 在10000 美元以上,包括赤道几内亚、塞舌尔和加蓬;12 个国家的人均 GDP 为 3000～10000 美元(不含),包括博茨瓦纳、南非、纳米比亚等国;13 个国家的人均 GDP 为1000～3000 美元(不含),包括埃及、苏丹、南苏丹、尼日利亚等国;而有多达 25 个国家的人均 GDP 在 1000 美元(不含)以下,包括乍得、肯尼亚、津巴布韦、埃塞俄比亚等国。与其他大洲相比,非洲国家的人均 GDP 有着明显的差距。即便跟同为发展中国家的亚洲国家(如印度、菲律宾)与南美洲国家(如阿根廷、巴拉圭)相比,大部分非洲国家的人均 GDP 水平也在这些国家之下。非洲除少数几个国家人均 GDP 高于世界人均水平,绝大部分国家人均 GDP 都低于世界人均水平。

非洲国家大多贫困,导致缺乏资金和外汇,难以从国外购进足够数量的农业生产资料以满足农业生产,这是导致非洲长期农业生产力低下,加重粮食产量不足的重要因素。

表 8-1　2011 年非洲国家人均 GDP 与其他国家比较统计表①

非洲国家	人均 GDP(美元)	其他国家	人均 GDP(美元)
赤道几内亚	23473	卢森堡(欧洲)	114211
塞舌尔	12118	挪威(欧洲)	99143
加蓬	11789	澳大利亚(大洋洲)	62003
毛里求斯	8741	加拿大(北美洲)	51554
博茨瓦纳	8074	荷兰(欧洲)	50085
南非	7943	奥地利(欧洲)	49581
纳米比亚	5627	美国(北美洲)	48113
利比亚	5513	新加坡(亚洲)	47268
阿尔及利亚	5258	比利时(欧洲)	46513
安哥拉	5159	日本(亚洲)	46135
突尼斯	4350	冰岛(欧洲)	44120
佛得角	3875	德国(欧洲)	44021
刚果(布)	3414	法国(欧洲)	42522
斯威士兰	3274	英国(欧洲)	38961

① 数据来源:世界银行(http://www.worldbank.org.cn/).

非洲国家	人均GDP(美元)	其他国家	人均GDP(美元)
摩洛哥	3044	意大利(欧洲)	36104
埃及	2930	西班牙(欧洲)	31985
南苏丹	1847	希腊(欧洲)	25631
加纳	1578	葡萄牙(欧洲)	22504
苏丹	1539	大韩民国(亚洲)	22388
尼日利亚	1486	捷克共和国(欧洲)	20580
吉布提	1464	智利(南美洲)	14513
赞比亚	1409	匈牙利(欧洲)	13909
圣多美和普林西比	1355	巴西(南美洲)	12576
莱索托	1244	哈萨克斯坦(亚洲)	11357
科特迪瓦	1242	阿根廷(南美洲)	10952
喀麦隆	1197	马来西亚(亚洲)	10012
毛里塔尼亚	1154	墨西哥(北美洲)	9703
塞内加尔	1084	伊拉克(亚洲)	5687
乍得	876	中国(亚洲)	5447
科摩罗	872	泰国(亚洲)	5192
肯尼亚	800	巴拉圭(南美洲)	3957
贝宁	746	斯里兰卡(亚洲)	2836
马里	739	菲律宾(亚洲)	2365
津巴布韦	723	巴布亚新几内亚(大洋洲)	1767
布基纳法索	650		
几内亚比绍共和国	596	印度(亚洲)	1534
卢旺达	570	巴基斯坦(亚洲)	1196
多哥	569	柬埔寨(亚洲)	878
坦桑尼亚	530		
冈比亚	518		
莫桑比克	511		
塞拉利昂	501		
中非共和国	488		
乌干达	479		
几内亚	457		

非洲国家	人均 GDP(美元)	其他国家	人均 GDP(美元)
马达加斯加	457		
厄立特里亚	440		
利比里亚	379		
尼日尔	364		
马拉维	364		
埃塞俄比亚	355		
布隆迪	247		
刚果(金)	245		

四、人均耕地面积小难以保障粮食生产

从图 8-8 可以看出非洲的可耕地面积呈现逐年上涨的趋势,从 2000 年的 1.97×10^8 公顷增长至 2009 年的 2.23×10^8 公顷,这样看来形势是乐观的。但是非洲的耕地增加面积速度低于人口增加速度,从图 8-9 可以看出非洲的人均耕地面积年际间呈现下降趋势。非洲的人均耕地面积和世界平均水平趋平,人均耕地面积大约为0.24公顷,但是人均粮食产量远低于世界平均水平。从图 8-9 可以看出,非洲的人均耕地面积仅比人口众多的亚洲多,低于世界其他地区。可见非洲的总耕地面积的增加未能很好解决非洲粮食安全问题。

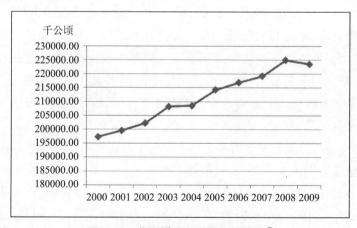

图 8-8　非洲耕地面积变化趋势图①

---

①　数据来源:FAO 数据库.

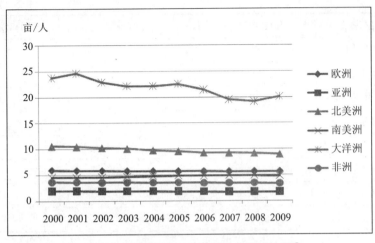

图 8-9　世界各地区人均耕地变化趋势图①

五、重经轻粮的格局将持续影响粮食安全

轻视粮食作物生产,重视出口经济作物生产,是造成粮食短缺的重要原因之一。非洲长期遭受帝国主义和殖民主义的掠夺统治,成为欧洲各国控制的原料生产基地,多数国家形成以一两种经济作物或矿产品为主的单一经济结构畸形发展②,被迫按照殖民主义者的需要去种植咖啡、油棕、剑麻、可可等商品性极强的出口作物,以满足宗主国的需要。传统的农业生产结构遭到破坏,面向出口的经济作物得到畸形片面的发展,粮食种植面积大大压缩,使粮食生产的增长日趋缓慢,粮食自给率逐渐下降。独立以后,许多国家为了取得发展民族经济所需的外汇收入,依然继续发展以出口为目的的经济作物,忽视了粮食生产。多数国家把最好的土地、大部分水利设施、资金、劳动力、肥料和农药等都投入经济作物生产。相反,生产粮食的土地则经营粗放,产量很低。由于绝大部分国家曾长期处于殖民地地位,受宗主国的掠夺统治,形成了单一畸形的经济结构,也注定了非洲国家农产品出口的单一性。主要的出口农产品仍是咖啡、可可、烟草、纤维植物(棉花、剑麻)、油料(花生和芝麻)、水果、蔬菜、鱼及其制品。

从表 8-2 中可以看出非洲目前出口农产品主要以可可、腰果、芝麻、咖啡、烟草、皮棉、茶叶、蔬菜水果为主。其中,可可是非洲产量最高的经济作物,2008 年非洲可可豆出口量占据了世界总出口量的 66.66%,出口额也达到了 64.08%,相关制品可可酱和可可脂也位于非洲出口额前 20 位的农产品之列,可可和可可制品成为非洲最重要的外汇收入来源。此外,非洲的茶叶出口也仅次于亚洲,是世界第二大生产地

---

① 数据来源:FAO 数据库.

② 朱丕荣.关注非洲农业发展[J].世界农业,2009,9:9-10.

和出口地,占到了世界出口量的 30%。非洲的蔬菜水果,如腰果、柑橘等也在世界出口贸易中占有重要地位,特别是带壳腰果占据了世界总出口量的 91.6%。

表 8-2　2008 年非洲主要农产品出口情况①

位序	商品	出口量(吨)			出口额(千美元)		
		非洲	世界	占比(%)	非洲	世界	占比(%)
1	可可豆	1819765	2729925	66.66	3917679	6113976	64.08
2	生咖啡	639635	6353963	10.07	1570548	16627170	9.45
3	未加工烟草	374588	2652572	14.12	1395595	10169755	13.72
4	皮棉	902717	6329707	14.26	1359009	9648569	14.09
5	茶	551616	1895807	29.10	1242189	5520560	22.50
6	柑橘	1824734	5647077	32.31	915404	3811223	24.02
7	原糖	1636065	24926966	6.56	865384	8028128	10.78
8	天然橡胶	390806	6069785	6.44	832160	15812910	5.26
9	葡萄酒	457025	8967774	5.10	790430	29619992	2.67
10	优级初榨橄榄油	172973	1311284	13.19	632518	5797464	10.91
11	玉米	1406649	102114115	1.38	623973	26932880	2.32
12	芝麻	431380	937680	46.01	567670	1385158	40.98
13	棕榈油	593398	33360974	1.72	553719	30436062	1.82
14	带壳腰果	649266	708844	91.60	518343	579194	89.49
15	葡萄	343506	3867715	8.88	478772	5616769	8.52
16	可可酱	142674	403010	35.40	459161	1405803	32.66
17	食品类(food prep nes)	188114	10932644	1.72	435808	38236166	1.14
18	可可脂	83523	699877	11.93	414629	4294896	9.65
19	香蕉	588822	17979651	3.27	379497	8504260	4.46
20	精制糖	745372	21219097	3.51	370325	10328049	3.59
	农产品总出口额	—	—	—	30829422	1059857464	3.48

从表 8-3 可以看出,2008 年非洲主要进口农产品以谷物、食用油、畜产品等为主。其中谷物所占比重最大,碎米的进口量占世界总进口量的 55.89%,进口量最大、进口额最高的小麦的占世界总量的 1/4。除了玉米、大米、小麦粉、豆饼等粮食产

① 姜忠尽.非洲农业图志[M].南京:南京大学出版社,2012.

品以及棕榈油、大豆油、葵花籽油等食用油外,奶粉的进口量也在世界进口量中占据了不少的份额,全脂奶粉占到将近 20%,脱脂奶粉占到将近 14%。

表 8-3　2008 年非洲主要农产品进口情况[①]

位序	商品	进口量(吨)			进口额(千美元)		
		非洲	世界	占比(%)	非洲	世界	占比(%)
1	小麦	31691549	128308649	24.70	12159247	50297252	24.17
2	棕榈油	3949734	32942295	11.99	3912169	29289874	13.36
3	玉米	11574257	103608395	11.17	3192722	31751413	10.06
4	大豆油	1864986	11154473	16.72	2469397	13323103	18.53
5	大米	4413242	19960936	22.11	2443961	14155886	17.26
6	原糖	4690576	25377103	18.48	1664810	9776729	17.03
7	全脂奶粉	364270	1892997	19.24	1661419	8367147	19.86
8	精制糖	3852368	20041030	19.22	1517488	10342789	14.67
9	食品类	692625	11896886	5.82	1508572	41858491	3.60
10	碎米	2258369	4040699	55.89	1206580	2091554	57.69
11	小麦粉	1738572	11007502	15.79	985601	5700176	17.29
12	鸡肉	735591	9601003	7.66	928428	17055787	5.44
13	脱脂奶粉	238525	1726500	13.82	879971	6324557	13.91
14	豆饼	2548998	59635574	4.27	878166	25485962	3.45
15	未加工烟草	237817	2578378	9.22	816228	10520355	7.76
16	大豆	1682977	78672940	2.14	713446	43746329	1.63
17	去骨肉(牛肉和小牛肉)	199224	4764760	4.18	692515	22682601	3.05
18	香烟	60321	871236	6.92	689286	19862191	3.47
19	生咖啡	247056	5968636	4.14	591544	16800166	3.52
20	葵花籽油	435593	4861911	8.96	578579	7389942	7.83
	农产品总进口额	—	—	—	58973394	1104776202	2.86

　　综上所述,一方面,非洲在可可、芝麻、皮棉、茶叶、烟草和蔬菜水果等产品上具有比较优势。其中可可是非洲比较优势最强劲的农产品。而另外一方面,非洲在小麦、大米、玉米、食糖、植物油、油籽、禽肉等产品上不具有比较优势,反映了粮食是非

---

① 姜忠尽.非洲农业图志[M].南京:南京大学出版社,2012.

洲比较优势最弱的农产品,影响了非洲的粮食安全。

保障非洲粮食安全将是一个长期缓慢的过程,非洲许多国家对农业经济作物的出口贸易依赖性很大,对粮食生产不够重视,重经轻粮的格局将持续影响非洲的粮食安全。

六、营养不良人口将长期存在[①]

世界上大部分食物不足人口居住在发展中国家,其中 2/3 居住在 7 个国家(孟加拉国、中国、刚果(金)、埃塞俄比亚、印度、印度尼西亚和巴基斯坦),超过 40% 居住在中国和印度这两个国家。世界粮食首脑会议的目标是将食物不足人口的数量减半,而“千年发展目标”则旨在将食物不足人口的比例减半。因为世界人口仍在增长(虽然近几十年来有所减缓),所以饥饿人口数量不变就代表着饥饿人口比例的下降。事实上,发展中国家这一群体在实现世界粮食首脑会议目标方面均有所倒退(食物不足人口数量从 1990—1992 年的 8.27 亿增至 2010 年的 9.06 亿),但就实现“千年发展目标”而言已有所进展(饥饿发生率从 1990—1992 年的 20% 降至 2010 年的16%)。食物不足人口比例最高的区域依然是撒哈拉以南非洲,2010 年达到 30%,但各国取得的进展差异很大。2005—2007 年,刚果、加纳、马里、尼日利亚已实现“千年发展目标”,埃塞俄比亚等国也接近实现;而在刚果(金),食物不足人口比例已从1990—1992 年的 26% 升至 69%。

七、政治不稳定以及国际分工与合作不够深入加剧粮食不安全形势

腐败和政治不稳定也加剧了粮食不安全形势,国际组织经常对受灾害地区提供大量的粮食援助,但是在一些贫穷的非洲国家,由于腐败和政治不稳定,导致国际援助经常无法到达受灾人群手中。战争和军事冲突可能不会直接影响粮食危机,但是会加剧粮食的稀缺,并且经常阻碍受灾人们获得援助。非洲许多国家缺乏应急措施,过去的严重粮食危机事件表明许多国家对危机完全没有准备,离开国家援助就无法解决危机。

同时,由于非洲经济体尚处于建立与发展过程中,例如,有关研究表明,非洲经济体中核心区域与外围的冲击空间分布呈现出跳跃式片区分布,从空间分布上虽然形成了南北非间的通道,但东西方向分布没有空间连续性。[②] 因此,非洲经济体的经济与资源利用合作,也在很大程度上影响了非洲粮食安全。

① 姜忠尽.非洲农业图志[M].南京:南京大学出版社,2012:231-237.
② 吴常艳,黄贤金,李丽.非洲经济体经济增长的空间溢出效应分析[J].世界经济与政治论坛,2013(6):91-104.

八、疾病加剧了粮食不安全形势

非洲许多国家存在大量艾滋病患者,特别是撒哈拉以南非洲地区,疾病加剧了粮食危机[①],引起了公众广泛关注。首先,艾滋病减少了农业劳动者能力;其次,给贫困家庭带来额外的负担,使其没有额外的资金投入农业生产,加剧了粮食生产困难,从而粮食单产得不到提高。

第二节 非洲土地资源可持续利用战略

一、坚持水土协调与农业可持续发展的原则

非洲不适当的水土资源利用方式和农业生产模式对资源和环境造成了不利影响,而这些影响反过来又制约着农业的发展。首先,非洲热带雨林水土失调,带来了严重的生态环境问题。热带森林区大面积的滥砍滥伐,不合理的农业垦殖致使自然肥力本来不低,但结构性差、更新快速的富铝土失去森林的庇护,发生严重的水土流失、土壤退化现象,丧失森林更新与农业利用的可能性。热带雨林以木材生产为目的的土地经营管理方式,不仅不能使经济、社会和环境效益实现统一,而且更加剧了森林被毁,使生态环境脆弱性加大。其次,占非洲总面积的40%的非洲热带草原年内降水季节分配不均,旱季漫长,降水年内年际变化率大,土地资源数量丰富但质量差。该区域的土壤类型中红棕色土分布最广,结构松散、土层薄、肥力低、保水保肥抗侵蚀力差,容易受风蚀和流水侵蚀,土地利用存在一定困难。再次,非洲荒漠地区地表植物种类和覆盖率低,易引起土地侵蚀、沙化等生态环境恶化趋向,整治和改造荒漠生态环境对于非洲荒漠地区是一项艰巨的任务。最后,山地高原区农业活动极容易发生水土流失,尤其是非洲常见的顺坡种植现象造成山地高原严重的水土流失,生态环境破坏严重。

协调水土资源利用,保护生态环境,是农业可持续发展的有效举措。[②] 可采取的技术措施有:① 广开水源,扩大灌溉面积;② 改善草场,发展畜牧业,使牧民趋向定居;③ 增建和完善水利设施,提高农业生产水平;④ 营造防护林网,改善区域农业生态环境;⑤ 有效地发挥土地资源潜力,建立农业生产基地,提高土地利用率,适当发展集约化农业生产。

---

① Mwaniki A. Achieving food security in Africa: challenges and issues. http://hqweb.unep.org/traning/programmes/znstructor%20Version/Part-2/Activities/human-societies/Agriculture/supplemental/Achieving%20_Food security_in_Africa.pdf.

② 彭廷柏,黄道友,陈惠萍,等. 建立水土协调机制 确保农业可持续发展[J].生态农业研究,1999,7(1):36-39.

发展水土协调的可持续集约化农业,还可从政策、机构、投资等各方面综合采取以下措施:① 推进国家相关政策体制的现代化建设,提高应对水土资源挑战的能力;② 深化水、土资源管理体制改革;③ 加强市场监管,提高水、土资源配置效率和公平性;④ 调整造成水土资源退化的扭曲性政策;⑤ 整合与水、土资源管理相关的各项国际政策和举措等。

二、坚持政策制度支持与可持续发展的战略

非洲土地资源可持续利用必须有相应的农业政策和制度支持,[1][2]例如农业投资政策、农业投入品(种子、化肥、农药)管理制度、重要资源(土地、遗传育种、技术与信息、资金和社会保障等)的获取和使用制度等。在了解和借鉴世界各国经验和做法的基础上,结合非洲种植业发展实际,积极探索新的有利于种植业可持续发展的政策和制度。例如,允许和鼓励企业或私营部门参与对农业的服务和投入;稳定农产品价格;根据作物生产的投入和产出以及生产方式(如保护性生态型)决定农产品价格;重新制定或取消对环境和自然资源有害以及危害生物多样性生产方式的补贴,即所谓的"不当补贴";实行环境利用补偿机制,尤其是对转换土地用途项目;开展信息咨询和农技推广服务机制;推行农业生产社会保障制度,为种植业可持续发展创造良好的环境,提供有力的保障。

三、坚持粮食自给主导的发展策略

许多非洲国家粮食自给率在 20 世纪 60 年代初为 98%,70 年代末下降到 82%,80 年代为 60%~70%,90 年代只有 50% 左右。目前许多非洲国家粮食自给率已降到了 50% 以下,粮食进口逐年增加。自 1980 年起,非洲成为农产品净进口洲。2003 年 23 个国家粮食短缺,进口粮食为 3820 万吨。除玉米能基本满足地区需求外,45% 的小麦或 80% 的大米依赖进口。2006 年,撒哈拉以南非洲人均粮食产量只有 84 千克,只及全球人均 339 千克的 24.8%。[3]

对于某些国家,粮食可以成为一种高效的"冷武器",使世界粮食安全如同石油安全一样可控,并且按照这些国家的意愿调控。美国前国务卿笛因·拉斯克(Dean Rusk)证实,从 1962 年起,美国一直把粮食交易作为一件秘密武器,反对时任古巴总理卡斯特罗。笛因·拉斯克本人通过多种渠道承诺,只要古巴人民放弃,更确切地说,是推翻共产主义,美国将从古巴购买 250 万吨储备蔗糖。联合国粮农组织退休的

① Rockson G, Bennett R, et al. Land administration for food security : a research synthesis[J]. Land Use Policy,2013,32:337-342.

② Rosegrant M W, Cline S A. Global food security and policies[J]. Science ,2003,302: 1917-1919.

③ 姜忠尽.非洲农业图志[M].南京:南京大学出版社,2012:230.

政策司司长马飞·齐贝塔经多年观察表示,"非洲的粮食不安全现状相当程度上是西方的粮食援助造成的。"他断言,这一状况若不改变——若无法实现从纯粹"粮食援助"到"能力发展"的转变,"非洲将永远无法实现自身的粮食安全"。因此,不断有人质疑,目前西方国家大力推动的国际和地区粮食援助计划是否仅仅出于人道主义考量。[①] 粮食安全过去、现在乃至今后都是国际政治博弈的重点领域之一。粮食作为国际政治斗争的有效武器,其实质作用和影响若被低估,甚至被忽略,难免就会大祸临头。每隔一段时期,就有一些国家为粮食安全战略的失误付出沉重代价,甚至主权丧失代价。[②]

由于粮食安全与国际政治紧密相连,非洲只有自己养活、养好自己,才能从根本克服贫困和饥饿。实现长期粮食安全,必须遵循两条原则:一是坚持粮食基本自给;二是注重可持续农业发展。要真正实现基本自给,非洲就有必要与时俱进,在国际框架中探索新理念、新思维。当前,非洲人口增长、城市化发展和消费模式的改变,造成粮食产量需要与耕地和水资源供给之间的巨大矛盾。要依靠创新和科技进步提高生产力,开发高产、高品质、气候变化适应力强的优良品种;采用节能、高效的农耕技术,积极推广综合农业病虫害治理;提高水资源利用和水利灌溉效率;推广业已证明的有效的可持续性的耕作实践,包括大力保护代代相传的农耕文化遗产;发展并推广绿色农业,保护资源环境和生态,全面提高农业生产率。

从长远看,农业发展不能单纯考虑初级农产品生产,未来农业出路在于推动农业现代化、农产品深加工和发展增值农业,这就要求充分重视农业标准制定。应在体制上,将粮食和农业纳入系统,统筹考虑,强调生产、存储、流通、加工、市场和食品安全标准、立法和执法的系列机制,打破部门割据、各行其是的行政格局。

四、树立可持续粮食生产和理性消费观

保障粮食安全要树立可持续粮食生产和理性消费观念,不仅要发展粮食生产、增加供给,同时也应该采取措施尽量减少粮食的损失和浪费。

联合国粮农组织的研究报告显示,粮食损失与浪费在世界各国普遍存在,撒哈拉以南非洲人均粮食产量 460 公斤,人均损失浪费高达 120~170 公斤。报告揭示了非洲等发展中国家粮食损失和浪费的主要原因是:主要是因为技术和基础设施的原因,如不适当的收后处理、干燥和湿度控制技术和方法,仓储设施不足,保洁不当与食物污染,霉变、鼠害和虫害等。其他因素还包括产品附加值低,缺乏面向市场的基

---

① Tusiime H A, Renard R, Smets L. Food aid and household food security in a conflict situation: empirical evidence from Northern Uganda[J]. Food Policy, 2013, 43: 14−22.

② 何昌垂.粮食安全——世纪挑战与应对[M].北京:社会科学文献出版社,2013:5.

础设施,如冷藏设施、运输和商业中转中心,与私营部门的联系不够紧密也常常导致产后措施不适应商业运作的需求和不可持续。粮食损失和浪费对非洲消除饥饿、扶贫、农民增收和经济发展带来不利影响,应该采取措施加以解决。

实现非洲粮食减损和节约需要综合采取以下几个方面的措施:加强宣传、提高认识;制定相关战略与政策;加强能力建设、基础设施建设和技术进步;促进可持续生产和消费;支持农用工业发展;加强食物链中各环节的联系;改进粮食加工处理、包装和后勤服务;创新投入机制。

为推动新的粮食减损和节约战略的实施,联合国 2011 年与非洲联盟委员会签订了"支持减少产后损失的区域能力建设"区域项目,旨在为区域机构、政府官员和发展机构提供制定减少粮食损失政策、战略及投资计划方面的培训,同时为非洲开发银行出资的国家投资项目拟订建议。

第三节　非洲粮食安全的土地利用基础条件

非洲在殖民时期,基础设施建设主要围绕着矿业、经济作物产区与港口进行,而其他地区基础设施建设十分落后。独立以来各国政府努力改变这一倾向,但基础设施的基本布局仍未能彻底改观。[①] 非洲土地利用的农业和基础设施建设迫切需要改善,改善途径主要有以下几种:加强水利设施建设、加强农业技术的推广和研究、建设粮食储存系统、完善粮食交通运输系统。

一、改善非洲农业土地利用的水利设施基础

非洲河湖众多、水资源丰富,即便是在干旱的撒哈拉地区也拥有丰富的地下水资源。但由于缺少相应的农业基础设施,从而导致了大面积的农田得不到灌溉,降低了农业生产的效率。非洲目前灌溉农业的面积仅占耕地的 6% 左右,且有一半以上的灌溉面积位于北非一些灌溉农业较发达国家,如埃及、苏丹、摩洛哥等国,而撒哈拉以南地区的大部分国家,灌溉面积不足 5%。[②]

非洲现有的水利设施挖潜配套已不能满足农业生产需要[③],必须新建大、中型供水工程,与小型工程联成灌溉系统。另一个投资的重点应是节水新材料的研制开发。针对非洲幅员辽阔的自然条件和不同的社会经济条件,农田水利分布状况和作

---

① 盛夏.共垦非洲[J]. 农经,2010,Z1:16-23.
② 董建博.非洲粮食生产的时空变化及影响因素分析[D].浙江师范大学硕士论文,2011:52.
③ 李淑芹,石金贵.全球粮食危机与非洲农业发展[J].世界农业.2008(10):1-2.

物需水量时空变化大的特点,因地制宜推广不同层次、不同模式的节水新技术。

二、强化技术对于土地要素的替代功能

非洲大陆由于土地开发需要资金、人力、技术的支撑,因此,保障非洲粮食安全的土地利用条件改善有待时日,但世界各国对于非洲土地利用的技术支持,可以起到"立竿见影"的效果。

加大与国际农业技术的合作力度,积极开展农业实用技术培训,在非洲建立农业技术试验站、推广站等项目。引进国外先进的农业技术对提高非洲低下的农业生产力非常重要,非洲在引进技术的基础上必须加强对先进技术的改造,使先进技术真正能够适应非洲本土的需求。在引进农业技术时必须注意,有些转基因作物技术带有风险。因此,应该慎重利用那些没有安全保障的作物技术。

三、优化布局粮食储存空间

在非洲建设粮食储存系统对于保障粮食安全非常重要。非洲大部分国家仓储设施不足,缺少完备的仓储系统,造成了粮食的损失和浪费。如热带雨林国家雨水充沛,收获季节粮食作物收割完没地方储存就易腐烂,故导致农民经常选择让作物生长地里,吃多少收割多少,影响了农民的粮食生产积极性。

建设粮食储存系统,可以提高非洲粮食的储藏能力,还可保障粮食市场的应急供应,如在某些国家发生粮食危机的时候,将粮食储备调往急需的国家。为更好地建设粮食储存系统,可以引进储存粮食的技术和设施,分阶段规划建设不同规模的粮食中转库、储备库和粮食加工厂,建立粮食收纳、储存系统,提高非洲粮仓的储藏能力,改善边远农村的粮食加工和储存条件。

首先,可在产量区建设粮食收纳库,主要任务是便于直接接收产区农民粮食入库并适时转运。接收粮食的服务半径一般设定在 15 km 以内;收纳库的仓库形式以平房仓和小型钢板仓为主。其次,可建设粮食中转库,主要任务是转运从其他粮库(或进口)运来的粮食。库址应位于铁路、水路、公路干线等交通枢纽附近;仓型一般为筒仓、浅圆仓或高大平房仓为宜,应具有与中转量相应的接收、发放能力。再次,在城市附近的粮食主销区和交通方便的粮食主产区建设粮食储备库,用于储存粮食,以满足抵抗自然灾害、政府宏观调控等紧急需要。最后,在粮食存储库附近或是粮食主销区周边应建设粮食加工厂,以便及时把存储的粮食加工成方便食用的米、面、油等成品供应到消费市场去。①

---

① http://wenku.baidu.com/view/f7176aabb0717fd5360cdcf1.html.

四、完善非洲粮食贸易的交通用地条件

尽管许多物品本身(如木薯、玉米、大米等)粮食作物可以进行交易,但是许多非洲国家缺乏必要的运输和市场设施,也使粮食作物变成了非贸易品。完善的交通运输系统是非常必要的,可以带来贸易市场的发展,如坦赞铁路的发展带动了相关非洲国家经济贸易的发展,刺激了经济的发展。

为了保障非洲的粮食可以正常运输贸易,有必要完善交通运输系统。粮食运输主要方式有铁路、水路、公路三种,一般根据粮源、流向、运量、运距、装卸条件等因素,进行综合技术经济比较和论证后择优确定。

非洲应在统一的交通运输规划下,与非盟、世界粮农组织、世界银行等合作组织建立平台,共同努力建设一个功能完善、布局合理、地区间相通相连及可持续发展的交通运输网络,以改善农业运输条件,降低交通运输成本,服务于经济社会发展和非洲一体化建设。非洲国家应加强交通运输业整体发展战略的协调,要促进非洲航空、海运、水运、铁路和公路运输的发展,帮助非洲内陆国家和岛国加强与外界的交通联系。

针对非洲粮食产能分布极不均衡的特点,世界粮农组织提出了三角线路方案,即由援助机构出资把非洲富裕地区的粮食转移一些给贫困地区,使其在内部实现双赢,如通过外部援助的资金把西非萨赫勒地区的粮食转移到埃塞俄比亚、科特迪瓦、索马里、津巴布韦、佛得角群岛、几内亚比绍、毛里塔尼亚、布隆迪等。

五、构建非洲粮食安全的土地利用支撑体系

非洲的粮食产量虽然近些年来有所增长,但未来仍面临粮食产量缺口扩大的现状,从图 8-10 可以看出各大洲接受国际食物援助占比情况,非洲占比呈现逐年上升的趋势。为此,有学者提出,非洲粮食安全体系的建立,应充分借鉴已有的国际经验,结合非洲实际,从粮食生产能力、粮食产品加工业、粮食质量标准建设、粮食储备以及从全球视野加强非洲粮食安全等方面阐述非洲粮食安全的重点。[①] 围绕这些重点问题,需要实施以下加强土地利用支撑能力的建议:

一是建设高标准耕地,保障粮食综合生产能力。尤其是加强改造灌区面积和中低产田,并加强对于耕地利用的技术和人力资本投入,例如,推广优良品种和高产栽培技术,培训具有现代农业生产技能的农民。

二是建设粮食储备、流通和加工产业园区。依据非洲经济体发展趋势,在构建粮食贸易体系的基础上,积极建设服务粮食贸易的非洲粮食流通与加工产业园区,

---

① 何昌垂.粮食安全——世纪挑战与应对[M].北京:社会科学文献出版社,2013:312.

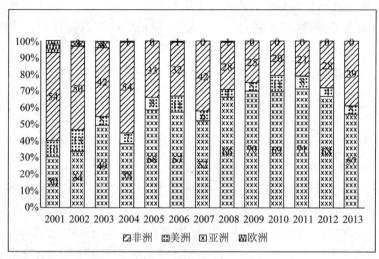

图 8 - 10　各大洲接受国际食物援助占比情况①

提升粮食储备与流通能力,提升农业灾害应对能力。

三是改革土地政策与制度。借鉴各国土地制度改革的经验,积极推进有利于提高农户种植积极性的土地产权制度改革,优化劳动力与土地资源的配置结构,切实提升农业土地利用产出能力。

---

① 数据来源:FAO 数据库.

索 引

M

迈阿密模型(Miami model) 103—105,113

N

南非(South Africa) 12—17,19,20,25,26,30,36,41,45,47,56,59,60,73,76—80,92,93,95—
  97,104,105,111,113,115,118,128—135,138—140,143,149—151,153,154,159,160,162,
  165,167,181—183,188,189,200,202,205,211—214

农业用地(Agricultural land) 1,2,14,32—34,155,158,160

农业援非(Agricultural aid for Africa) 183,185,187,189,191,193,195,197

S

水土资源(Water and soil resources) 92,93,96,117,120—122,212,213

水土资源配置(Allocation of water and soil resources) 92,93,95—97,99,101,103,105,107,109,
  111,113,115,117,119—121

水土资源优化配置(Optimal allocation of water and soil resources) 117

T

土地改革(Land reform) 42,149—154,156—163,165,166,172,175,177,179,182—184

土地可持续利用(Sustainable use of land) 1,32,34,199,201,203,205,207,209,211,213,215,217

土地利用分类(Classification of land use) 1,3,7,27

土地利用分类标准(Standard of land use classification) 7

土地利用结构(Land use structure) 8,9,17,22,26,28,33,83

土地制度(Land system) 41,149—153,155,157,159,161,163,165—167,169,171,173,175—184

土地制度改革(Land system reform) 41,149,150,153,166,169,182—184,218

土地资源承载力(Bearing capacity of land resources) 101,102,104,115

X

西非(West Africa) 14,16,17,40,46,47,56,73,75,76,78—80,92—94,96,97,99,104,105,111,
  115,118,119,126—128,151,162,173,174,200—202,217

Z

中非(Central Africa) 12—14,16—18,20,22,25,26,46,53,54,73—75,78—80,92,93,95—97,
  99,104,105,111,115,127,149,162,186—189,192,195—198,200,202,206

附录一

参考表格

附表1 露点温度与主要湿度换算表（−40℃～20℃）

露点 ℃	饱和水蒸 气气压 Pa	混合比 （空气） g/kg	比湿 （空气） g/kg	绝对湿度 （20℃）g/m³	体积比 （×10⁻⁶）	重量比 （×10⁻⁶）	相对湿度 （20℃）%
−39	14.3809	0.08829	0.1063	141.9	17.51	21.15	0.615
−38	16.0805	0.09873	0.1189	158.7	19.58	23.65	0.6876
−37	17.964	0.1103	0.1328	177.3	21.87	26.42	0.7682
−36	20.0494	0.1231	0.1482	197.9	24.41	29.49	0.8573
−35	22.3563	0.1373	0.1652	220.7	27.22	32.88	0.956
−34	24.9059	0.1529	0.1841	245.9	30.33	36.63	1.065
−33	27.7214	0.1702	0.2049	273.7	33.76	40.77	1.185
−32	30.8277	0.1893	0.2279	304.3	37.54	45.34	1.318
−31	34.2521	0.2103	0.2532	338.2	41.71	50.38	1.465
−30	38.0238	0.2335	0.281	375.4	46.31	55.93	1.625
−29	42.1748	0.259	0.3117	416.4	51.36	62.04	1.803
−28	46.7393	0.287	0.3455	461.5	56.93	68.76	1.999
−27	51.7546	0.3179	0.3825	511	63.04	76.14	2.213
−26	57.2607	0.3517	0.4232	565.4	69.75	84.24	2.449
−25	63.3008	0.3888	0.4679	625.1	77.11	93.13	2.67
−24	69.9217	0.4295	0.5168	690.6	85.18	102.9	2.99
−23	77.1735	0.4741	0.5704	762.2	94.02	113.6	3.3
−22	85.1104	0.5229	0.6291	840.7	103.7	125.2	3.639
−21	93.7904	0.5763	0.6932	926.5	114.3	138	4.011
−20	103.276	0.6346	0.7633	1020	125.9	152	4.416

露点 ℃	饱和水蒸 气气压 Pa	混合比 （空气） g/kg	比湿 （空气） g/kg	绝对湿度 （20℃）g/m³	体积比 （×10⁻⁶）	重量比 （×10⁻⁶）	相对湿度 （20℃）％
−19	113.634	0.6983	0.8399	1123	138.5	167.3	4.589
−18	124.938	0.7679	0.9235	1235	152.3	183.9	5.343
−17	137.263	0.8438	1.015	1357	167.3	202.1	5.87
−16	150.694	0.9264	1.114	1489	183.7	221.9	6.444
−15	165.319	1.016	1.222	1634	201.6	243.5	7.069
−14	181.233	1.115	1.34	1792	221	267	7.75
−13	198.538	1.221	1.467	1963	242.2	292.5	8.49
−12	217.342	1.337	1.606	2150	265.2	320.3	9.294
−11	237.762	1.463	1.757	2352	290.1	350.4	10.17
−10	259.922	1.6	1.921	2572	317.2	383.2	11.11
−9	283.995	1.748	2.099	2811	346.7	418.8	12.14
−8	310.001	1.909	2.291	3069	378.5	457.2	13.26
−7	388.212	2.083	2.5	3349	413.1	499	14.46
−6	368.748	2.272	2.726	3653	450.5	544.2	15.77
−5	401.779	2.476	2.97	3981	491.1	593.1	17.18
−4	437.488	2.697	3.234	4336	534.9	646.1	18.71
−3	475.068	2.936	3.519	4721	582.3	703.3	20.36
−2	517.724	3.194	3.827	5136	633.5	765.2	22.14
−1	565.675	3.473	4.159	5584	688.8	832	24.06
0	611.153	3.774	4.517	6068	748.5	904.1	26.13
1	657.089	4.06	4.043	4.857	6527	4060	28.1
2	705.949	4.364	4.345	5.218	7016	4364	30.19
3	758.023	4.688	4.666	5.603	7537	4688	32.41
4	813.467	5.034	5.009	6.013	8093	5034	34.79
5	872.469	5.402	5.373	6.449	8685	5402	34.79
6	935.223	5.795	5.761	6.913	9316	5795	39.99
7	1001.93	6.212	6.174	7.406	9987	6212	42.84
8	1072.8	6.656	6.612	7.929	10701	6656	45.87

露点℃	饱和水蒸气气压Pa	混合比（空气）g/kg	比湿（空气）g/kg	绝对湿度（20℃）g/m³	体积比（×10⁻⁶）	重量比（×10⁻⁶）	相对湿度（20℃）%
9	1148.06	7.128	7.078	8.486	11460	7128	49.09
10	1227.94	7.63	7.573	9.076	12267	7630	52.51
11	1312.67	8.164	8.098	9.702	13125	8164	56.13
12	1402.51	8.73	8.655	10.366	14036	8730	59.97
13	1497.72	9.332	9.246	11.07	15003	9332	64.05
14	1598.55	9.97	9.872	11.815	16029	9970	68.36
15	1705.32	10.648	10.535	12.605	17118	10648	72.92
16	1818.29	11.366	11.238	13.44	18273	11366	77.75
17	1937.7	12.127	11.982	14.323	19497	12127	82.86
18	2064.09	12.934	12.769	15.256	20795	12934	88.26
19	2197.57	13.789	13.602	16.243	22169	13789	93.97
20	2338.54	14.695	14.482	17.285	23625	14695	100

（单位：吨）

附表2 非洲各国粮食出口总量表

国家	1993	1994	1995	1996	1997	1998	1999	2000	2001	2002	2003	2004	2005	2006	2007	2008	2009
阿尔及利亚	68	135	3374	11001	0	0	14	3	84	155	441	6569	13208	8407	2210	23929	37896
安哥拉	0	0	0	0	0	0	0	0	0	163	1005	650	646	579	579	580	580
贝宁	832	2713	14436	10201	830	139	210	2303	722	245	489	2281	20739	21699	18316	5338	4259
博茨瓦纳	12971	14428	17812	9337	4157	14096	14845	21505	19104	7040	6291	5495	3841	2217	9856	7115	26978
布基纳法索	0	6918	10263	3815	16193	16113	4462	59419	78270	26989	19347	70921	14357	26806	18738	12448	19304
布隆迪	0	3	2	17	11	28	3	3	0	500	0	0	86	29	0	196	400
喀麦隆	4276	728	1114	1401	6814	6065	2100	1842	1510	4734	4719	2261	2024	1863	5415	6444	5120
佛得角	1	0	5	14	49	8	12	9	1	25	33	34	117	3041	18	1057	110
中非共和国	0	0	9	16444	434	4299	51	0	19	19	39	0	0	0	0	0	1141
乍得	0	0	0	0	0	0	0	0	0	0	0	0	0	0	0	0	0
科摩罗	0	0	34	0	0	0	0	0	0	0	0	0	0	0	0	0	0
刚果	1687	429	83	0	1	46	46	46	46	57	14492	6671	10523	0	1160	1000	202
科特迪瓦	26113	11717	5925	34656	30986	54302	40438	21071	57685	57816	49890	58893	57280	57432	61973	77161	177027
吉布提	0	0	0	0	0	0	0	0	0	88512	28879	1812	598	12322	0	0	0
埃及	166617	245602	161856	330063	206422	426509	320563	388090	664501	468254	606981	825419	1136273	1009714	1244953	283543	795514
厄立特里亚	155	505	260	456	360	260	260	3073	681	546	41	41	500	3329	0	0	0
埃塞俄比亚	155	157	35068	32668	40041	4794	3774	5008	41452	39716	16905	24914	38161	8816	4784	3697	1381
加蓬	0	0	0	0	4	235	112	266	681	546	64	697	80	22	8	8	8
冈比亚	0	0	284	0	0	0	1069	253	157	181	1338	401	140	103	4	27	1437
加纳	0	0	0	28673	8016	43878	25002	3445	2547	43704	6501	4768	6467	4620	18724	2187	2884
几内亚	0	0	20	4724	13505	15	1904	116	15361	5427	12436	2029	3128	2119	2113	15086	15086
几内亚比绍	0	0	0	0	0	0	0	0	0	0	0	0	0	0	0	8	0
肯尼亚	315214	222880	220580	273737	59347	77703	69181	29113	21065	46724	55522	40287	37798	46626	81836	50221	40252
莱索托	2522	2250	889	674	837	4194	3944	3694	3069	605	254	663	1272	1191	1305	698	774

续　表

国家	1993	1994	1995	1996	1997	1998	1999	2000	2001	2002	2003	2004	2005	2006	2007	2008	2009
利比里亚	0	0	0	0	0	0	0	0	2000	50	2050	4926	3516	93	148	148	148
利比亚	0	0	0	0	0	0	0	688	1277	714	121	40	1488	917	918	911	911
马达加斯加	33747	20190	7277	4300	11399	1676	1332	3270	3479	5777	1215	1192	377	826	3803	3532	1074
马拉维	13647	9465	8874	4336	4039	5723	5960	11045	14602	3482	55864	15529	756	3305	440970	31764	15858
马里	14000	12000	15000	20443	9200	10400	11600	12800	7776	14575	11437	38549	18737	44853	6194	4271	206
毛里塔尼亚	40																0
毛里求斯	21767	21972	21186	37310	40573	28626	25784	38381	41753	51792	53799	44054	41136	40551	27311	20397	42855
摩洛哥	1374	39676	31463	32423	57588	86868	61867	92561	162560	157127	139774	74943	89269	107687	136956	90742	92871
莫桑比克	0	0	0	0	0	0	0	0	0	6656	3967	14391	2556	106946	21090	30290	16333
纳米比亚	0	0	0	0	12383	14474	4767	4537	4345	18520	5555	3824	11889	1563	303	3191	215
尼日尔	0	25	615	1118	200	288	748	311	348	1367	3026	3598	1675	16858	16947	27311	27311
尼日利亚	56757	83438	77169	2526	44330	56054	7042	29298	67210	99888	15535	3289	16494	15737	17299	6601	6619
卢旺达	1154	2765	1903	396	578	2409	891	3710	762	2	1544	34	354	661	3086	10790	681
塞内加尔				1572	541					5932	38633	92550	34358	135040	105736	49457	114247
塞舌尔	0	8	0	0	2	0	1	0	0	0	7	27		19	32	37	22
塞拉利昂	0																
南非	417795	4026088	1882704	2428522	2163961	1364657	932378	970103	1194304	1334451	1081464	648391	2689604	811939	221467	1548108	2108202
苏丹（前）	941296	121355	439411	37250	50785	26387	322303	52733	1997	46185	14736	14073	3148	4163	119167	164322	4018
斯威士兰	750	750	750	750	5802	10020	5498	9495	6144	8044	16049	26781	13967	5967	2283	932	932
多哥	9614	9820	3179	4167	4808	23825	23090	29869	63757	68719	48530	24253	35007	27347	16544	27529	31170
突尼斯	45619	124278	128785	72554	146273	158024	158049	256539	237029	250280	150432	152260	195155	67916	129776	124132	141578
乌干达	160438	108579	100893	93258	61237	44857	29566	13483	40971	66324	47925	131931	124094	154319	163436	135470	165779
坦桑尼亚联合共和国	9637	0	0	0	25591	40663	44111	111657	132721	210359	354528	260116	139824	85531	322369	141342	72725
赞比亚	11568	2918	4723	1840	10153	7263	14776	23659	24275	9240	58747	129862	80192	58575	268638	254894	85950

附表 3　非洲各国粮食产量表

（单位：吨）

国家	1993	1994	1995	1996	1997	1998	1999	2000	2001	2002	2003	2004	2005	2006	2007	2008	2009
阿尔及利亚	1453104	964571	2139633	4901715	869917	3025772	2020807	934431	2659364	1953147	4266185	4033059	3527659	4017994	3602162	1535931	5253337
安哥拉	320668	278007	289673	514272	444568	606282	538718	507712	584343	715191	712997	713074	882606	677029	780220	739552	1025111
贝宁	621934	640800	728598	706943	867598	855331	963149	976984	924508	904438	1024727	1087920	1125769	909809	1052319	1231165	1457992
博茨瓦纳	46133	56126	64175	92901	48096	14934	20578	24776	23080	34674	35930	21023	22369	39299	30154	35926	55850
布基纳法索	2509437	2211721	2280008	2444573	1983743	2627120	2668514	2251899	3072506	3089378	3532482	2877164	3618392	3642812	3085862	4293549	3555515
布隆迪	286313	211994	260106	258726	283078	246886	244994	228061	252770	261204	258626	258503	265022	263400	267857	266279	273652
喀麦隆	976811	948634	1168115	1284393	1255070	1393924	1162588	1254415	1335387	1483897	1568176	1667749	1673631	1948131	1968333	2053536	1993873
佛得角	11888	8163	8166	10190	4900	4883	36439	24341	19549	5067	12154	10000	3648	4116	3068	11584	7380
中非共和国	91040	98031	109488	121405	132739	141340	154007	157908	174175	184176	191910	199277	221672	213680	224051	222883	237643
乍得	609384	1144717	881016	845195	948441	1271969	1184750	899194	1283942	1167475	1576173	1182573	1803878	1877823	1936612	1962118	1990021
科摩罗	14949	15114	15359	15322	14850	15459	15685	15538	16456	16495	17732	18738	16093	18462	16189	17921	18773
刚果	8151	8436	11482	12147	12508	13662	9252	9520	17816	18079	22750	23341	20831	20062	20130	22584	24223
科特迪瓦	1042556	1064407	1091071	1119302	1026623	1044171	1061359	1078843	1096626	1114679	1114559	1151182	1190494	1203385	1041728	1182017	1167326
吉布提	160	186	170	217	272	242	307	340	351	354	180	195	190	200	210	177	202
埃及	13575706	13485599	14502816	14912009	16246483	16474515	17463519	18107410	16820573	18161212	18625231	18707822	20371745	20254015	19275250	21301649	20918608
厄立特里亚	86850	253390	124145	85361	99380	457811	318828	124549	219052	54530	105944	108798	335563	377202	461996	105788	226899
埃塞俄比亚	5301495	5251626	6747659	9386564	9480811	7206000	8388256	8014835	9580621	8997472	9528685	10692778	13361050	13386332	11842143	13004112	15493063
加蓬	27187	30240	29136	28955	24431	26670	27281	26567	25798	24618	31798	31842	30872	32806	33734	33668	30958
冈比亚	93162	88823	92444	97661	96497	100456	140638	164745	189577	132364	197949	212996	199600	204932	146745	222403	284657
加纳	1592286	1539869	1729747	1698234	1603585	1723051	1616144	1627802	1535229	2061974	1961319	1749725	1852453	1835776	1611117	2196285	2476819
几内亚	935718	976634	1045067	1100676	1160057	1223838	1292266	1420921	1376783	1483300	1601716	1733967	1866325	1998827	2134483	2676215	2160287
几内亚比绍	138811	146512	156153	134559	106656	109862	118628	142559	133357	122185	113980	141674	179791	189961	141489	167462	161307
肯尼亚	2523650	3608428	3215225	2652301	2686690	2913356	2784694	2573919	3355473	3030533	3338010	3182607	3564209	3915514	3598663	2859102	2884741
莱索托	153787	223382	81221	257418	206022	171933	173865	149625	254714	149816	116440	109217	111688	118736	72685	74020	75442
利比里亚	43355	33350	37485	62998	112323	139670	130932	122328	96715	73370	66700	73370	103252	109388	154611	196865	195431

续 表

国家	1993	1994	1995	1996	1997	1998	1999	2000	2001	2002	2003	2004	2005	2006	2007	2008	2009
利比亚	179699	164651	145847	159800	206200	212700	212700	221780	217800	217100	216700	218465	233600	213470	213770	213900	215903
马达加斯加	1874850	1732119	1826150	1852500	1890186	1795149	1900190	1834273	1966414	1919795	2196460	2381656	2665131	2740803	2827142	3052084	3466682
马拉维	2115383	1094020	1755777	1919192	1452934	1881154	2604606	2607191	1834656	1679932	2113814	1701436	1288636	2755828	3402454	2807583	3762687
马里	2085604	2301231	2030416	2010386	1945986	2308963	2651605	2062691	2270605	2295398	3092050	2605913	3083828	3342685	3525153	4274083	5685001
毛里塔尼亚	147062	191951	204244	212360	126808	155600	165168	154283	104416	86990	144233	85728	147819	145355	156135	163267	153881
毛里求斯	1816	880	289	438	232	259	201	623	389	295	177	369	475	452	1021	750	839
摩洛哥	2799902	9615470	1782074	10086633	4084017	6622820	3831108	1987478	4589840	5280251	7968041	8592678	4269005	9230295	2499093	5315395	7036036
莫桑比克	744175	758263	1090017	1333847	1471813	1625486	1753186	1526840	1451115	1329546	1471803	1294569	1117160	1713655	1419111	1566139	2486765
纳米比亚	74900	116234	65931	89320	184681	69694	73899	120979	106919	99949	97380	118535	104638	135936	116183	112450	111738
尼日尔	2006529	2409124	2078815	2214634	1698616	2953763	2832656	2107478	3136438	3207020	3549106	2704440	3649298	4004068	3936487	4843833	3444249
尼日利亚	19069955	19555009	21540240	20625374	20764756	20949425	21313759	20271766	19173584	20397976	21698372	23210778	24843189	27518014	26110062	28817393	19849480
卢旺达	229588	129019	141716	180783	220168	191584	176034	235824	280329	301462	288381	303562	392603	344718	335887	438660	613639
圣多美和普林西比	4000	4300	4000	4500	4000	1352	1487	2230	2500	2550	2600	2650	2957	2700	3000	3167	3200
塞内加尔	1021735	889348	1007707	926535	723418	675629	1051566	958557	953684	727988	1374700	986402	1339897	924881	707844	1603719	1701709
塞拉利昂	380487	331468	289219	313864	329837	263683	197503	156160	234700	325931	347697	432139	578937	811180	464447	534158	614061
南非	12800857	15988391	7507270	13668557	13251696	10219535	10063089	14526338	10701585	13043713	11815330	12023483	14177660	9442740	9505849	15337397	14575735
苏丹(前)	3101001	5145101	3304800	5201334	4208334	5582334	3062337	3256336	5335337	3711336	6367504	3504012	6186340	5797342	6683341	5259010	5544703
斯威士兰	85132	85624	151735	120505	139058	119141	125057	113737	83348	68429	70071	68866	75350	67951	27012	64877	61558
多哥	621881	555830	574206	661117	719513	595408	732383	719772	794052	778421	786637	776208	809027	860114	852724	906725	1021064
突尼斯	1935020	682500	647526	2889383	1075793	1697820	1840016	1108064	1391500	551447	2326436	2164500	2135707	1640736	2025521	1230876	2584954
乌干达	1855358	1910359	2004359	1560694	1598360	2055030	2146365	2075703	2271038	2328040	2464044	2233707	2408051	2505718	2577054	2659057	2750727
坦桑尼亚联合共和国	3703137	2748838	4447908	4610993	3189671	4183652	3770362	3362519	4243757	6036271	3737201	6340004	4983961	5301361	5853009	5655693	5251560
赞比亚	1751728	1185847	866455	1568446	1132975	795462	998197	1203415	945582	750471	1360099	1373789	1061463	1559328	1529875	1385897	2182579
津巴布韦	2508864	2849167	975100	3130518	2740035	1841412	1938142	2519185	1845567	908745	1328971	2168544	1256488	1947986	1273021	691534	919080

（单位：吨）

附表 4　非洲各国粮食消费表

国家	1993	1994	1995	1996	1997	1998	1999	2000	2001	2002	2003	2004	2005	2006	2007	2008	2009
阿尔及利亚	7307238	8303324	8216609	8860656	6800732	8519958	9880896	8470495	9365938	10593082	11202732	11085044	11820406	11446099	10960362	11026599	13201852
安哥拉	681850	721373	746409	1080758	882067	1093691	1036614	1195141	1196484	1504301	1542853	1794723	1808198	1650619	1723076	1813473	2071159
贝宁	978890	938302	960905	875378	1016905	1003126	1102881	1079465	1054266	1103496	1299956	1334425	1513826	1177113	1301312	1495577	1763022
博茨瓦纳	187743	252715	285203	263457	233671	207772	218515	239096	210082	257393	211773	192709	187954	207851	221313	273994	293782
布基纳法索	2662823	2468436	2498468	2765120	2279979	2890007	3031020	2535705	3324761	3378052	3761786	3053369	3944993	3961006	3375520	4530167	3973066
布隆迪	322008	331468	320558	277005	306945	285896	270882	269697	301563	298364	328747	376942	352314	350802	396307	317138	361755
喀麦隆	1318203	1424312	1519759	1428046	1641892	1798386	1650495	1734228	1988023	2233567	2208136	2363269	2561035	2868704	2811057	3039494	3052657
佛得角	81085	87802	90896	63695	115206	75523	119406	90204	85925	72303	134662	101579	89139	83244	95861	120376	147622
中非共和国	131209	134113	148579	121163	151966	178711	194567	204542	213146	224024	234738	236631	268904	271301	266139	269822	312138
乍得	695715	1204122	923754	903257	1008003	1309033	1234690	952427	1353698	1228854	1647111	1256844	1911725	2010361	2105510	2124927	2197788
科摩罗	50483	49101	61532	47036	50780	52496	62167	43473	52209	79694	45371	52861	65198	65009	67556	67864	67570
刚果	157279	102590	152747	113042	162289	231325	239022	245985	268110	304879	253814	246782	236093	182165	254427	208489	194422
科特迪瓦	1740728	1591855	1824613	1683042	1814564	1931330	1832226	1875531	2127216	2254584	2254897	2258143	2431824	2568595	2304130	2327152	2823995
吉布提	141168	129955	96005	86073	84382	112019	187799	95748	62470	196901	127214	105702	256962	159811	122581	378263	575419
埃及	20510741	22386416	22278732	23235163	26125623	24652056	26226639	27416225	25551460	28041395	26227407	24715449	30146048	28985249	28568583	33396305	29702878
厄立特里亚	208511	531920	270065	331127	423046	765106	399845	411275	549081	297420	479774	681490	846576	703686	787413	473715	659886
埃塞俄比亚	5756170	6349013	7357839	9755704	9725986	7789042	9089324	9336831	10701049	9720989	11563826	11319413	14275399	14116205	12597249	14515109	17744932
加蓬	126268	129158	168952	145221	150650	162517	192501	160116	189447	210544	106123	169642	193040	180023	183320	213852	203826
冈比亚	183289	189695	191387	219304	231898	163725	247937	297543	272391	256525	315578	299898	361259	327010	315135	391526	499098
加纳	1991487	2081812	2008405	1837282	1858580	2092276	1930028	2125380	2180955	2657498	3002643	2924335	2849933	2761364	2525752	3131204	3362922
几内亚	1255017	1369440	1496434	1426646	1485880	1477446	1643024	1744477	1746262	1938937	2073491	1957187	2198151	2369968	2608518	3062596	2448780
几内亚比绍	209346	214644	219555	192461	197256	153372	186446	232941	213633	220790	218896	250087	281659	247648	190804	202420	253332
肯尼亚	2765674	4510598	3341658	2921551	4218878	3780579	3475896	3730404	4477308	3708729	4091327	4059049	4556882	5005926	4741031	3956874	5648061
莱索托	524428	587298	387899	669053	512834	517550	431658	364800	460422	451065	388878	338576	300826	363774	364065	540678	541679
利比里亚	223292	165063	235695	276846	305852	382746	310929	389008	279674	286901	315680	351472	428437	480163	442012	493462	564901

续表

国家	1993	1994	1995	1996	1997	1998	1999	2000	2001	2002	2003	2004	2005	2006	2007	2008	2009
利比亚	3075163	1882001	1871089	1734428	2527523	1826996	1934653	2946813	2585601	2635619	1383722	2691827	2773418	2305203	2638950	2608738	2581561
马达加斯加	1958256	1857505	1978435	1943925	2006960	1950411	2073702	2159103	2256384	2070940	2584399	2662547	3102430	3045018	3219051	3352664	3715574
马拉维	2682369	1599430	2053534	2091960	1621747	2279669	2722495	2670958	1913633	2197103	2205211	1818687	1490123	2944303	3111318	3045108	3971908
马里	2158205	2329652	2113628	2108203	2015360	2479347	2812712	2174866	2500186	2634223	3393179	2749179	3516181	3731930	3819534	4558251	5969525
毛里塔尼亚	416117	401895	420512	482345	480365	935231	523735	424066	389154	447051	422746	358685	546741	495068	530775	610839	752226
毛里求斯	259053	246809	221100	253213	198879	252719	278072	265002	269745	271171	247665	279774	284360	254924	286388	280167	308669
摩洛哥	6457600	11277098	5360907	12960829	6802649	10642385	8166651	7127759	9603412	10175017	11265524	12617297	9238640	12670069	8550434	11388584	11396701
莫桑比克	1428220	1315984	1650978	1756719	1865053	2188095	2161837	1962279	2027491	2030226	2217047	2142672	2064350	2887874	2241370	2206582	3325807
纳米比亚	276105	219897	290509	338298	443159	314020	360197	324965	331334	288644	256242	345224	315594	302983	313132	355214	288812
尼日尔	2149105	2430186	2165595	2318510	1891084	3215519	3000334	2371076	3459669	3556364	3815756	3068451	4096536	4329412	4242046	5187383	3632507
尼日利亚	20742639	20672173	22501444	21893192	22625383	23064135	23798538	23340228	23144753	24068485	25630318	27338368	29890101	31869470	35722421	30296499	21370821
卢旺达	367179	244141	332124	204972	253825	257056	217932	307244	335241	379185	347185	384358	473581	461859	464910	505177	788913
圣多美和普林西比	15005	15774	14792	15799	10248	13257	12130	14480	16264	17887	13204	14886	18540	17940	20799	21189	20229
塞内加尔	1618202	1466815	1709481	1698347	1336061	1548538	1955102	1776660	2003436	1939399	2641086	2160353	2664406	2020020	2237739	3128154	2962334
塞舌尔	15790	13259	17230	15334	23133	16690	15465	14987	16829	20999	22707	20605	20855	25084	23867	22615	19371
塞拉利昂	529531	617419	586951	601562	544643	544969	397946	311515	454775	685859	607633	524486	731391	1014781	643305	812852	780767
南非	14944827	13329769	8025234	13573343	12645043	10344271	10856398	15410334	10812452	14635133	13077651	14202937	13956156	11738770	12847607	16277961	14891119
苏丹(前)	2576164	5888425	3273004	5592418	4705299	6169547	3423987	4474578	6471817	4981269	7309442	5052034	8411995	7795128	8062226	6798895	7935856
斯威士兰	18448	201594	236506	193925	214210	185321	239998	228739	246733	247424	254264	237014	293870	219637	224856	262746	233862
多哥	680389	604968	647392	753829	827209	752676	844780	794280	928358	947923	939833	973587	977806	1025512	1010942	1031949	1186690
突尼斯	2941951	2161433	3221635	4059452	2913721	3507100	3719423	3363311	4045171	3867931	4506050	4025322	4412957	4369453	5043036	4188477	4452598
乌干达	1783742	1919323	2067899	1617554	1833115	2243382	2284082	2282009	2310093	2509899	2752316	2648191	2890359	2979223	2972452	3029501	3141403
坦桑尼亚联合共和国	3908529	3094961	4666270	4858370	3566373	4915980	3992592	3827944	4759404	6416162	4177891	7136506	5502014	6306838	6472015	6150370	6194995
赞比亚	2096661	1255228	1056604	1719521	1232392	1315112	1075743	1259679	1050123	1013902	1565504	1423758	1208201	1854860	1337616	1199550	2184621
津巴布韦	2871118	1566427	626010	3239485	2447852	1621162	2046367	2450778	1921459	1642841	1947564	2809600	1483964	2882927	1960906	1535795	2496283

附录二

附图目录

附录三 ░░░░░░░░░░░░░░░░░░░░

附表目录

后　记

　　虽然我们的团队近十年来一直从事中国土地利用问题的研究,较为深入地了解了土地利用问题分析的有关理论及方法,但当面临非洲土地利用与粮食安全研究问题时,我们团队还是感到江郎才尽:一是虽然曾到非洲考察,有一定感性认知,但要面对整个非洲的土地利用问题时,还是觉得"无措"。二是这一问题研究涉及土地利用、经济社会发展、粮食生产等方面的数据信息,不仅信息的完整性难以保证,信息标准的一致性,如土地利用,也难以保障。三是非洲研究的基础不够扎实,对于非洲经济社会、土地利用、农业发展等方面的知识储备不够。

　　据此,为了使得本书成果更有"底气",本书编写组一是通过承担外交部"中非联合研究交流计划"、江苏高校国际问题研究中心等资助项目,深入研究非洲土地利用与粮食安全、非洲干旱等相关问题,并参与非洲农业与农村发展考察,从而为本书撰写提供科研基础。二是通过举办或参与相关非洲问题研讨会、课题交流会,深化对于非洲问题的认知。为此,本书作者通过举办或参加中国、南非等地开展的"走非洲求发展"论坛、中非研究论坛、非洲干旱与农业发展论坛、中非合作论坛等,增强了对于非洲经济、社会、政治、农业、土地利用等方面问题的认知。三是注重与非洲学者的合作,近年来先后邀请了法国波尔多大学、南非开普敦大学、肯尼亚 KENYATT大学等教授、专家进行学术交流、合作研究以及非洲地理教学,同时有的学者也直接参与了合作课题研究以及本书的撰写。

　　更让我们受到"鼓励"的是,本书成果得到了外交部"中非联合研究交流计划"、江苏省优势学科建设工程、江苏高校国际问题研究中心等资助,同时本书还入选了"十二五"国家重点图书出版规划项目,得到了 2013 年国家出版基金的资助,这些都为本书撰写提供了有力支撑。

　　本书由黄贤金拟订撰写大纲并修改定稿。本书英文摘要及目录由南京大学人文地理研究中心汤爽爽博士完成。本书作者除注明外,均来自南京大学非洲研究所、人文地理研究中心及地理与海洋科学学院。

　　各章节分工如下:

　　第一章由李丽、黄贤金撰写;第二章由李焕、陈思怿、黄贤金撰写;第三章由李焕、陈思怿撰写;第四章由叶丽芳、黄贤金撰写;第五章由赵书河、贺可勋、雷步云、Peter Johnston(南非开普敦大学)、Pierre Kloppers(南非开普敦大学)、覃志豪(中国农业科学院农业资源与农业区划研究所)撰写;第六章由张墨逸、黄贤金撰写;第七章由郭谁琼、黄贤金撰写;第八章由叶丽芳撰写。

本书写作及完成还得到了南京大学非洲研究所姜忠尽先生以及甄峰、刘成富、刘立涛、张振克等同仁的支持,南京大学出版社杨金荣主任还不厌其烦地多次敦促,在此衷心感谢。

尽管本书的写作具有一定基础和多方支持,但非洲土地利用与粮食安全问题对于我们来说,仍然是一个新兴的领域,更是一个持续关注的领域。因此,我们希望得到更多对本书的意见与建议,同时我们希望更多的学者加入到这一研究,以为中非这一"休戚与共的命运共同体"健康发展提供更多的决策支撑。